당신은 사건 현장에 있습니다

SEASON: 2

당신은 사건 현장에 있습니다
SEASON: 2
글 모데스토 가르시아
그림 하비 데 카스트로
번역 엄지영
중앙books

CRIMENES ILUSTRADOS 2
by Modesto García (the Author) and Javi de Castro (the Illustrator)

내게 에르퀼 포와로, 미스 마플, 셜록 홈스,
그리고 많은 탐정을 소개해 주신 부모님께 이 책을 바칩니다.
그 덕분에 나는 그들과 함께 놀라운 미스터리를 해결했고,
지금도 그들에게서 계속 좋은 아이디어를 얻고 있습니다.

*이 책에 수록된 사건은 픽션이며, 인물, 지명, 단체 등은 사실과 무관합니다.

한국의 탐정들에게

《당신은 사건 현장에 있습니다》가 이 세상에 나온 시기는 코로나19로 인해 우리 모두가 집 안에 갇혀 지내던 때였습니다. 나는 그런 답답한 상황이 닥칠 때마다 오히려 창의력을 발휘해 새로운 구상을 떠올립니다. 그래서 나 자신뿐 아니라, 답답한 삶에 지친 모든 이들을 즐겁게 해 주기 위해 무엇을 할 수 있을지 생각했죠. 그렇게 내 SNS에 첫 번째 범죄 사건이 올라갔습니다. 내가 좋아하는 추리 소설과 퍼즐, 방탈출 게임이라는 코드를 완전히 합친 아이디어라 매우 설레었습니다.
또 우연한 계기로 일러스트레이터 하비 데 카스트로를 만나게 되었고, 즉시 그와 함께 흥미로운 작업을 시작했습니다. 정말 이상적인 작업이었죠. 우리는 눈빛만 봐도 서로의 생각을 알아차릴 수 있었어요. 그는 간단한 스케치만으로 내가 이야기한 내용을 훨씬 더 풍부하고 세밀하게 만들어 주었습니다.

감사하게도 네티즌들의 반응이 가히 폭발적이어서 우리는 범죄 사건을 계속 만들기로 했습니다. 그렇게 하비의 간단한 스케치에서 출발한 작업물이 이렇게 책까지 만들어졌습니다. 독자 여러분의 손에 들고 계신 이 책이 바로 그 결과물이에요.

첫 번째 범죄 사건을 발표할 때만 해도, 수많은 '탐정'이 그토록 즐거워하리라고는 상상도 하지 못했습니다. 게다가 이러한 사건들이 저 멀리 떨어진 한국에까지 이를 것이라고는 꿈에도 생각하지 못했습니다. 한국의 탐정 여러분이 범죄 사건에 몰입해서 해결하는 과정을 상상하기만 해도 영광스러울 뿐만 아니라, 한국 독자 여러분이 더 친근하게 느껴지는군요.

이번에 새로 출간된 《당신은 사건 현장에 있습니다 시즌 2》를 통해 미스터리, 탐정, 단서, 살인 사건의 세계에 흠뻑 빠져 보시기를 바랍니다. 아무쪼록 내가 즐겁게 만들어낸 12가지의 사건을 독자 여러분도 즐겁게 해결해 보세요. 감사합니다!

모데스토 가르시아

2. 범인을 쫓아라

탑에서 떨어진 여인, 자살한 것으로 추정되는 사냥꾼, 자기 생일 파티 자리에서 등을 찔린 유명 화가… 각각의 사건 현장마다 다른 상황이 제시됩니다. 어떤 사건은 자살이나 사고로 보이기도 합니다. 하지만 당신은 탐정으로서 오직 하나만을 생각합니다. 바로 이 사건 현장에서 무슨 일이 일어났는지 알아내고 범인을 찾아내는 것, 그것이 바로 당신의 목적입니다. 이를 위해 사건을 해결하는 데 걸린 시간과 당신이 찾은 범인의 이름, 그 증거, 살해 동기를 먼저 기록한 후에 사건의 진실을 확인하세요.

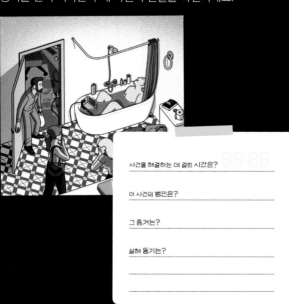

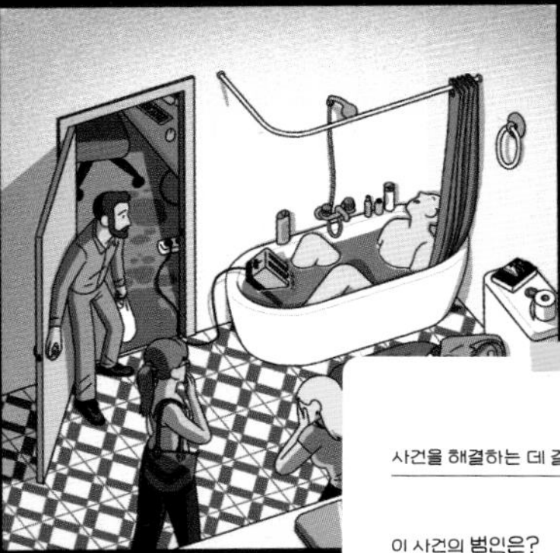

사건을 해결하는 데 걸린 시간은? ______

이 사건의 범인은? ______

그 증거는? ______

살해 동기는? ______

3. 단서를 조사하라

각 사건 현장에는 눈여겨봐야 할 단서에 말풍선이 달려있습니다. 사건을 해결하기 위해 자세하게 조사해야 하는 물건들, 가령 여행 가방이나 그림, 노트나 수첩 같은 것들을 관찰할 수 있는 페이지를 알려줍니다. 이러한 단서들은 미스터리를 해결하는 중요한 열쇠가 될 거예요.

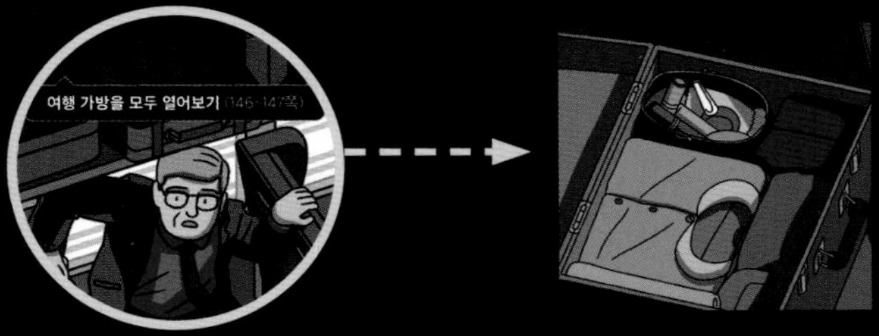

4. 스마트폰을 활용하라

훌륭한 탐정으로서 당신은 머리에 떠오르는 모든 도구들을 이용해야 합니다. 특히 스마트폰의 역할이 중요합니다. 이상한 점이 있다면 검색 기능과 번역기 등 모든 것을 이용하세요. 어떤 단서들은 인터넷에 있습니다. 인터넷 연결이 안 되거나 번역이 필요한 경우에는 안내한 페이지로 조심스럽게 가서 확인하세요.

5. 메모하라

각 사건마다 수수께끼를 해결하기 위해 적어두어야 할 암호, 문자, 숫자, 이름 등이 나옵니다. 복잡한 트릭 속에서 메모는 필수입니다. 사건을 원활하게 풀이하기 위해 간단히 메모할 수 있는 펜과 종이를 준비해주세요.

6. 동료와 함께하라

셜록 홈스에게 왓슨 박사가 필요한 것처럼, 당신도 동료가 필요할 수 있습니다. 친구나 가족과 힘을 합쳐 사건을 파헤쳐나가면, 훨씬 더 많은 단서를 찾을 수 있고, 더 즐겁게 수사할 수 있습니다.

7. 사건의 실마리를 활용하라

아무리 훌륭한 탐정이라도 가끔 막힐 때가 있다는 사실을 알아야 합니다. 그래서 각 사건 현장마다 추가 단서로 사건의 실마리가 준비되어 있습니다. 갑자기 수사가 막혔을 때, 한 번에 추가 단서를 모두 읽으려고 하지는 마세요. 어쩌면 하나만 읽어도 수수께끼를 풀 수 있는 열쇠를 찾을지 모르니까요. 하지만 두 개, 아니면 전부 다 읽어야 할지도 모릅니다. 수수께끼를 풀고 사건을 해결하기 위해 몇 개의 추가 단서가 필요한지를 결정하는 것은 바로 당신입니다.

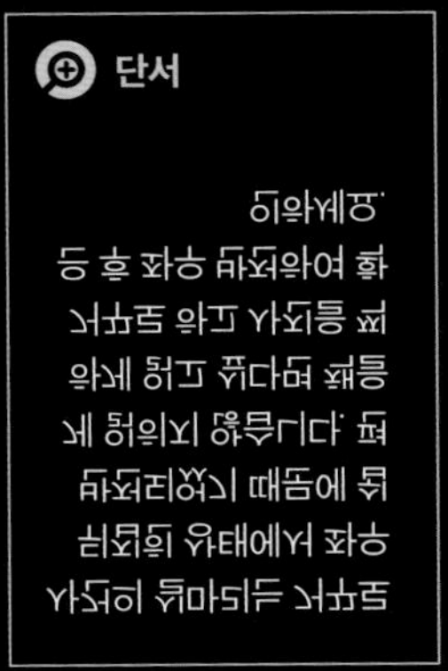

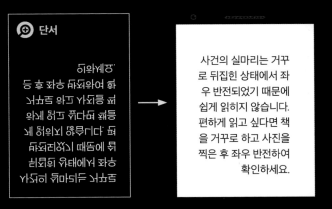

사건의 실마리는 거꾸로 뒤집힌 상태에서 좌우 반전되었기 때문에 쉽게 읽히지 않습니다. 편하게 읽고 싶다면 책을 거꾸로 하고 사진을 찍은 후 좌우 반전하여 확인하세요.

8. 연역적 사고를 하라

실제 범인을 쫓듯이 현장의 흔적 속에서 중요한 사실을 추려내고, 여러 요소를 결합하면서 수수께끼를 해결해보세요. 사건 현장에서 아무리 사소해 보이는 것이라도 주의를 기울이고 모든 추론 능력을 사용해야만 서로 다른 단서들 사이에 필요한 연관성을 찾을 수 있습니다. 행운을 빕니다!

차례

각 사건 현장은 개별적인 사건입니다. 따라서 당신이 원하는 사건부터 해결해도 됩니다.
당신은 어떤 사건 현장으로 가겠습니까?

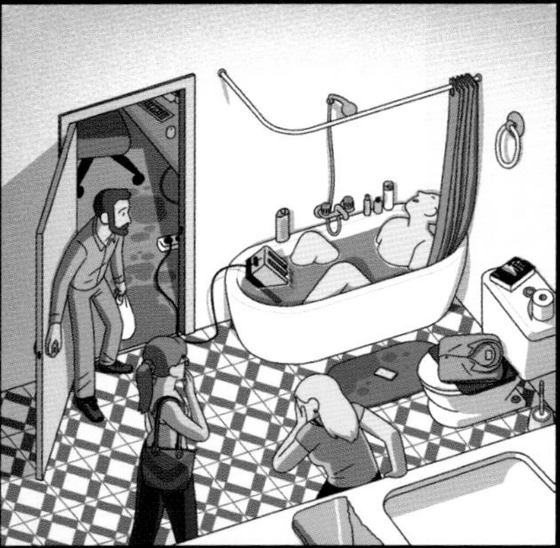

FOR ADULT

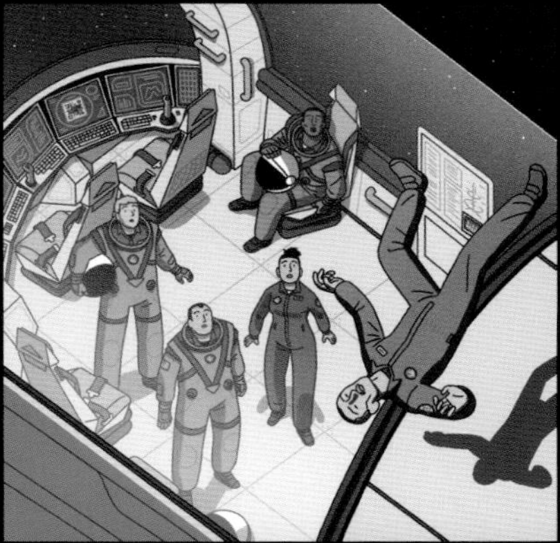

CASE **01**

가정주부 살인사건

교외의 어느 한적한 동네에서 전혀 예기치 못한 잔인한 살인사건이 발생했습니다. 당신이 사건 현장에 도착했을 때, 피해자는 주방 바닥에 쓰러져 있었습니다. 등에는 검붉은 핏자국이 커다랗게 얼룩져 있었죠. 놀랍게도 피해자는 평범한 가정주부랍니다. 그런데 누가 그녀를 그렇게 잔인하게 해친 걸까요?

사건을 해결하는 데 걸린 시간은? 88:88

이 사건의 범인은?

그 증거는?

살해 동기는?

아들과 대화하기 (16쪽)
가방을 들여다보기 (14쪽)
피해자를 조사하기 (15쪽)
남편의 휴대전화를 조사하기 (18쪽)

매일 맛있는
비건 레시피

제발 얘기 좀 해.
같이 점심 먹으면서
제를 상의해 보자.

아들의 진술

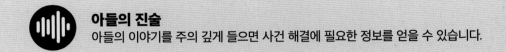

아들의 이야기를 주의 깊게 들으면 사건 해결에 필요한 정보를 얻을 수 있습니다.

도대체 무슨 일이 일어났는지 모르겠어요!
연습을 마치고 집에 왔더니 어머니가 저렇게 바닥에 쓰러져 계시더라고요.
그러고 나서 아버지와 테레사가 왔죠.

아, 테레사는 정기적으로 집안일을 해주러 오는 분이에요.
우리는 서둘러 구급차를 불렀죠. 그 이상 할 수 있는 일이 아무것도 없었어요.
어머니는 이미 돌아가셨으니까요…

너무 끔찍해요. 대체 누가 이런 짓을 했을까요?
어쩌면 누군가가 도둑질을 하려고 들어왔는지도 몰라요.
집에 사라진 것이 있는지 한번 살펴봐야겠어요.
그렇지 않아요?

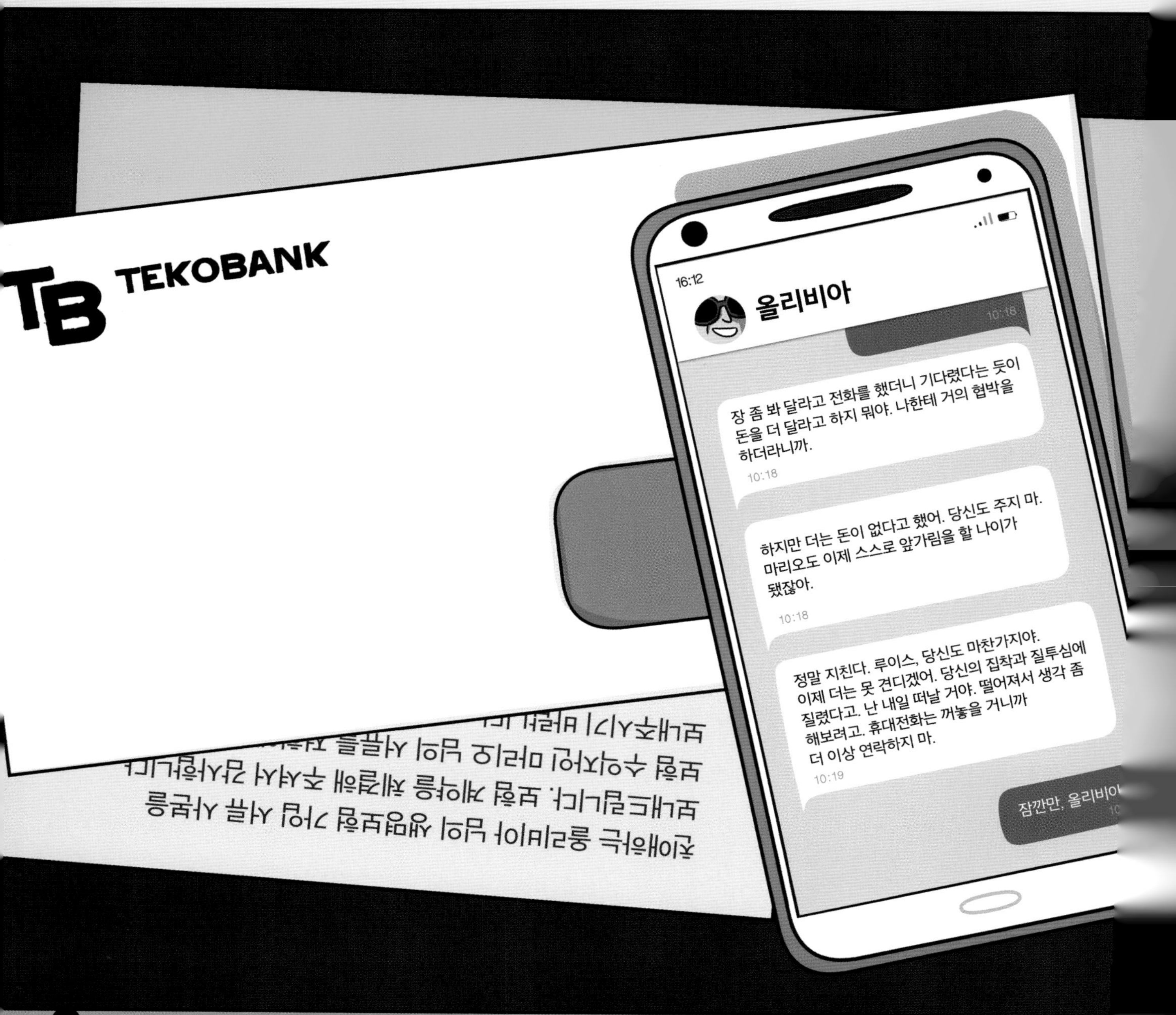
TEKOBANK
16:12
올리비아
10:18
장 좀 봐 달라고 전화를 했더니 기다렸다는 듯이 돈을 더 달라고 하지 뭐야. 나한테 거의 협박을 하더라니까.
10:18
하지만 더는 돈이 없다고 했어. 당신도 주지 마. 마리오도 이제 스스로 앞가림을 할 나이가 됐잖아.
10:18
정말 지친다. 루이스, 당신도 마찬가지야. 이제 더는 못 견디겠어. 당신의 집착과 질투심에 질렸다고. 난 내일 떠날 거야. 떨어져서 생각 좀 해보려고. 휴대전화는 꺼놓을 거니까 더 이상 연락하지 마.
10:19
잠깐만, 올리비아

사건의 실마리

이 사건을 해결하기 위해 굳이 여기 나온 단서를 읽을 필요는 없습니다. 하지만 당신의 추리가 미궁에 빠져 있다면, 아래의 단서가 도움이 될 것입니다. 그렇지만 한꺼번에 다 읽으려고 하지는 마세요. 어쩌면 하나의 단서만으로도 수수께끼를 풀 수 있는 열쇠를 찾을지 모르니까요. 그럼 행운을 빌어요!

단서 1

이 사건을 해결하려면, 우선 식탁 위의 포크와 나이프의 위치를 잘 살펴봐야 합니다. 비건 요리책을 보면 기본적으로 포크와 나이프를 어떻게 놓는지 알 수 있어요.

단서 2

그날 점심으로 닭고기를 준비했다면, 가사 도우미는 용의선상에서 제외됩니다. 가방에 비건 요리책을 들고 다니기 때문에 그녀가 육식을 하지 않는다고 추리할 수 있어요. 그런 이가 닭고기를 먹었을 리는 없겠죠.

단서 3

이름 뒤로 어린아이가 학교에서 찍은 옛날 사진이 보입니다. 자세히 보면 이 아이가 앉은 책상은 일반적인 책상과 모양이 좀 다릅니다. 소수를 위한 책상이기 때문일까요?

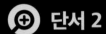

사건 해결

이 평범한 가정에 일어난 비극은 누구의 짓일까요? 이제 미스터리를 해결하기 위해 세세한 부분도 하나하나씩 살펴보며 사건의 내막을 재구성하겠습니다.

1 현장을 조사하면 피해자는 등을 여러 차례 찔려 사망한 것이 분명해 보입니다.

나이프가 없다

2 자세히 보면 식탁 위에 나이프 한 개가 사라졌다는 걸 알 수 있어요.

3 싱크대 바닥에 무언가를 설거지한 흔적이 남아 있고 사라진 나이프가 조리대에 있네요. 누군가 증거를 인멸하려고 했던 것이죠.

4 잔이 비어 있고, 와인 병을 반쯤 따다 만 채 놓아둔 것으로 보아, 피해자가 자리에서 일어나 새 와인을 준비하던 중 칼에 찔린 것으로 추정됩니다.

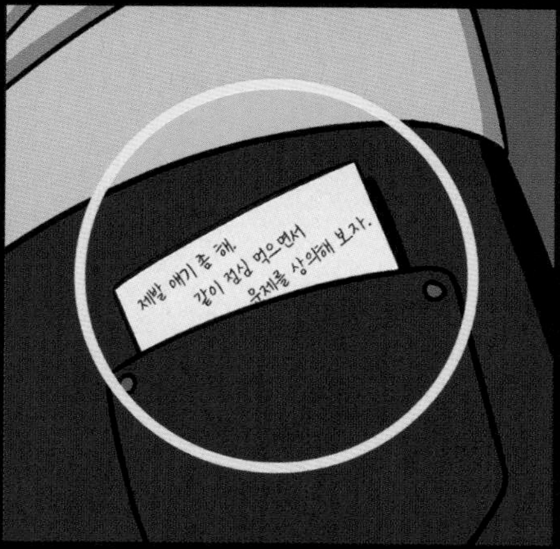

제발 얘기 좀 해.
같이 점심 먹으면서
문제를 상의해 보자.

5 바지 뒷주머니에서 그녀에게 점심 식사를 같이 하자는 내용의 쪽지를 발견할 수 있습니다.

…어쩌면 누군가가 도둑질을 하려고 들어왔는지도 몰라요. 집에 사라진 것이 있는지 한번 살펴봐야겠어요…
도둑질을 하려고 들어온 자는 없다. 범인은 그들 중 한 명이다.

6 범인은 아들이 주장한 것처럼 도둑질을 하려고 들어온 자가 아니라, 그녀와 함께 식사하던 사람이 분명합니다.

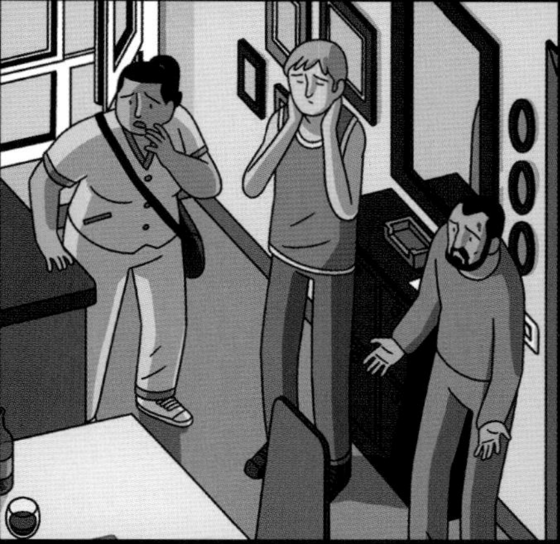

7 사건 현장을 조사하면, 모두가 부인을 살해할 동기를 가지고 있다는 걸 알 수 있습니다.

테레사는 올리비아의
자리를 차지하고 싶어 한다

8 가사 도우미인 테레사는 루이스를 좋아하고 있어요. 루이스의 옆자리에 자기 얼굴을 붙인 사진을 들고 다닐 정도니까요.

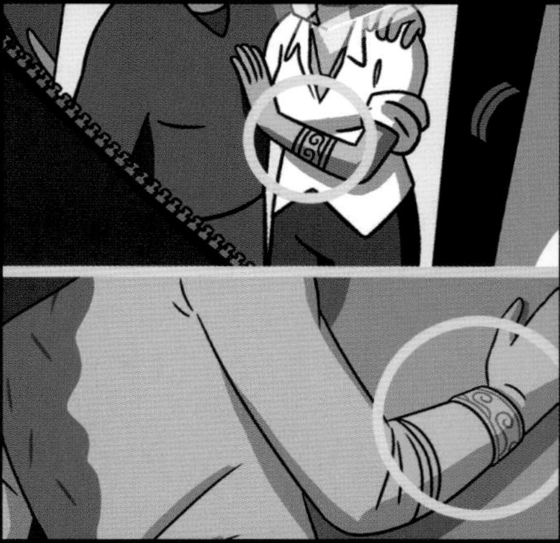

9 팔찌를 보면, 원래 그 사진 속의 인물은 올리비아입니다. 그렇다면 테레사가 루이스를 차지하기 위해 그녀를 죽인 걸까요?

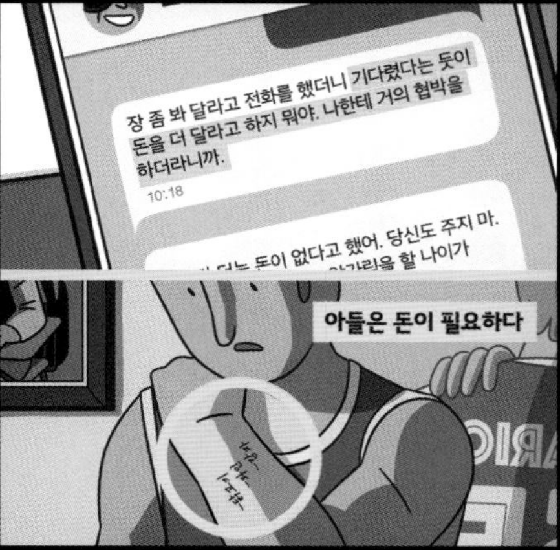

10 아들은 돈 문제가 있었어요. 그의 부모님도 마지막 대화에서 그 점을 언급하고 있네요.

친애하는 올리비아 님의 생명보험 가입 서류 사본을
보내드립니다. 보험 계약을 체결해 주셔서 감사합니다.
보험 수익자인 마리오 님의 서류를

11 게다가 아들은 어머니가 가입한 생명보험의 실제 수익자입니다. 그렇다면 돈 때문에 자기 어머니를 죽인 걸까요?

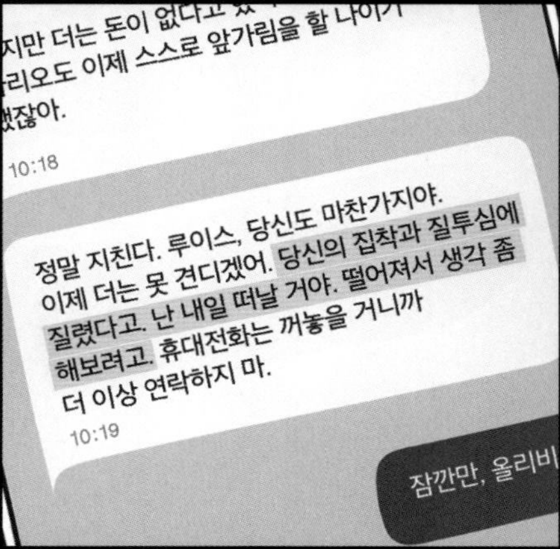
이제 스스로 앞가림을 할 나이가
했잖아.
10:18
정말 지친다. 루이스, 당신도 마찬가지야.
이제 더는 못 견디겠어. 당신의 집착과 질투심에
질렸다고. 난 내일 떠날 거야. 떨어져서 생각 좀
해보려고. 휴대전화는 꺼놓을 거니까
더 이상 연락하지 마.
10:19
잠깐만, 올리비

12 휴대전화를 보니 남편은 질투심과 독점욕이 강하다고 합니다. 그는 올리비아가 곧 자기 곁을 떠나리라는 것을 알고 있죠. 그렇다면 이에 앙심을 품고 자기 아내를 죽인 걸까요?

포크가 오른쪽에, 잔이 왼쪽에 있다

13 중요한 단서는 식탁에 있습니다. 범인은 왼손잡이예요. 그래서 포크와 와인 잔이 모두 반대로 되어 있는 거죠.

14 포크와 수저는 왼쪽에, 나이프는 오른쪽에 놓는 게 일반적이죠. 이와 같은 테이블 세팅 방법은 요리책 표지 그림에서 확인할 수 있어요.

15 등의 왼쪽이 칼에 찔린 것도 범인이 왼손잡이라는 것의 추가 증거가 됩니다.

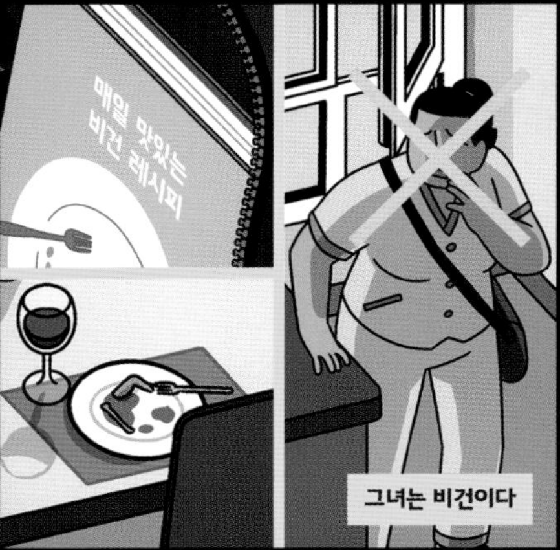

16 우선 가사 도우미는 용의선상에서 제외됩니다. 그녀는 채식주의자인데 그날 준비한 요리에 닭고기가 포함되어 있기 때문이죠.

그는 오른손잡이다

17 반면 아들은 오른손잡이이기 때문에 용의선상에서 제외할 수 있어요. 자신의 왼쪽 팔에 쇼핑 리스트를 적어 놓은 걸로 보아, 오른손으로 쓴 것이 분명합니다.

왼손잡이용 책상을 사용했다

18 이제 남편만 남았네요. 하지만 그가 왼손잡이라는 것을 어떻게 알 수 있을까요? 그의 어린 시절 사진을 보면 이를 추리할 수 있어요. 사진에서 그는 왼손잡이용 책상에 앉아 있으니까요.

19 사진 속의 어린아이를 자세히 보면 피해자의 남편 루이스와 동일인물이라는 것을 알 수 있어요. 둘 다 이마에 반점이 있기 때문이에요.

정말 지친다. 루이스, 당신도 마찬가지야.
이제 더는 못 견디겠어. 당신의 집착과 질투심에
질렸다고. 난 내일 떠날 거야. 떨어져서 생각 좀
해보려고. 휴대전화는 꺼놓을 거니까
더 이상 연락하지 마.
10:19

20 루이스가 앙심을 품고 아내를 살해한 겁니다.

가정주부 살인사건

사건의 진실

올리비아는 평범한 가정주부였지만 오래전부터 가정을 떠나고 싶어 했다. 남편 루이스가 워낙 질투심과 독점욕이 강해서 그녀를 수시로 괴롭혔기 때문이다. 아들인 마리오도 항상 이런저런 이유로 돈을 가져가 그녀를 골치 아프게 만들었다. 어느 날, 올리비아는 아들과 돈 문제로 입씨름을 하다가 모든 게 지긋지긋해졌다. 그녀는 메신저를 통해 루이스에게 떠나겠다고 통보했고, 더 이상 아무와도 말하고 싶지 않아 휴대전화도 꺼놓았다.

루이스는 갑자기 아내가 떠난다고 하니 눈앞이 캄캄해졌다. 올리비아가 휴대전화를 끄고 한사코 그와의 대화를 거부했기에 그가 할 수 있는 건 아내에게 같이 점심 식사를 하면서 대화해보자는 내용의 쪽지를 남기는 것밖에 없었다.

쪽지를 읽고 고민에 빠진 올리비아는 관계에 제대로 마침표를 찍고자 마지막으로 남편과 대화하기로 했다. 그녀는 아들이 사가지고 온 재료를 이용해 감자를 곁들인 닭고기 요리를 점심 식사 메뉴로 준비했다.

부부는 식탁에 앉아 마지막 식사를 시작했다. 처음에는 관계를 정리하자는 올리비아의 결정에 관해 점잖게 대화를 나누었지만, 얼마 가지 않아 격렬한 언쟁이 오가기 시작했다. 자기를 버리고 떠나겠다는 올리비아의 결심을 꺾을 방법이 보이지 않자, 루이스는 속에서 부아가 끓어오르기 시작했다. 분노를 참지 못한 루이스는 아내가 새 와인을 가져오려고 자리에서 일어난 틈을 타 나이프를 움켜쥐고 그녀의 목숨이 끊어질 때까지 등을 수차례 찔러버렸다!

잠시 후, 자기가 무슨 짓을 저질렀는지 깨달은 루이스는 우선 증거를 인멸하기 위해 피 묻은 나이프를 닦고, 외부의 침입자가 집 안에 들어왔다 달아난 것처럼 보이도록 창문을 열어놓았다. 그리고 나중에 사건 현장에 나타나 시신을 발견하고 놀란 시늉을 했다. 하지만 탐정의 예리한 눈썰미는 루이스가 범행을 저질렀다는 결정적인 증거들을 발견했고 그는 현장에서 즉시 체포되었다.

CASE **02**

충격의 코스튬 파티

어느 날 밤, 친구들끼리 파티를 즐기던 중 한 학생이 갑자기 쓰러졌습니다.
사건을 조사하기 위해 현장에 나타난 당신에게 고인의 친구들은
그가 급성 알코올 중독으로 사망할 만큼 술을 많이 마시지 않았다고 입을 모아 말합니다.
그렇다면 이것은 살인사건일지도 모릅니다.
과연 11명의 용의자 중 범인은 누구일까요?

사건을 해결하는 데 걸린 시간은? 88:88

이 사건의 범인은?

그 증거는?

살해 동기는?

방에 들어가기 (30쪽)
출입금지
방
냉장고를 살펴보기 (28쪽)
술병들을 조사하기 (31쪽)
휴대전화를 확인하기 (29쪽)

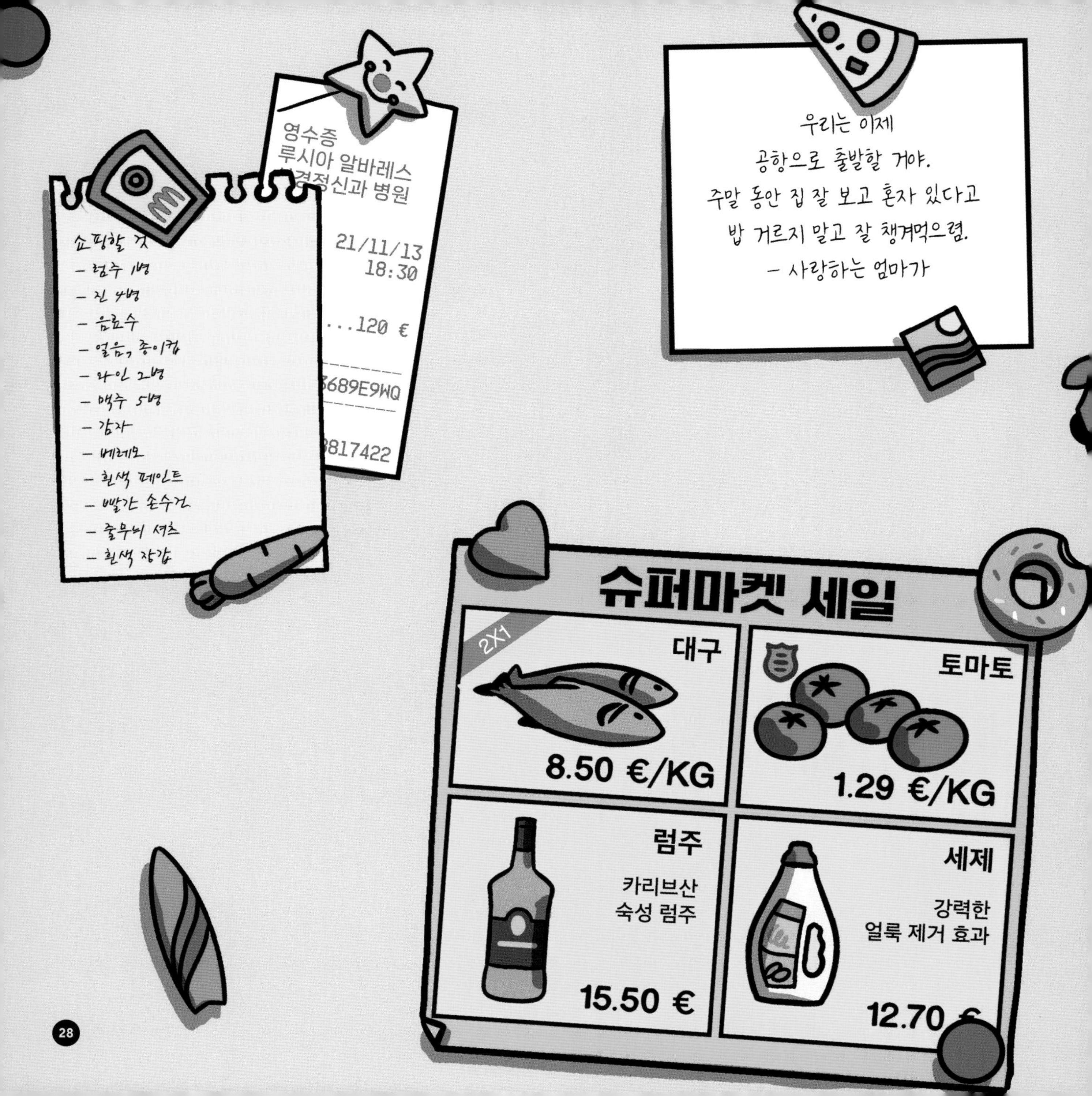

영수증
루시아 알바레스
경정신과 병원
21/11/13
18:30
...120 €
3689E9WQ
3817422
쇼핑할 것
- 럼주 1병
- 진 4병
- 음료수
- 얼음, 종이컵
- 와인 2병
- 맥주 5병
- 감자
- 베레모
- 흰색 페인트
- 빨간 손수건
- 줄무늬 셔츠
- 흰색 장갑
우리는 이제
공항으로 출발할 거야.
주말 동안 집 잘 보고 혼자 있다고
밥 거르지 말고 잘 챙겨먹으렴.
- 사랑하는 엄마가
슈퍼마켓 세일
2X1
대구
8.50 €/KG
토마토
1.29 €/KG
럼주
카리브산
숙성 럼주
15.50 €
세제
강력한
얼룩 제거 효과
12.70 €

URL 찾기
사건 현장을 조사하면서
웹 주소를 완성시켜야
합니다.
웹사이트를 찾은 후
또는 인터넷 연결이
안 될 경우에는
207쪽을 보세요.

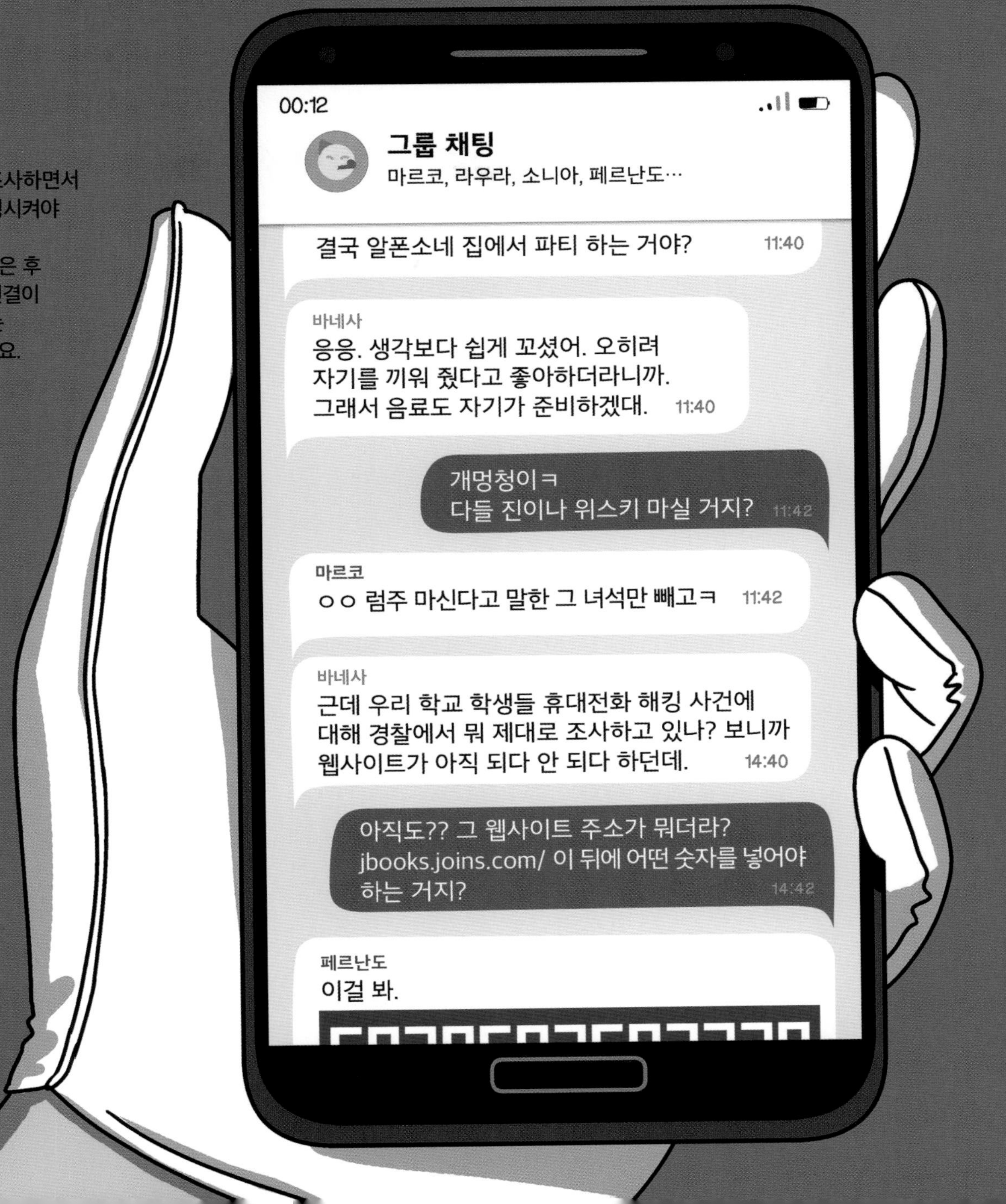

00:12
그룹 채팅
마르코, 라우라, 소니아, 페르난도…
결국 알폰소네 집에서 파티 하는 거야? 11:40
바네사
응응. 생각보다 쉽게 꼬셨어. 오히려 자기를 끼워 줬다고 좋아하더라니까. 그래서 음료도 자기가 준비하겠대. 11:40
개멍청이ㅋ
다들 진이나 위스키 마실 거지? 11:42
마르코
ㅇㅇ 럼주 마신다고 말한 그 녀석만 빼고ㅋ 11:42
바네사
근데 우리 학교 학생들 휴대전화 해킹 사건에 대해 경찰에서 뭐 제대로 조사하고 있나? 보니까 웹사이트가 아직 되다 안 되다 하던데. 14:40
아직도?? 그 웹사이트 주소가 뭐더라? jbooks.joins.com/ 이 뒤에 어떤 숫자를 넣어야 하는 거지? 14:42
페르난도
이걸 봐.

바리
전문의

사건의 실마리

이 사건을 해결하기 위해 굳이 여기 나온 단서를 읽을 필요는 없습니다. 하지만 당신의 추리가 미궁에 빠져 있다면, 아래의 단서가 도움이 될 것입니다. 그렇지만 한꺼번에 다 읽으려고 하지는 마세요. 어쩌면 하나의 단서만으로도 수수께끼를 풀 수 있는 열쇠를 찾을지 모르니까요. 그럼 행운을 빌어요!

단서 1

우선 피해자가 그 집의 주인인지 아니면 초대된 손님인지를 확인하는 것이 중요합니다. 이 사실은 냉장고에 붙어 있는 쇼핑 리스트에 그가 변장한 의상이 포함되어 있기 때문에 쉽게 알 수 있을 거예요. 이 사실을 통해 피해자가 파티에서 럼주를 마신 유일한 사람이라는 것도 알 수 있습니다.

단서 2

슈퍼마켓 전단지에 나오는 술병의 모양과 디자인을 비교해 보면 럼주가 든 병이 어떤 것인지 알 수 있을 겁니다. 럼주 병을 찾고 나면, 마개에 지문이 남아 있는지 조사할 수 있습니다. 하지만 피해자가 병에 그런 흔적을 남겨 놓았을 리는 없습니다. 그의 가장의상에 장갑이 포함되어 있었으니까요. 그렇다면 누가 그 술병에 손을 댔을까요?

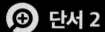

단서 3

URL에 접속하면 해커가 학생들의 나체 사진을 올린 것을 확인할 수 있습니다. 사진이 유출된 학생들 중 누가 파티에 참석했는지 찾아보세요. 그렇다면 그 친구들도 이 파티에 참석했다는 것을 추리할 수 있습니다.

사건 해결

불행한 사고일까요? 아니면 살인 사건일까요?
사건의 미스터리를 해결하기 위해 하나하나씩 현장을 살펴보겠습니다.

1 냉장고의 메모를 보면, 피해자는 자기 집에서 파티를 연 사람이었습니다. 쇼핑 리스트에 있는 품목이 그의 가장의상과 일치하기 때문이죠.

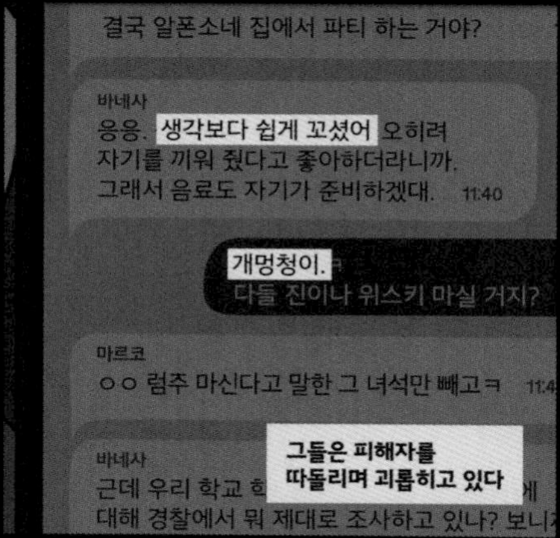

결국 알폰소네 집에서 파티 하는 거야?
바네사
응응. 생각보다 쉽게 꼬셨어 오히려 자기를 끼워 줬다고 좋아하더라니까. 그래서 음료도 자기가 준비하겠대. 11:40
개멍청이.ㅋ
다들 진이나 위스키 마실 거지?
마르코
ㅇㅇ 럼주 마신다고 말한 그 녀석만 빼고ㅋ
바네사
그들은 피해자를
따돌리며 괴롭히고 있다

2 메신저의 대화 내용을 보면 친구들이 그를 잘 대해 주지 않았다는 것을 알 수 있습니다. 오히려 그를 이용했죠. 그들은 그를 계속 괴롭혔던 거예요.

3 냉장고에 신경정신과 병원의 영수증이 붙어 있네요. 피해자가 학교에서 괴롭힘을 당해 병원에서 치료를 받고 약을 복용한 것 같습니다.

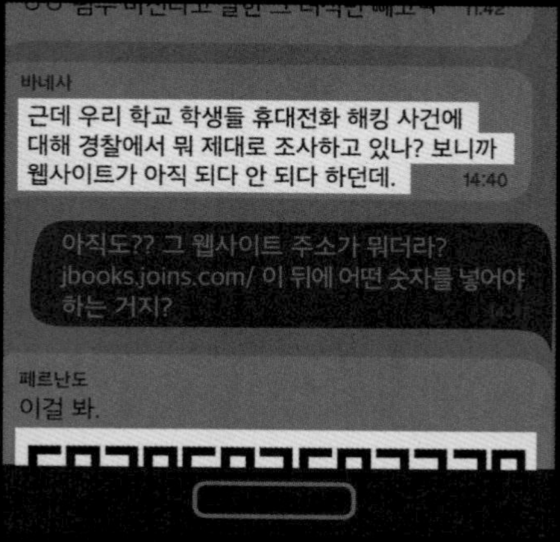

바네사
근데 우리 학교 학생들 휴대전화 해킹 사건에 대해 경찰에서 뭐 제대로 조사하고 있나? 보니까 웹사이트가 아직 되다 안 되다 하던데. 14:40
아직도?? 그 웹사이트 주소가 뭐더라? jbooks.joins.com/ 이 뒤에 어떤 숫자를 넣어야 하는 거지?
페르난도
이걸 봐.

4 사건이 일어나기 며칠 전, 누군가가 학생들의 휴대전화를 해킹해 개인적인 사진을 유출했어요. 경찰도 이를 수사 중이고요. 하지만 휴대전화 화면에서 URL 숫자가 제대로 안 보이네요.

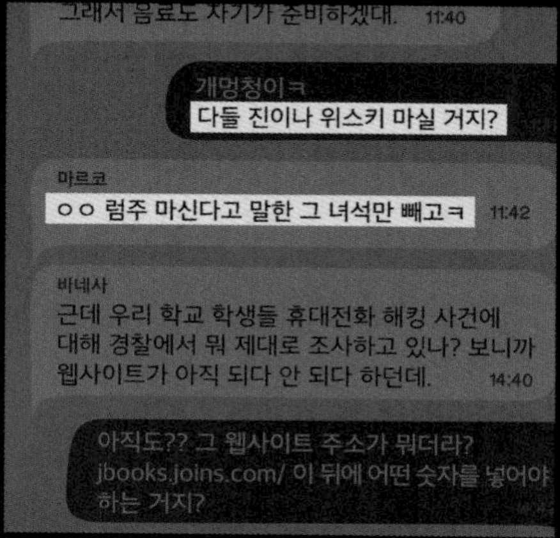

5 그룹 채팅방에 중요한 단서가 또 있어요. 파티에서 럼주를 마시기로 한 사람은 피해자밖에 없다는 거예요.

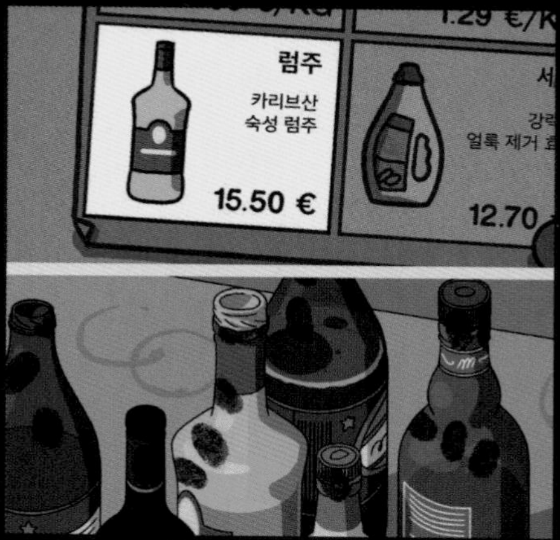

6 슈퍼마켓 전단지를 확인해 보면 어떤 술이 럼주인지 찾을 수 있습니다.

7 사건 현장을 조사해보니 럼주 병을 포함해서 모든 병에 지문이 남아 있다는 것을 알 수 있습니다.

피해자는 장갑을 끼고 있다. 따라서 지문을 남길 수가 없다.

8 하지만 뭔가 앞뒤가 맞지 않아요. 만약 장갑을 끼고 있던 피해자만 럼주를 마신 게 사실이라면, 어떻게 술병에 지문이 남아 있을까요?

9 누군가 피해자의 술병에 무언가를 넣은 게 분명합니다. 일단 장갑을 착용하고 있는 이들은 용의선상에서 제외하죠. 그렇다면 어릿광대로 변장한 이는 장갑을 낀 걸까요, 아니면 손에 칠을 한 걸까요?

10 휴대전화를 들고 있는 그의 손을 확대해 보니까 의심이 풀리는군요. 그는 장갑을 끼고 있습니다.

11 URL의 가려진 부분을 피해자의 컴퓨터 화면에서 찾아냈습니다. 이제는 웹사이트의 주소를 완성할 수 있어요.

12 웹사이트를 보니 이상한 가면을 쓴 해커의 사진이 나옵니다. 그 방에 있는 것과 같은 가면이에요!

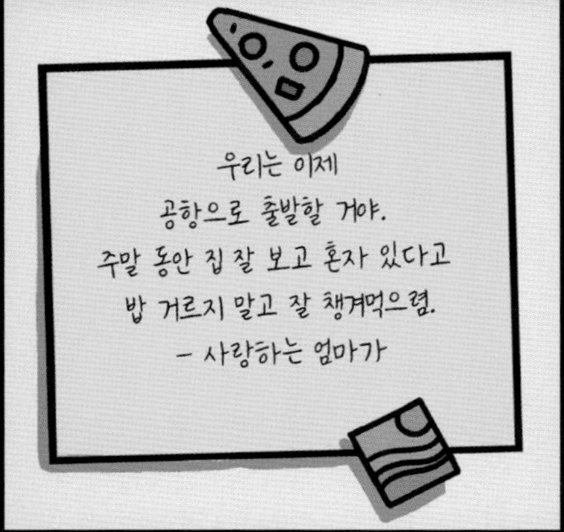

13 거기는 피해자의 방이 분명합니다. 어머니가 냉장고에 붙여 놓은 메모지를 보면 주말 동안 피해자가 집에 혼자 있을 거라고 되어 있기 때문이죠.

14 드디어 중요한 단서가 드러납니다. 피해자는 사진 유출 사건을 일으킨 해커였던 거예요.

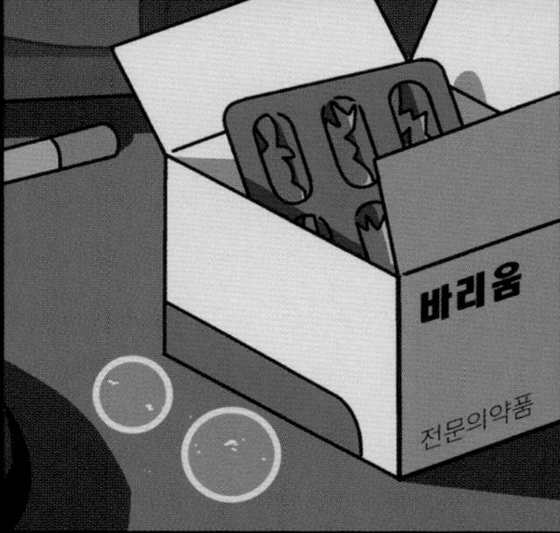

15 책상 위에 빈 신경안정제 바리움 상자가 하나 있고, 그 주변에 하얀 가루가 흩어져 있네요. 범인은 치사량이 넘는 알약을 피해자에게 몰래 먹인 것이죠.

16 게다가 결정적인 단서가 나타납니다. 책상 위에 떨어져 있는 금발 머리카락이 바로 그것이죠. 피해자의 머리는 금발이 아니기 때문에 파티 중에 금발을 가진 누군가가 이곳에 들어왔다는 것을 추리할 수 있습니다.

17 범인은 담배를 피우기 위해 몰래 그 방에 들어간 것이 분명합니다. 거실에는 금연 표시가 붙어 있었으니까요. 그러다 방에서 가면을 발견하고 알폰소가 해커라는 사실을 알게 된 거죠.

18 따라서 금발이 아닌 사람들은 용의선상에서 제외할 수 있습니다. 그런데 마녀로 변장한 여자는 검은색 머리를 가지고 있지만, 가발인 것 같아요. 아래로 금발이 살짝 삐져나와 있거든요.

19 웹사이트를 살펴보면, 마녀로 분장한 이가 사진 속에 등장한다는 것을 알 수 있어요. 몸에 비슷한 흉터가 나 있으니까요. 셀카 사진에 나타난 글자는 거울상으로 좌우가 반전되어 있습니다. 따라서 그 흉터는 원래 반대쪽에 있는 것이죠.

20 그런데 사진을 조사하면 그녀의 머리카락은 일부만 금발이라는 것을 알 수 있습니다. 윗부분은 파란 색깔이고, 아래쪽만 금발이네요.

21 그러므로 그 머리카락은 히피의 것입니다. 그가 범인이에요.

충격의 코스튬 파티

사건의 진실

레비야스 고등학교를 다니는 알폰소는 똑똑한 학생이지만 왕따였다. 같은 반 친구들은 그를 무시하면서 놀림감으로 삼기 일쑤였다. 따돌림 때문에 그는 과도한 불안감과 고민에 시달렸고, 정신과에 다니면서 신경안정제를 처방받기에 이르렀다.

알폰소는 자기를 놀리고 괴롭히는 동급생들이 너무 미웠다. 복수심에 불타던 그는 자신의 해킹 실력을 발휘해 자신을 괴롭히는 무리들의 휴대전화를 해킹해서 그들의 은밀한 사진을 웹에 올렸다. 이로 인해 학교에서는 한바탕 난리가 일어났고, 그 친구들은 얼굴을 들고 다니지 못하는 처지가 되고 말았다. 알폰소는 자기를 괴롭히던 아이들이 굴욕을 당하는 모습을 뒤에서 즐겁게 지켜보았다.

며칠 뒤, 경찰이 휴대전화 해킹 사건 수사에 착수하면서 그들에 대한 관심도 다소 식게 되었다. 같은 반 친구들은 그동안 우울했던 분위기를 전환하고자 코스튬 파티를 열기로 했다. 마침 주말 동안 알폰소가 집에 혼자 남게 될 거라는 사실을 알게 된 그들은 알폰소에게 집에서 파티를 열자고 꼬드겼다. 알폰소는 같은 반 친구들이 부끄러운 사진 때문에 기가 많이 꺾였을 것이고 이제부터 자기와도 같이 어울려 줄 거라고 생각했다. 그들을 미워하면서도 친구가 되고 싶었던 알폰소는 기꺼이 그의 집을 부모님 몰래 파티 장소로 제공하기로 했다. 그래서 부모님에게 들키지 않도록 벽에 금연 표시를 붙이고, 코스튬 파티를 위해 음료도 준비했다. 하지만 동급생들은 여전히 그를 친구로 생각하지 않았다. 그저 그의 집을 빌리려고 일부러 친한 척했던 것뿐이다.

사건 당일, 모두 마음껏 술을 마시며 코스튬 파티를 즐겼다. 히피로 변장한 페르난도는 술을 마시다 보니 담배가 너무 피우고 싶었다. 그래서 문에 붙어 있던 출입금지 경고문을 무시하고 몰래 그 방에 들어가 담배를 피웠다. 담배를 피우며 방을 구경하던 중 그는 가면 하나를 발견하게 된다. 바로 자신의 나체 사진을 올린 해커의 가면이었다! 순간 알폰소가 그 못된 해커라는 사실을 깨달은 페르난도는 끓어오르는 분노를 참을 수가 없었다. 그는 안절부절못하며 방안을 서성거리며 어떻게 해야 해커에게 복수할 수 있을지를 생각했다. 바로 그때, 책상 위에 있던 신경안정제 바리움 상자를 보자 기가 막힌 생각이 떠올랐다. 그는 상자에 있던 신경안정제 알약을 모두 빻아 가루로 만든 다음, 조용히 방을 빠져 나왔다. 그리고 술병을 모아 놓은 조리대로 천천히 다가간 그는 아무도 모르게 럼주 병을 열어 하얀 가루를 모두 안에 털어 넣었다.

알폰소는 아무것도 모른 채 파티를 즐기며 럼주를 계속 마셨다. 그리고 어느 순간, 약물 과다 복용으로 바닥에 쓰러지고 말았다. 파티에서 알폰소만 럼주를 마신다는 사실을 미리 알고 있던 페르난도는 그 술병에 몰래 약을 타기만 하면 나쁜 해커 녀석을 끝장낼 수 있다고 생각했다. 그렇게만 된다면 자신의 친구들은 아무 해도 입지 않을 것이고, 파티에 참석한 친구들도 알폰소가 해커로 밝혀지면 그에게 벌을 내리는 데 찬성했을 것이라고 생각한 것이다. 그러나 사건 현장에 출동한 탐정의 꼼꼼한 조사 덕분에 범인은 금방 밝혀졌고 현장에서 바로 체포되었다. 술이 깬 페르난도는 모든 것을 후회했지만 이제는 자신이 저지른 죗값을 치르는 것만이 남았을 뿐이었다.

CASE **03**

산타클로스의 비극

트리의 조명이 반짝이고 흥겨운 캐럴이 들리는 크리스마스 시즌이 되면 모두가 소중한 사람과 즐거운 시간을 보냅니다. 하지만 이 아파트에 사는 부부에겐 잔인한 12월이 되고 말았습니다. 산타로 변장한 남편이 목을 매 숨진 채 발견되었기 때문이죠.
겉으로는 절망을 이기지 못해 자살한 것으로 보입니다.
하지만 당신은 눈에 보이는 것이 전부가 아니라는 사실을 잘 알고 있습니다.
정말 그는 자살한 걸까요?

사건을 해결하는 데 걸린 시간은?

이 사건의 범인은?

그 증거는?

살해 동기는?

컴퓨터를 확인하기 (43쪽)
쿠키를 살펴보기 (42쪽)
책상을 조사하기 (44쪽)
수첩을 확인하기 (45쪽)

사랑하는 아들에게
네게 힘든 크리스마스라는 건 잘 알고
있단다. 너를 생각하며 구운 과자를 좀
보낼 테니까 힘내기 바란다.
메리 크리스마스.
더 이상 기회는 없어.
만약 24시간 내로 돈을 내놓지 않으면,
새해를 맞이할 생각은 꿈도
꾸지 않는 게 좋을 거야.
목사

우체국
소포 배달 확인
수령자: 테레사 님
배달 일자: 12월 23일
배달 시간: 11시 35분
우체국
영업시간: 10:00-20:00 월요일에서
일요일과 공휴일에는 휴무
미란다
12월 22일
당신이 오늘 내게 한 말은 사실이 아니야. 내가 이제 와서 당신한테 무슨 억하심정이 있겠어? 난 절대 당신도, 그리고 당신을 보살피는 것도 지겹지 않아. 나는 지난 일로 당신을 미워하지 않는단 말이야. 당신은 내 인생에 짐이 아니라니까. 당신이 아무리 화를 내도 충분히 이해할 수 있어. 당신은 지금 무척 힘든 시기를 겪고 있으니까 말이야. 그러니까 우리 힘을 합쳐 이 난국을 헤쳐나가자. 하지만 제발 부탁인데, 그 조폭한테 계속 돈을 빌려달라고 하지는 마. 너무 위험하잖아. 그러다 우리 모두 위험에 빠질지도 몰라. 만나서 어떻게 할지 같이 생각해 보자고.
뉴스27
재판부는 이러한 사실로 피해자 소리아가 스토킹 및 사이버 스토킹 피해를 당한 점을 인정해, 피고 하비에르에게 벌금형을 선고했다. 이와 더불어 법원은 향후 5년 동안 피고인이 원고에게 접근하거나, 연락하는 것을 금지하는 명령을 내렸다.
법정을 나서는 하비에르
데일리 뉴스
발견된 시신의 상태로 보아, 범행은 '목사'라는 이름으로 알려진 그 지역의 사채업자의 방식과 일치하는 것으로 보인다. 그는 고객들조차 신원을 모를 정도로 미스터리에 싸인 인물이다. 그는 주로 제3자를 통해 활동하는데, 위험한 폭력배를 동원해
엑스뉴스
모델 마르틴의 미래를 짓밟은 크리스마스의 비극
혜성같이 등장한 모델 마르틴의 미래는 거침없어 보였다. 밀라노 패션쇼, 유명 브랜드 제품 광고, 텔레비전과 언론 매체 출연 등등. 하지만 그의 삶은 불행한 교통사고로 인해 한 편의 비극이 되고 말았다.
사건은 2년 전에 일어났다. 마르틴은 아들과 함께 시내의 크리스마스 마켓에 갔다가 집으로 돌아가던 중, 그가 탄 차가 중심을 잃고 절벽 아래로 굴러 떨어지는 사고를 당했다. 아들은 그 자리에서 사망하고, 마르틴은 심각한 신체장애를 갖게 되었다.
한편 화가인 그의 어머니 테레사 알카라스 씨는 본지와의 인터뷰에서 사고 직후 아들의 혈액을 채취해 검사한 결과 알코올 성분이 검출되지 않았다고 밝혔다. 덕분에 당시 그는 살인죄로 기소되지 않았다.
그렇지만 그는 화려했던 삶이 무너져내리며 스스로 벌을 받은 셈이 되었다. 모델 활동을 계속 해나갈 수도 없었고, 직장을 얻기도 어려웠다. 결국 그는 시간제 노동으로 생계를 꾸려 나가야 했다. 그의 얼굴을 알아본 몇몇 목격자들에 따르면 최근 그는 대형 백화점에서 산타로 분장하고 있었다고 한다.
게다가 술은 마르틴의 비극적인 사고와 아무 연관이 없지만, 그의 지인들은 현재 우울증을 겪고 있는 그에게 유일한 탈출구는 술이 되었다고 전했다.

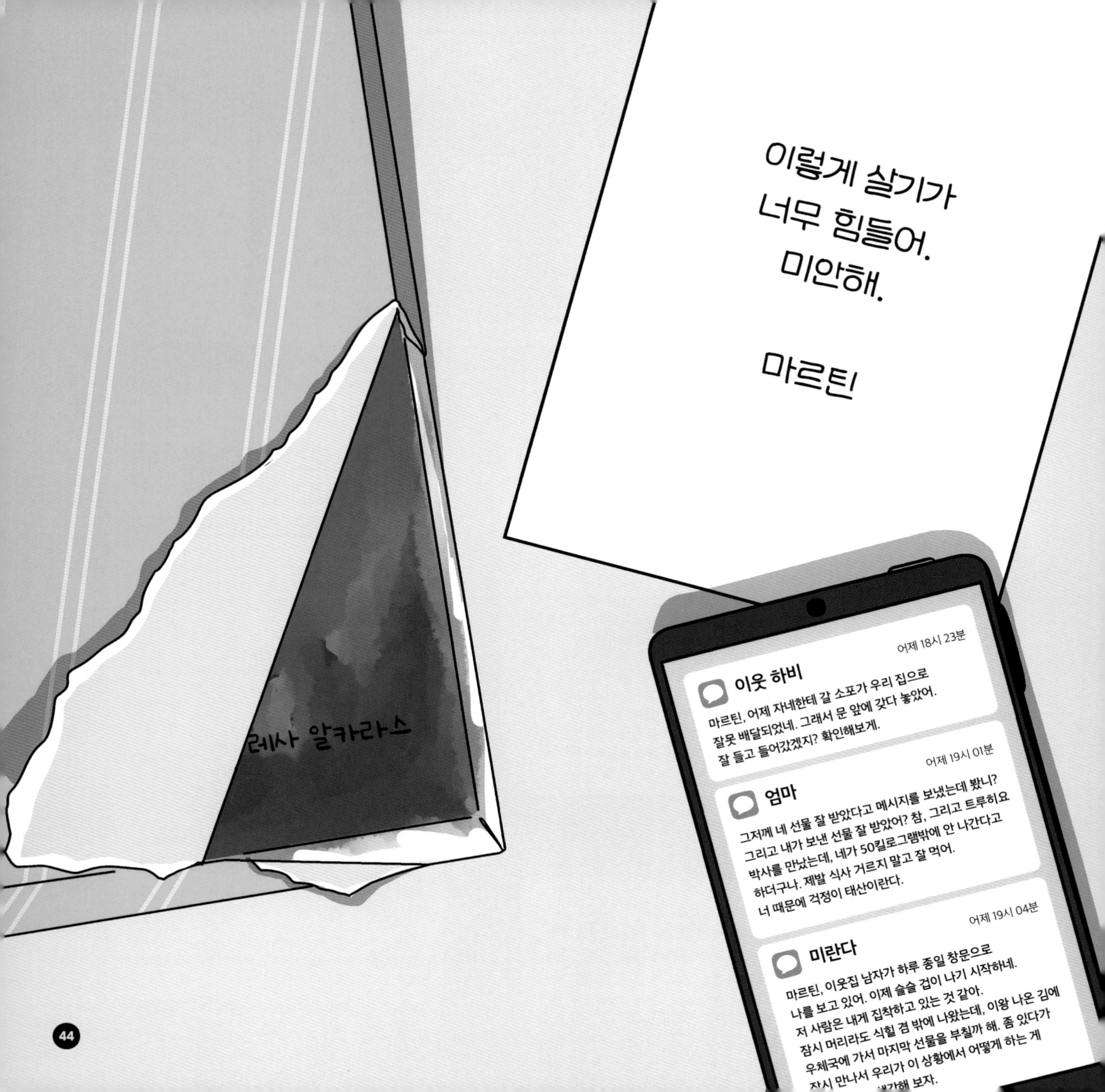

레사 알카라스
이렇게 살기가
너무 힘들어.
미안해.
마르틴
어제 18시 23분
이웃 하비
마르틴, 어제 자네한테 갈 소포가 우리 집으로
잘못 배달되었네. 그래서 문 앞에 갖다 놓았어.
잘 들고 들어갔겠지? 확인해보게.
어제 19시 01분
엄마
그저께 네 선물 잘 받았다고 메시지를 보냈는데 봤니?
그리고 내가 보낸 선물 잘 받았어? 참, 그리고 트루히요
박사를 만났는데, 네가 50킬로그램밖에 안 나간다고
하더구나. 제발 식사 거르지 말고 잘 먹어.
너 때문에 걱정이 태산이란다.
어제 19시 04분
미란다
마르틴, 이웃집 남자가 하루 종일 창문으로
나를 보고 있어. 이제 슬슬 겁이 나기 시작하네.
저 사람은 내게 집착하고 있는 것 같아.
잠시 머리라도 식힐 겸 밖에 나왔는데, 이왕 나온 김에
우체국에 가서 마지막 선물을 부칠까 해. 좀 있다가
잠시 만나서 우리가 이 상황에서 어떻게 하는 게

3시간 이상 현장을
분석한 조사 기록
?
그의 이웃 하비에르는 우연히 그 집 쪽을 바라보다
19시 30분경 크리스마스트리 장식 조명이 모두
꺼지는 것을 보았다고 한다. (사망 시간일 가능성이 있음)
피해자의 부인은 20시 30분에 시신을 발견하고 그 즉시
경찰에게 신고했음. 부인의 진술에 따르면, 사망자는 폭력배로
보이는 사채업자와 관련이 있었다고 한다.
그에 관해서는 목사라는 별명밖에 모른다고 했다.
조사할 것.
또한 그녀는 이웃 남자로부터 스토킹 피해를 당했다고
말했다. 그녀는 그 남자를 "강박적 관음증 환자"라고
불렀다.

사건의 실마리

이 사건을 해결하기 위해 굳이 여기 나온 단서를 읽을 필요는 없습니다. 하지만 당신의 추리가 미궁에 빠져 있다면, 아래의 단서가 도움이 될 것입니다. 그렇지만 한꺼번에 다 읽으려고 하지는 마세요. 어쩌면 하나의 단서만으로도 수수께끼를 풀 수 있는 열쇠를 찾을지 모르니까요. 그럼 행운을 빌어요!

단서 1

사건 현장에서 발견된 여러 가지 쪽지나 메모지의 필체를 잘 살펴보는 것이 중요합니다. 쿠키 상자에 들어 있는 편지의 필체와 그림의 필체를 비교해 보면, 이 두 필체가 서로 다르다는 것을 확인할 수 있을 거예요. 컴퓨터 화면에서 마르틴의 아마니가 화가라고 언급한 기사로 봤을 때, 그림이 아마니의 것임을 추측할 수 있습니다. 따라서 쿠키 상자에 든 쪽지는 다른 사람이 썼을 겁니다.
자세히 관찰하면 이 필체는 자살 유서의 필체와도 상당히 흡사합니다.
두 개의 쪽지를 모두 범인이 썼다는 얘기가 되겠죠.

단서 2

이 사건을 해결하려면 타임라인이 아주 중요합니다. '오늘'은 12월 며칠일까요?
휴대전화의 문자메시지와 컴퓨터 화면의 이메일, 사건 현장의 시계를 살펴보세요.
다만 지금이 밤 12시 15분이라는 점을 고려하세요. 휴대전화 메시지가 모두 '어제'로 되어 있지만,
실제로 '어제'는 이제 막 15분이 지났을 뿐입니다.

단서 3

휴대전화 메시지에서 이상한 점이 보이는군요. 누군가 거짓으로 문자메시지를 보냈습니다.
누가 어떤 거짓말을 한 걸까요?

사건 해결

도대체 어떤 일이 있었던 걸까요?
사건 현장을 자세히 살펴보고, 사건이 어떻게 일어났는지 알아봅시다.

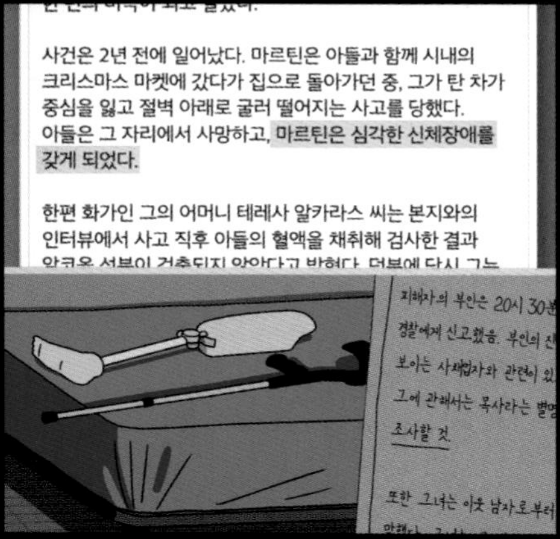

사건은 2년 전에 일어났다. 마르틴은 아들과 함께 시내의 크리스마스 마켓에 갔다가 집으로 돌아가던 중, 그가 탄 차가 중심을 잃고 절벽 아래로 굴러 떨어지는 사고를 당했다. 아들은 그 자리에서 사망하고, 마르틴은 심각한 신체장애를 갖게 되었다.
한편 화가인 그의 어머니 테레사 알카라스 씨는 본지와의 인터뷰에서 사고 직후 아들의 혈액을 채취해 검사한 결과
경찰에게 신고했음.
조사할 것

1 사건 현장을 조사하면 피해자는 다리 한쪽이 없다는 것을 알 수 있습니다. 침대 위에 의족과 목발이 보이는군요. 게다가 이를 뒷받침하는 신문 기사도 있습니다.

2 그런데 의족과 목발이 그가 목을 매단 장소에서 다소 떨어진 곳에 있다는 점을 감안하면, 자살일 가능성은 배제해야 합니다.

그렇지만 그는 화려했던 삶이 무너져내리며 스스로 벌을 받은 셈이 되었다. 모델 활동을 계속 해나갈 수도 없었고, 직장을 얻기도 어려웠다. 결국 그는 시간제 노동으로 생계를 꾸려 나가야 했다. 그의 얼굴을 알아본 몇몇 목격자들에 따르면 최근 그는 대형 백화점에서 산타로 분장하고 있었다고 한다.

3 산타 복장은 그가 백화점에서 일을 하고 있었다는 것을 증명합니다. 그건 그가 사고를 당한 후로 생계를 꾸려 나가기 위해 갖게 되었던 일자리 중 하나였죠.

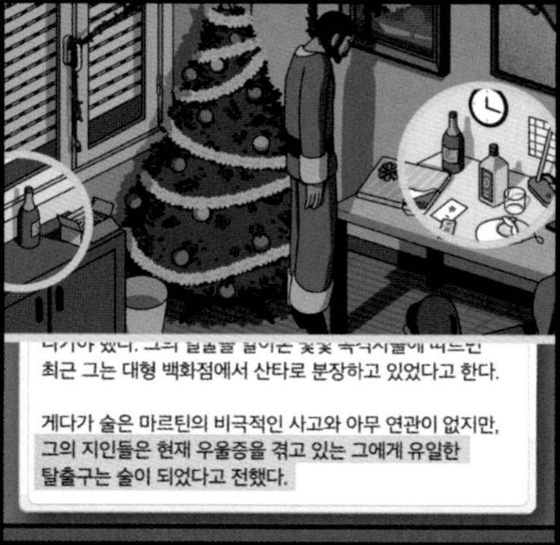

4 알코올 중독과 신체장애는 그를 우울하고 자기 파괴적인 상황으로 몰고 간 것으로 보입니다. 사실 그는 어떻게든 살아가기 위해 위험한 사채업자에게 돈을 빌리기까지 했어요.

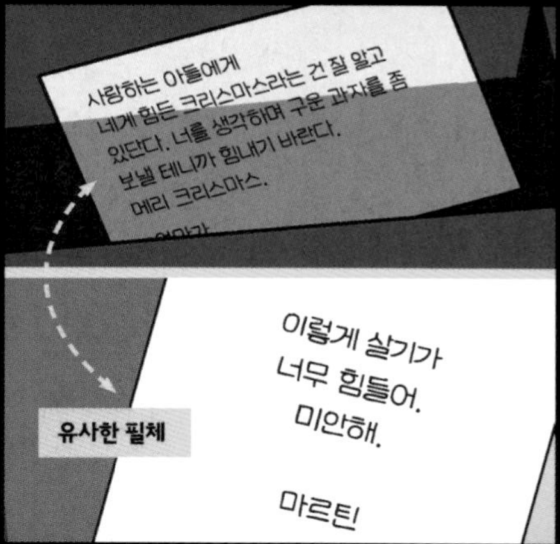

5 필체를 조사하면 자살 유서의 필체와 쿠키 상자에 들어 있던 쪽지의 필체가 상당히 유사하다는 것을 알 수 있습니다. 다시 말해, 범인이 이 두 글을 쓴 것이죠.

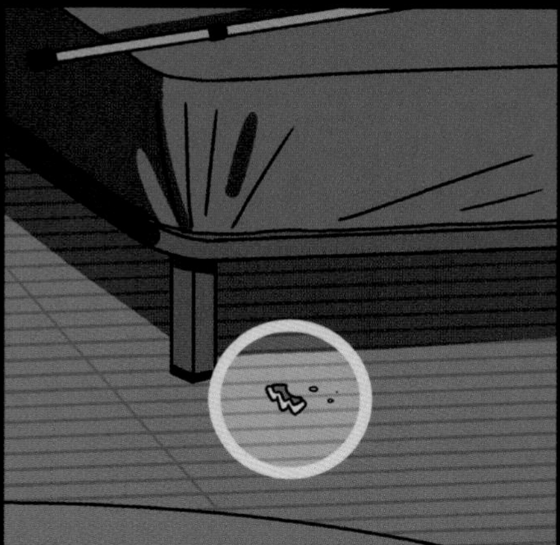

6 그렇다면 범인이 피해자에게 일부러 쿠키를 보낸 거라고 추정할 수 있습니다. 침대 옆에 반쯤 먹다 버린 쿠키가 보이는군요. 피해자는 쿠키를 먹다가 잠이 든 것이 틀림없어요.

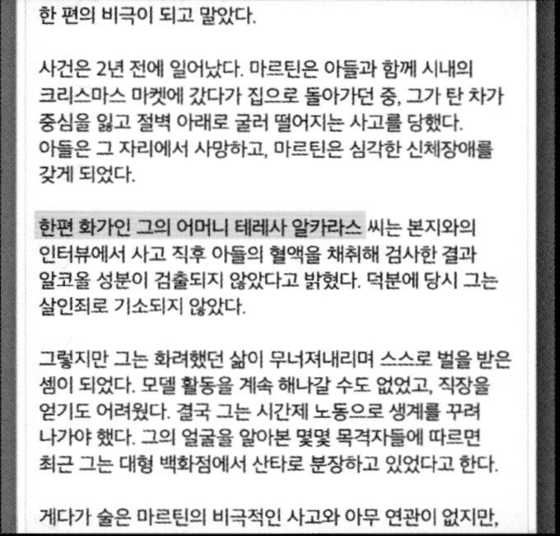
한 편의 비극이 되고 말았다.
사건은 2년 전에 일어났다. 마르틴은 아들과 함께 시내의 크리스마스 마켓에 갔다가 집으로 돌아가던 중, 그가 탄 차가 중심을 잃고 절벽 아래로 굴러 떨어지는 사고를 당했다. 아들은 그 자리에서 사망하고, 마르틴은 심각한 신체장애를 갖게 되었다.
한편 화가인 그의 어머니 테레사 알카라스 씨는 본지와의 인터뷰에서 사고 직후 아들의 혈액을 채취해 검사한 결과 알코올 성분이 검출되지 않았다고 밝혔다. 덕분에 당시 그는 살인죄로 기소되지 않았다.
그렇지만 그는 화려했던 삶이 무너져내리며 스스로 벌을 받은 셈이 되었다. 모델 활동을 계속 해나갈 수도 없었고, 직장을 얻기도 어려웠다. 결국 그는 시간제 노동으로 생계를 꾸려 나가야 했다. 그의 얼굴을 알아본 몇몇 목격자들에 따르면 최근 그는 대형 백화점에서 산타로 분장하고 있었다고 한다.
게다가 술은 마르틴의 비극적인 사고와 아무 연관이 없지만,

7 그렇지만 그를 살해하려고 쿠키를 보낸 사람이 정말 그의 어머니였을까요? 온라인 신문 기사를 보면 그의 어머니가 화가라는 사실을 알 수 있죠.

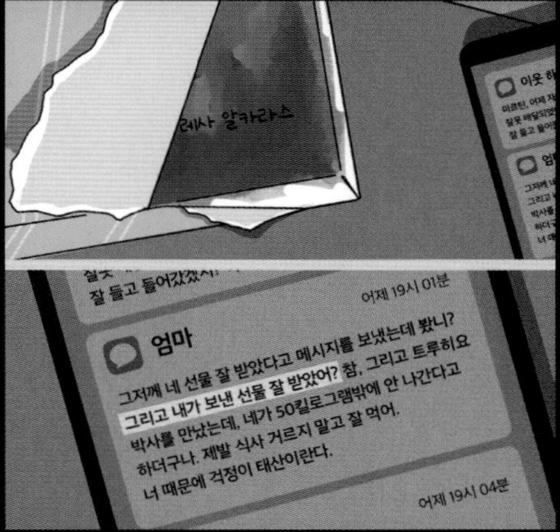

8 그의 엄마가 메시지에서 언급한 선물은 쿠키 상자가 아니라 테이블 위에 놓여 있는 그림이에요.

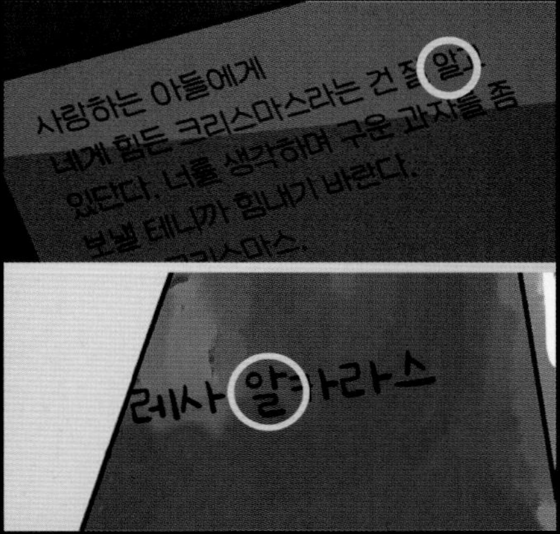

9 사실 쿠키 상자에 든 쪽지의 필체는 그림에 적힌 서명의 필체와 완전히 다릅니다.

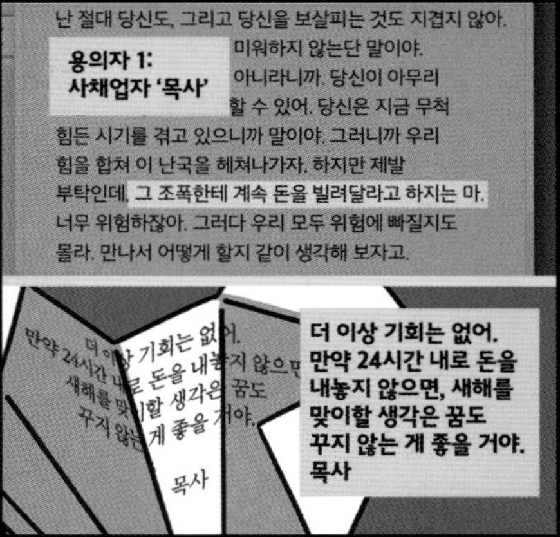

10 상황을 보면 여러 명의 용의자가 있습니다. 우선 부인이 남편에게 위험한 인물이라고 경고한 사채업자가 있어요. 실제로 피해자에게 빚을 갚으라고 독촉하는 쪽지가 쓰레기통에서 나왔어요.

11 이웃집 남자 또한 용의자로 볼 수 있어요. 그는 창문을 통해 계속 피해자의 아내를 지켜보는 등, 집착하는 모습을 보였으니까요. 또 그는 스토킹 범죄로 처벌을 받은 전과가 있습니다. 그래서 그녀의 남편을 없애버리려고 한 것일까요?

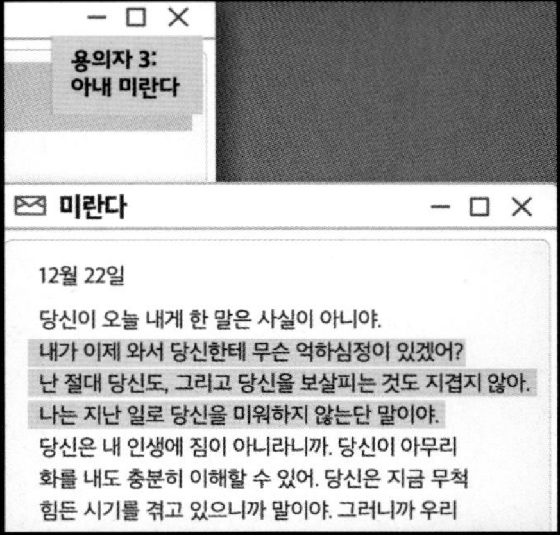

12 마지막 용의자는 피해자의 아내예요. 그녀가 보낸 마지막 메일을 보면, 그녀는 지금 자신의 처지를 원망하고, 아들의 죽음에 대해 분노를 느끼고 있는지도 모릅니다.

13 먼저 범행 시간을 알아야 합니다. 이웃집 남자는 저녁 7시 30분경 크리스마스트리 장식 조명이 모두 꺼지는 것을 보았다고 해요. 그 말이 사실이라면, 그 시각에 사건이 일어난 게 틀림없습니다.

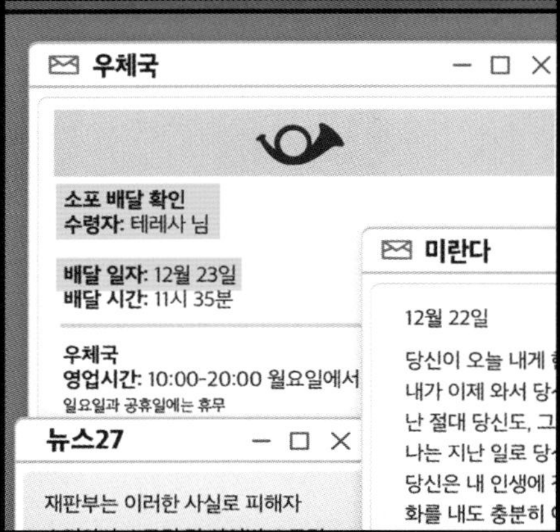

14 그런데 지금은 정확히 며칠일까요? 피해자가 어머니에게 보낸 소포 배달 확인 이메일을 확인하면 날짜를 알 수 있습니다. 메일에는 12월 23일로 나와 있군요.

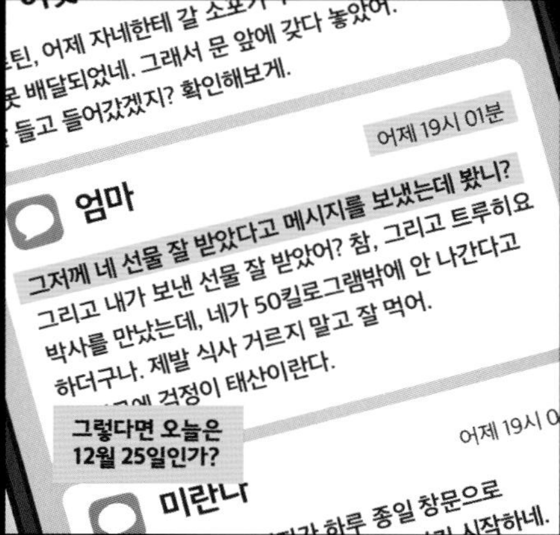

15 어제 받은 어머니의 메시지에는 소포가 그저께 도착했다는 내용이 나옵니다. 만약 그저께가 12월 23일이라면, 어제는 12월 24일이고 오늘이 12월 25일이라는 이야기가 되겠죠.

16 그런데 자세히 보면 집 안의 시계가 12시 15분을 가리키고 있어요. 그렇다면 밤 12시 15분일 수밖에 없겠죠. 밖이 어두운 데다, 경찰도 20시 30분에 신고를 받았고, 3시간 이상 현장을 조사했다고 수첩에 기록했으니까요.

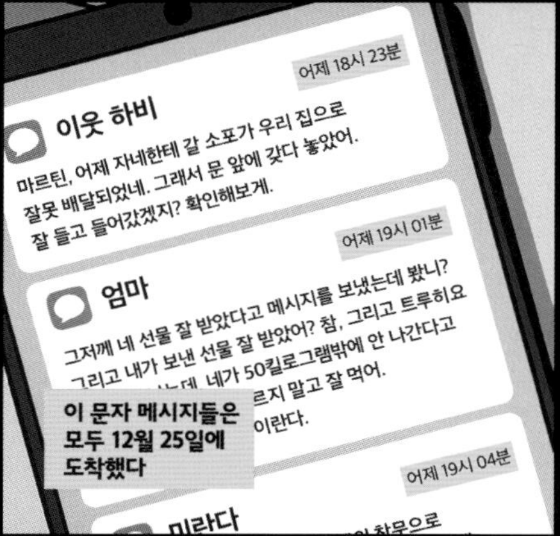

17 따라서 모두 '어제'라고 되어 있지만, 실제로 모두 범행 당일 도착한 메시지입니다. 휴대전화는 밤 12시 정각부터 새날로 치기 때문에 모두 12월 25일에 도착한 거예요.

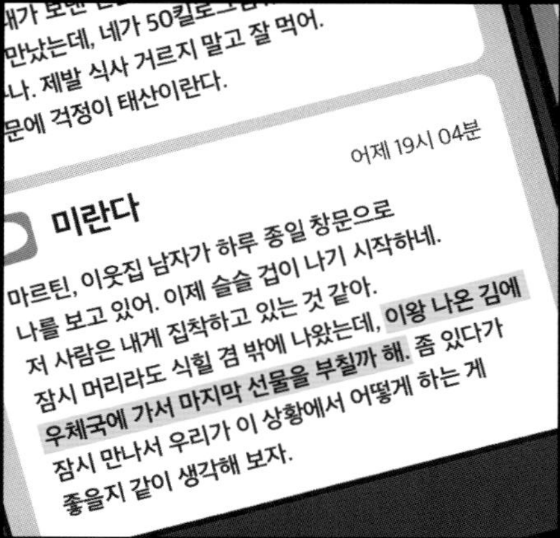

18 그렇다면 누군가가 거짓말을 하고 있다는 걸 알 수 있습니다. 메시지에서 피해자의 아내는 범행이 일어나던 시간 즈음에 소포를 부치러 간다고 했죠.

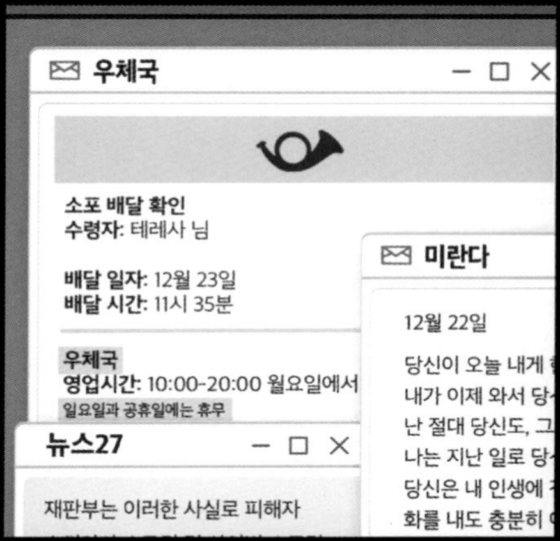

19 하지만 우체국에서 보낸 이메일을 보면, 공휴일에는 문을 열지 않는다고 되어 있습니다. 사건이 일어난 날은 크리스마스로 공휴일이에요. 결국 피해자의 아내가 거짓말을 한 거죠.

산타클로스의 비극

사건의 진실

한때 마르틴은 모든 일이 순조롭게 풀려 나가면서 인생의 황금기를 누리고 있었다. 잘나가는 모델로서 수많은 일이 그에게 들어왔을 뿐만 아니라, 결혼해서 아내와 행복한 생활을 하던 중 사랑스러운 아들까지 얻었다. 그러던 어느 날, 마르틴은 아들을 데리고 크리스마스 마켓에 갔다 돌아오는 길에 비극적인 교통사고를 당하고 말았다. 결국 어린 아들은 세상을 떠났고, 그도 한쪽 다리를 절단해야 했다.

그 사고로 인해 다시는 패션쇼 무대에 설 수 없게 된 마르틴은 밑바닥에서부터 다시 시작할 수밖에 없었다. 하지만 완벽한 몸매를 내세워 화려한 생활을 누리던 사람에게, 신체장애는 크나큰 걸림돌이 되었다. 절망에 빠진 그는 하루 벌어 하루 먹고 사는 불안정한 일자리만 전전했다. 여기에 어린 아들을 죽였다는 죄책감이 더해지자, 마르틴은 결국 우울증과 자기 파괴 충동에 시달리며 나락으로 추락했다. 그는 괴로움을 달래기 위해 술에 의존할 수밖에 없었다.

아내 미란다는 여전히 그의 곁을 지켰지만, 사실 남편을 도저히 용서할 수가 없었다. 그가 운전하던 자동차의 사고로 하루아침에 사랑하는 아들을 잃어 버렸기 때문이다. 게다가 마르틴은 날이 갈수록 우울증이 심해져 걸핏하면 화를 내고 그녀에게 기대려고만 했다. 미란다에게는 절대 용서할 수 없는 남자와 함께 사는 하루하루가 지옥 같기만 했다. 그에 대한 미움이 점점 커져만 가던 어느 날, 남편에 대한 증오심과 벗어날 가망이 전혀 보이지 않는 고통스러운 삶에 짓눌린 나머지, 그녀는 남편을 죽이고 처음부터 다시 시작하기로 마음먹었다.

사건 당일, 그녀는 마르틴의 어머니가 보낸 것처럼 꾸며 쿠키를 자기 집으로 보냈다. 이 쿠키에는 다량의 신경안정제가 들어 있었기 때문에, 마르틴은 한 입 먹자마자 곧장 깊은 잠에 빠져들고 말았다. 잠시 후 몰래 집에 돌아온 미란다는 눈에 띄지 않도록 창문 아래에 숨어서 이웃에 사는 관음증 환자가 자기 집을 훔쳐볼 때까지 기다렸다. 여느 때처럼 이웃집 남자가 염탐하려고 창가에 나타나는 것을 확인한 미란다는 바로 피해자에게 우체국에 소포를 보내기 위해 밖에 나왔다는 메시지를 보냈다. 이를 통해 마르틴이 죽은 시간대에 자기는 우체국에 있었다는 알리바이를 만들려고 한 것이다.

사건이 벌어진 시간에 대한 이웃집 남자의 증언을 만들기 위해 미란다는 잠시 기다렸다가 크리스마스트리 조명의 플러그를 뽑아버렸다. 그리고 이웃집 남자가 자신을 보지 못하도록 블라인드를 내린 다음, 정신을 잃은 마르틴을 대들보 아래로 끌고 갔다. 그녀는 크리스마스트리 조명 줄을 꼬아 밧줄로 만들어 남편의 목에 감은 다음, 그 줄을 대들보 위로 넘기고 있는 힘껏 잡아당겨 그의 몸을 들어 올렸다. 마르틴은 최근 몇 달 사이에 극도로 여윈 상태였다. 그 덕분에 그녀는 그를 적당한 높이까지 들어 올릴 수 있었다. 그러고 나서 그녀는 그의 발밑에 의자를 쓰러뜨려 놓고, 가짜 자살 유서를 썼다. 한 시간 후, 그녀는 경찰에 전화를 걸어 집에 도착했더니, 남편이 목을 맨 채 죽어 있다고 신고했다.

완전 범죄를 꿈꿨으나, 그녀의 거짓말은 탐정의 조사에 의해 금세 밝혀졌다. 그녀는 현장에서 바로 체포되었다.

CASE **04**

욕조와 토스터기

시내의 어느 아파트에서 끔찍한 사건이 발생했습니다.
하우스메이트 4명이 함께 사는데 그중 한 명이 욕조에서 감전사한 시신으로 발견된 것입니다.
단순한 자살사건일 수도 있겠지만, 당신은 왠지 하우스메이트들이 의심스럽습니다.
과연 이 사건은 자살일까요, 타살일까요?

사건을 해결하는 데 걸린 시간은?

이 사건의 범인은?

그 증거는?

살해 동기는?

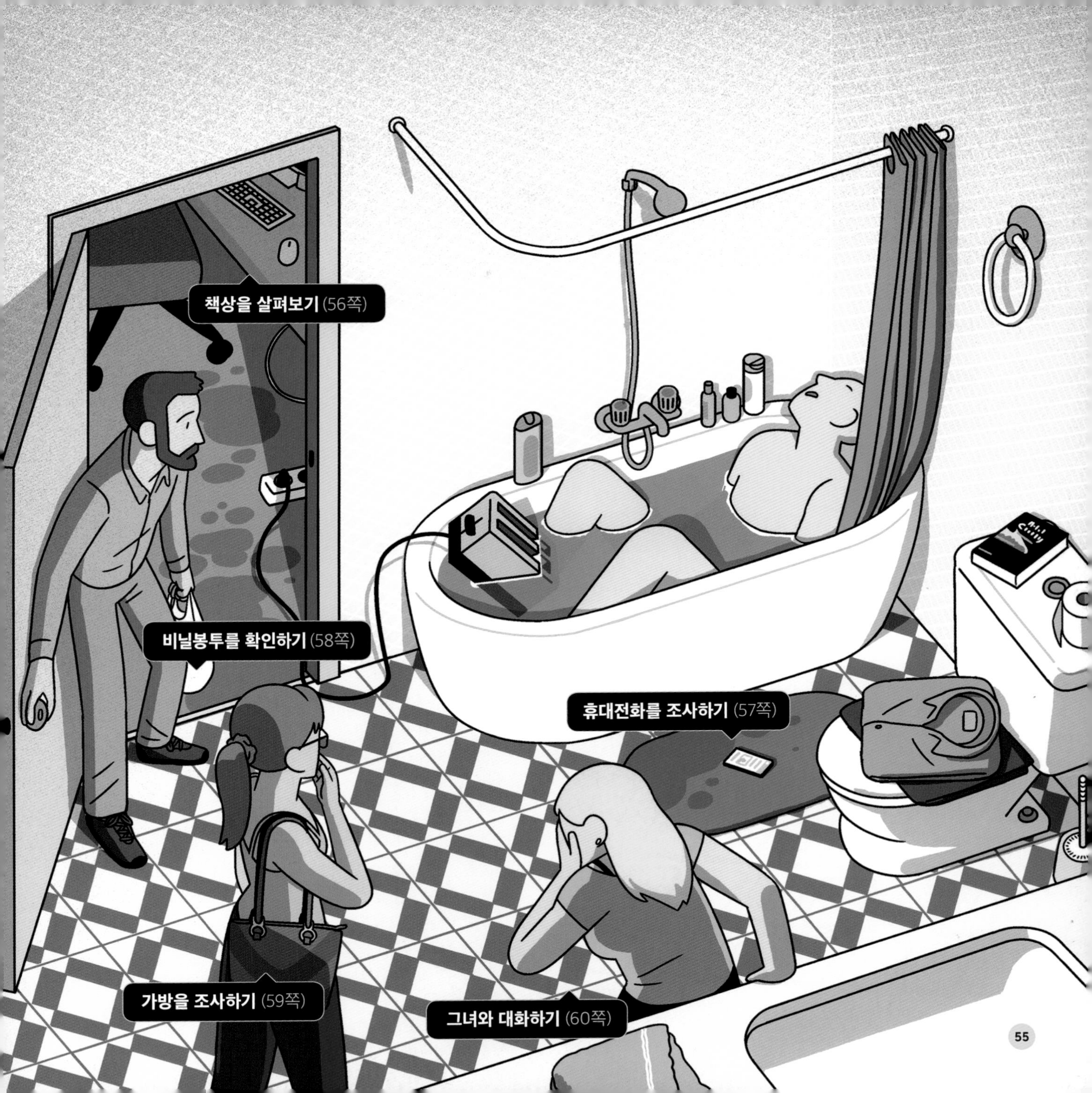
책상을 살펴보기 (56쪽)
비닐봉투를 확인하기 (58쪽)
휴대전화를 조사하기 (57쪽)
가방을 조사하기 (59쪽)
그녀와 대화하기 (60쪽)

그녀도 결국 현실을 받아들이게 될 거야.
그러니까 넌 네가 원하는 대로 살면 돼.
오늘 한잔 하는 자리에서 내 여동생을 소개시켜 줄게. 만나 보면 알겠지만, 네 마음에 들 거야.
오늘 19시 30분, 로켓에서 보자.
OK?
OK...
Aa
GIF
11/17
해리 캐스팅 건
연락 받음
Super
Super
1741
home
page up
num lock
/
%
-
end
page down
7
8
9
*
4
5
6
1
2
3
+
0
.

19:48
하우스메이트방
4명 참가
산드라 메이트
@빈센트 어디서 들었는데, 너 주인공 역을 맡았다면서? 정말 축하해. @알렉스 메이트 너한테는 너무 아쉽지만 또 좋은 기회가 있을 거야. 최소한 대역이라도 네게 준다고 한 거지?
18:44
지금 당장 너와 축하주를 들고 싶지만, 아직 이 먼 곳에서 일하고 있어. 하지만 이제 다 끝나가니까, 한 시간 정도면 집에 도착할 수 있을 거야. 아무튼 그 정도는 걸릴 것 같아.
18:44
AW
18:45
고마워, 산드라. 네가 집에 있는 줄 알았어. 지금 목욕하고 있는 중인데, 밖에서 자꾸 이상한 소리가 들려. 그리고 발소리도 들리네. 혹시 너희 중에 집에 들어온 사람 있니?
18:45
루시아

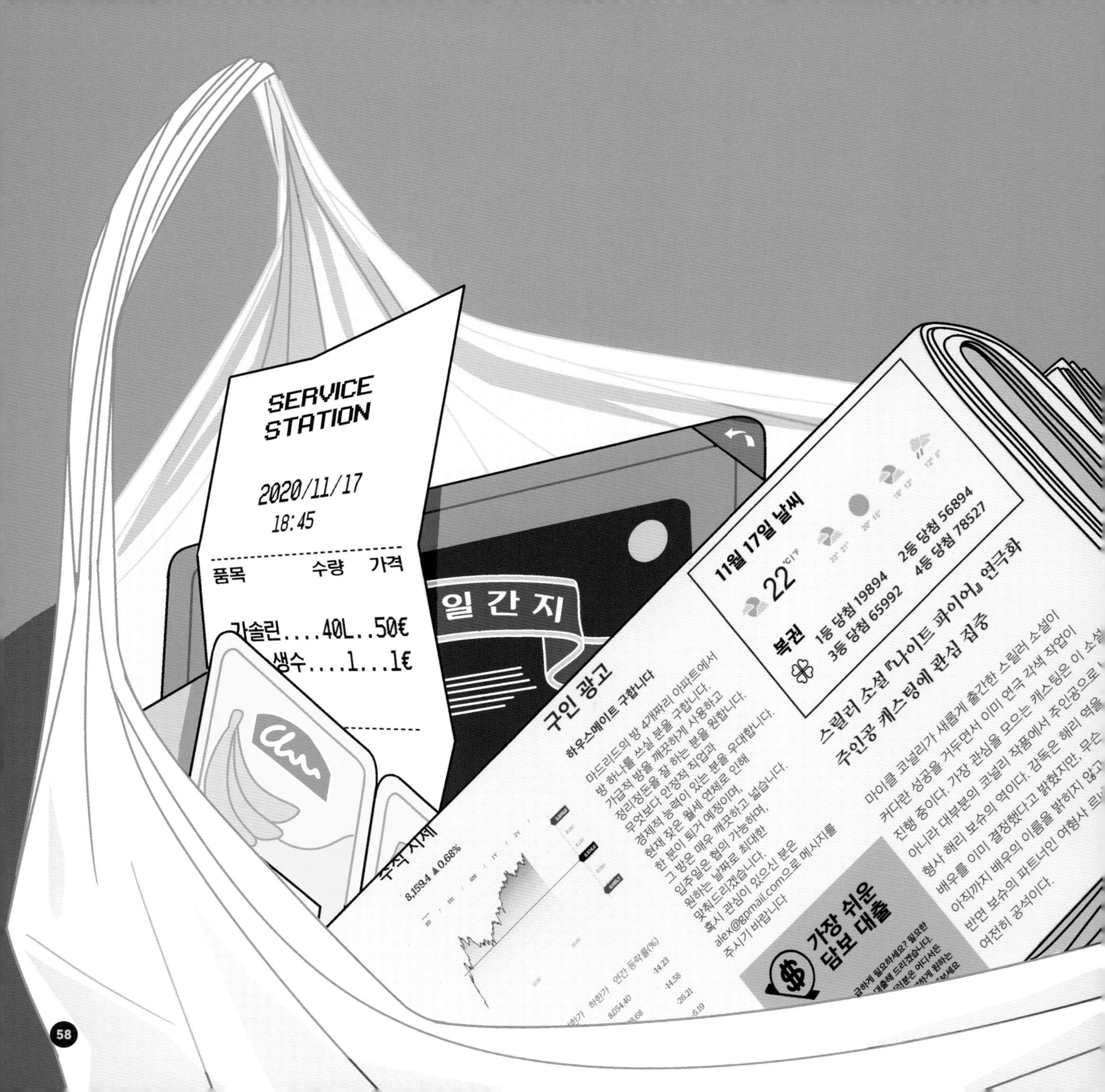
SERVICE STATION
2020/11/17
18:45
품목 수량 가격
가솔린....40L..50€
생수....1...1€
일 간 지
구인 광고
하우스메이트 구합니다
마드리드의 방 4개짜리 아파트에서 방 하나를 쓰실 분을 구합니다. 가급적 방을 깨끗하게 사용하고 정리정돈을 잘 하는 분을 원합니다. 무엇보다 안정적 직업과 경제적 능력이 있는 분을 우대합니다. 현재 잦은 월세 연체로 인해 한 분이 퇴거 예정이며, 그 방은 매우 깨끗하고 넓습니다. 입주일은 협의 가능하며, 원하는 날짜로 최대한 맞춰드리겠습니다. 혹시 관심이 있으신 분은 alex@gpmail.com으로 메시지를 주시기 바랍니다.
11월 17일 날씨
22 °C/°F
복권
1등 당첨 19894
2등 당첨 56894
3등 당첨 65992
4등 당첨 78527
스릴러 소설 『나이트 파이어』 연극화
주인공 캐스팅에 관심 집중
마이클 코널리가 새롭게 출간한 스릴러 소설이
커다란 성공을 거두면서 이미 연극 각색 작업이
진행 중이다. 가장 관심을 모으는 캐스팅은 이 소설
아니라 대부분의 코널리 작품에서 주인공으로
형사 해리 보슈의 역이다. 감독은 해리 역을
배우를 이미 결정했다고 밝혔지만,
아직까지 배우의 이름을 밝히지 않고
반면 보슈의 파트너인 여형사
여전히 공석이다.
가장 쉬운 담보 대출
주식 시세
8,159.4 ▲0.68%
상한가 하한가 연간 등락률(%)

마이클 코넬리
나이트 파이어
단역 오디션
11월 24일 14:00
2번 세트장
11월 26일 16
5번 세트장
24시간 친절 상담!
아래의 웹페이지를 통해
편리하게 신청할 수 있습니다.

루시아의 진술

그녀의 진술을
주의 깊게 들으면 수사를
진전시키는 중요한 열쇠를
발견할 수 있을 겁니다.

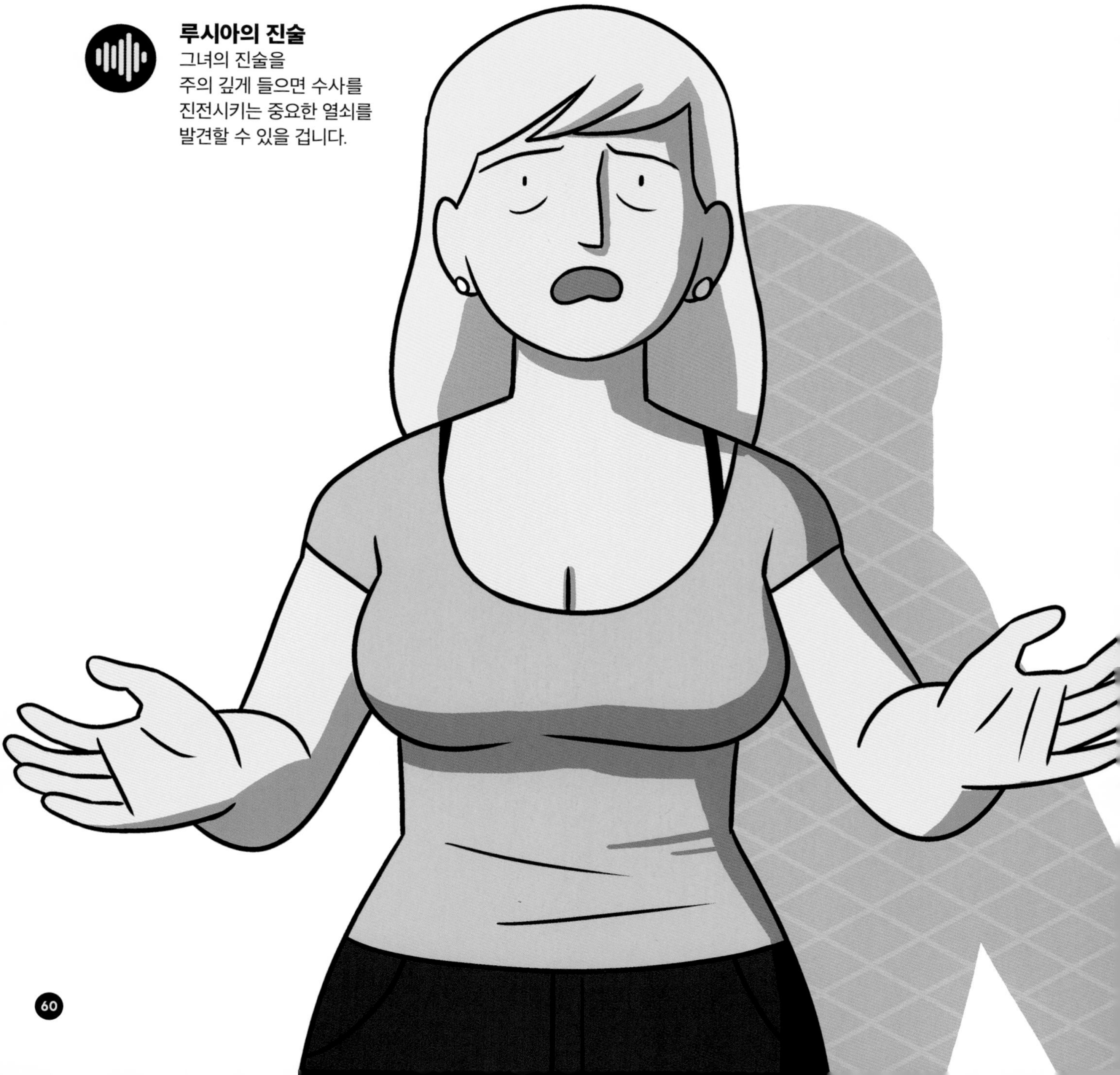

아직도 믿어지지 않아요. 생각만 해도 끔찍해요! 불과 몇 시간 전에 그와 대화를 나누었는데, 어떻게 이런 일이! 이미 말씀드렸듯이, 캐스팅 오디션을 마치고 집에 왔는데 온 집 안이 너무 조용해서 모두 나간 줄 알았죠.
그런데 잠시 후에 보니까 화장실에 불이 켜져 있는 거예요.
안을 살짝 들여다봤더니, 그가 거기 욕조에 떠있더라고요… 죽은 채 말이에요!
그런데요… 아무리 생각해도… 그가 자살했을 리 없어요! 정말이에요.
나는 여자 친구니까 그 정도는 알 수 있어요! 그는 행복하게 지냈어요.
우리는 여느 커플처럼 싸우다가 화해했다가, 함께 앞으로의 계획을 세웠어요.
게다가 그는 얼마 전에 아주 중요한 배역도 맡았다니까요…
정 못 믿으시겠다면 확인해 보세요!

그의 인스타그램에 들어가서 사진을 보세요. 그러면 그가 어떻게 살았는지 금세 알 수 있을 테니까요. 그는 정말 즐겁고 행복하게 살았어요. 그의 인스타 아이디는 그가 태어난 연도와 달, 그리고 밑줄 두 개로 되어 있어요.
그는 모든 계정에 그 숫자를 썼어요. 그에게는 항상 행운의 숫자였죠.
정말 이게 무슨 일인지 도무지 이해가 안 가요! 부탁드립니다. 어떻게 된 건지 철저히 조사해 주세요. 그리고 그들에게 물어보세요. 그들은 그와 사이가 아주 안 좋았으니까요. 그들이 이 사건과 어떤 식으로든 관련되어 있는 게 틀림없어요.

사건의 실마리

이 사건을 해결하기 위해 굳이 여기 나온 단서를 읽을 필요는 없습니다. 하지만 당신의 추리가 미궁에 빠져 있다면, 아래의 단서가 도움이 될 것입니다. 그렇지만 한꺼번에 다 읽으려고 하지는 마세요. 어쩌면 하나의 단서만으로도 수수께끼를 풀 수 있는 열쇠를 찾을지 모르니까요. 그럼 행운을 빌어요!

단서 1

이 사건에서는 시간이 아주 중요해요. 메신저의 대화를 보면 대략 몇 시에 살인사건이 발생했는지 알 수 있을 겁니다. 휴대전화 외에 시계를 더 찾아보세요.

단서 2

컴퓨터 자판 중 일부가 많이 닳은 것으로 보이네요. 피해자가 가장 많이 사용한 자판이 틀림없습니다. 그가 모든 계정 아이디에 자기가 태어난 달과 연도를 쓴 게 사실이라면, 가장 많이 닳은 자판을 이용해서 암호를 조합할 수 있을 거예요.

단서 3

피해자의 인스타그램 아이디를 알고 싶거나 인터넷 연결이 안 될 경우, 209쪽을 확인하세요.

단서 4

셀카에 나오는 산드라의 셔츠는 매우 중요한 단서가 됩니다. 당신은 피해자의 인스타그램 프로필 사진에서도 같은 상표의 셔츠를 확인할 수 있을 겁니다. 그렇지만 두 셔츠 사이에 중요한 차이점이 있군요. 그중 한 셔츠의 로고가 좌우 반전이 되어 있어요.

사건 해결

이 사건의 범인은 누구일까요?
이제 사건의 내막을 재구성하고 미스터리를 해결하기 위해 세세한 부분을 하나하나씩 보겠습니다.

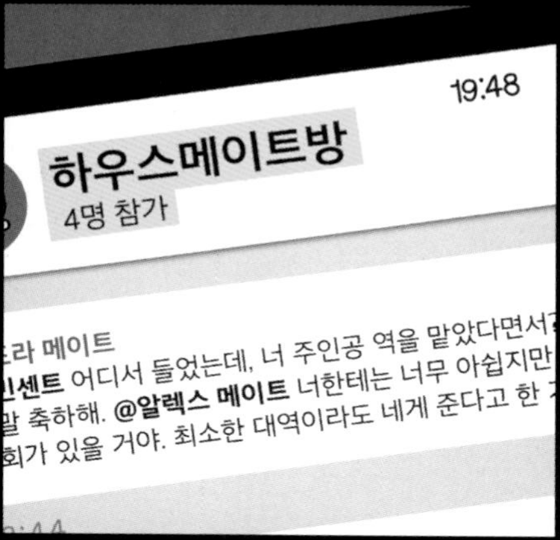

1 그룹 채팅방의 이름을 보면, 사건 현장이 네 명의 친구들이 사는 아파트라는 것을 알 수 있습니다.

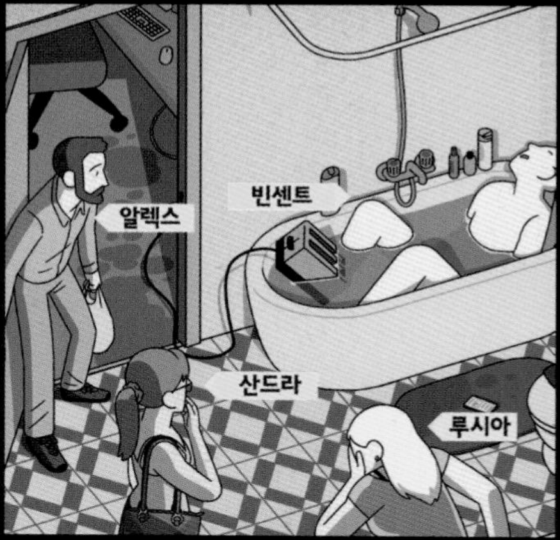

2 대화를 통해 이들이 누구인지 추정할 수 있어요.

3 언뜻 보면 빈센트가 목욕하던 도중 전원이 켜진 토스터기를 물속에 던져 자살한 것 같아요. 하지만 정말 스스로 목숨을 끊을 생각이었다면, 나중에 갈아입을 옷이 왜 필요했던 걸까요?

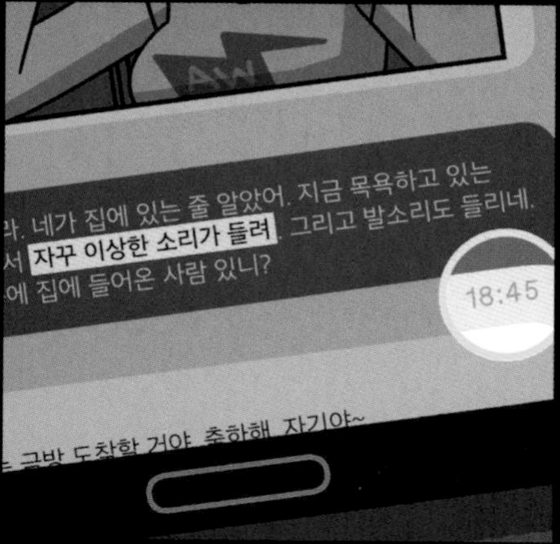

4 살인사건일 가능성이 높습니다. 메시지를 보면 사건이 발생한 시간을 추리할 수 있습니다. 피해자가 집에서 이상한 소리를 들었다고 한 18시 45분경에 사건이 발생한 것이죠.

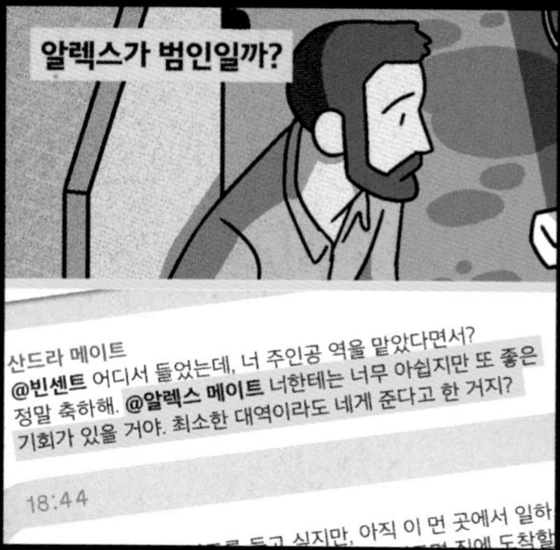

5 한 명씩 용의자를 살펴보죠. 알렉스는 빈센트가 주인공 역을 맡은 연극 작품에서 주인공 대역을 맡았습니다. 만약 빈센트가 죽으면, 그는 주인공이 될 수도 있을 겁니다.

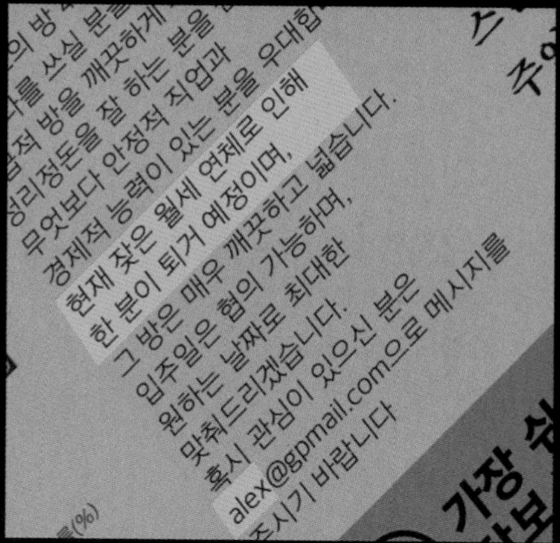

6 또 알렉스는 새 하우스메이트를 구하기 위해 신문에 광고를 냈습니다. 거기서 그는 현재 월세를 제때 내지 않는 사람을 조만간 퇴거시킬 예정이라고 밝혔어요. 혹시 빈센트를 말한 걸까요?

7 하지만 알렉스는 확실한 알리바이를 가지고 있습니다. 살인사건이 발생한 시간에 그는 어느 주유소에서 자동차에 기름을 넣고 있었으니까요.

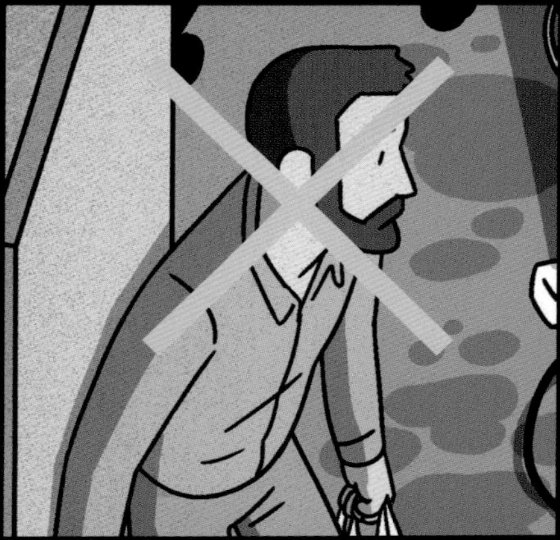

8 따라서 알렉스는 일단 용의선상에서 배제해도 될 거예요.

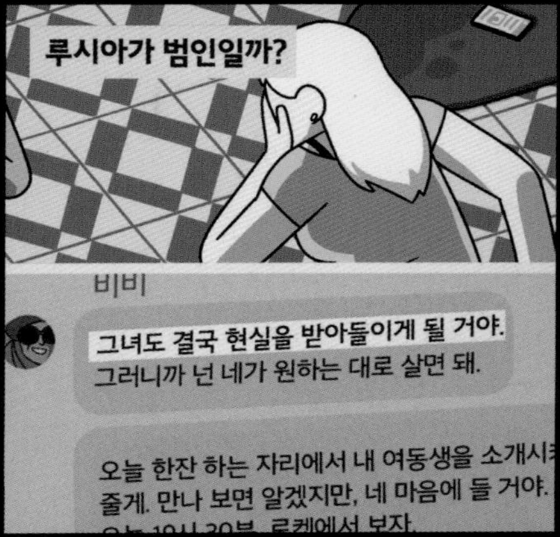
루시아가 범인일까?
비비
그녀도 결국 현실을 받아들이게 될 거야.
그러니까 넌 네가 원하는 대로 살면 돼.

9 반면 피해자의 페이스북 마지막 대화를 보면 그가 애인인 루시아를 버렸다는 사실을 알게 될 겁니다. 하지만 그녀는 이를 받아들이지 못하고 있었죠. 혹시 그녀가 이에 앙심을 품고 그를 죽인 걸까요?

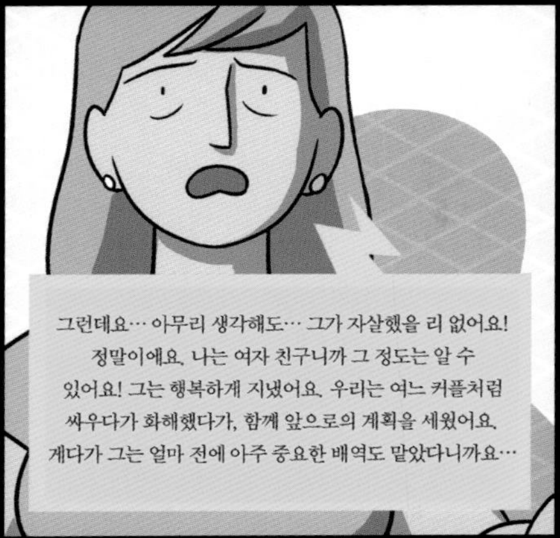
그런데요… 아무리 생각해도… 그가 자살했을 리 없어요! 정말이에요. 나는 여자 친구니까 그 정도는 알 수 있어요! 그는 행복하게 지냈어요. 우리는 여느 커플처럼 싸우다가 화해했다가, 함께 앞으로의 계획을 세웠어요. 게다가 그는 얼마 전에 아주 중요한 배역도 맡았다니까요…

10 그렇지만 루시아는 절대 자살이 아니라 살인사건이라고 강력하게 주장하고 있어요. 정말 그녀가 그를 살해한 범인이라면, 그가 자살한 것이 아니라고 우길 이유가 없겠죠.

11 따라서 루시아도 용의선상에서 배제할 수 있습니다.

12 산드라의 가방 속에는 대출 회사의 명함과 단역 오디션 일정이 적힌 메모지가 들어 있죠. 그걸 보면 그녀가 돈에 쪼들린다는 걸 알 수 있어요. 월세를 내지 않은 문제의 친구가 분명합니다.

13 하지만 이것이 빈센트의 죽음과 무슨 관계가 있을까요? 루시아의 진술에 따르면 그들은 서로 사이가 좋지 않았습니다.

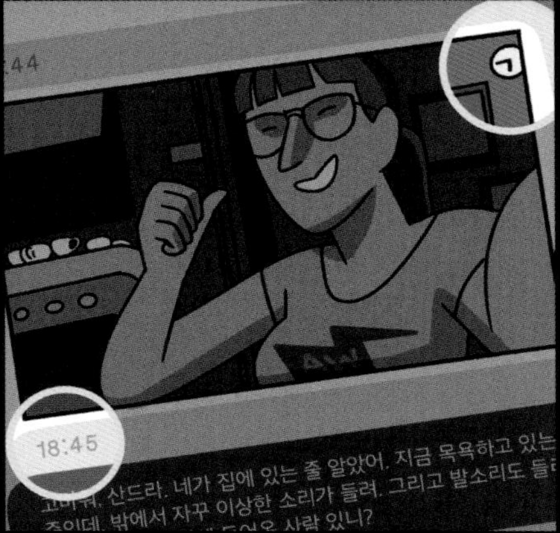

14 또 그녀도 알리바이가 있습니다. 그녀가 올린 사진을 보면 사건 발생 시점에 사건 현장에서 멀리 떨어진 곳에서 일을 하고 있었습니다.

15 사건의 진실을 알아내려면 빈센트의 인스타그램에 관해 루시아가 한 말에 주목할 필요가 있습니다. 그런데 빈센트가 태어난 연도와 달을 어떻게 알 수 있을까요?

16 컴퓨터의 키보드를 잘 살펴보면 자주 사용한 탓에 자판 몇 개가 다른 것에 비해 심하게 닳은 것을 볼 수 있어요. 그렇다면 피해자가 항상 쓰는 행운의 숫자는 심하게 닳은 자판으로 조합될 겁니다.

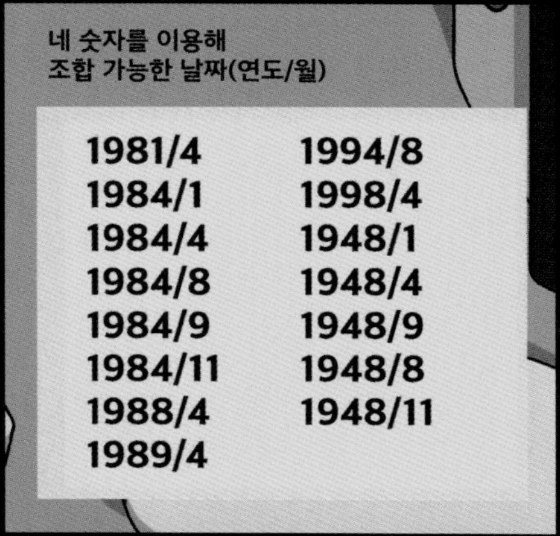
네 숫자를 이용해
조합 가능한 날짜(연도/월)
1981/4
1984/1
1984/4
1984/8
1984/9
1984/11
1988/4
1989/4
1994/8
1998/4
1948/1
1948/4
1948/9
1948/8
1948/11

17 네 숫자를 조합해 어떤 연도와 월을 만들어낼 수 있을까요?

18 여러 차례 시도해 보면 인스타그램에 '19894__'라는 프로필이 피해자, 즉 빈센트의 계정이라는 걸 알게 될 거예요. 비공개 계정이기 때문에 볼 수는 없지만, 그의 행운의 숫자를 알 수 있어요.

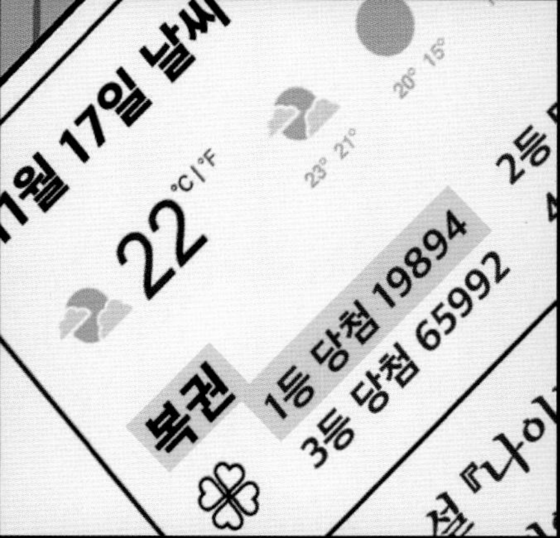

19 그런데 그 숫자가 그날의 복권 당첨 번호 중 하나와 같습니다.

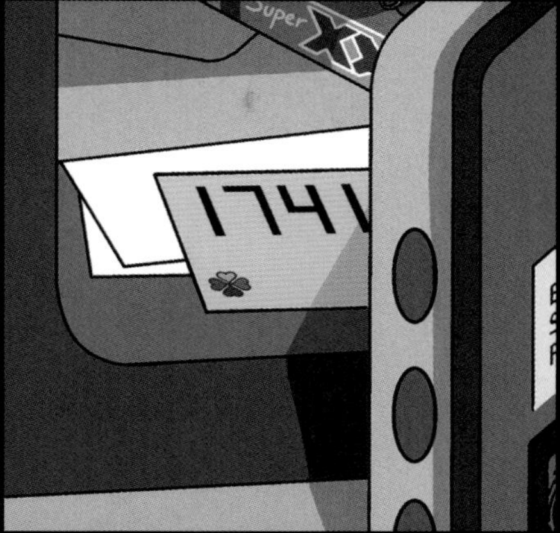

20 혹시 당첨된 복권을 훔치기 위해 빈센트를 죽인 건 아닐까요? 피해자의 금고 안에 복권이 보이는군요. 그런데 그 복권은 당첨 번호가 아닌 1741로 시작되고 있어요.

21 1등 당첨 복권은 산드라의 책 속에 숨겨져 있어요. 그 숫자를 잘 맞추어 보면 당첨된 복권 번호라는 것을 알 수 있습니다. 그녀가 빈센트의 복권을 훔쳤던 거예요.

22 게다가 욕조에서 그의 책상까지 물자국이 나 있네요. 카펫이 아직 마르지 않았어요. 그렇다면 범인이 피해자의 지문으로 금고를 열기 위해 책상까지 시신을 끌고 간 것이 분명합니다.

23 만약 시신을 옮긴 것이 사실이라면 범인의 옷도 젖어 있을 거예요. 자세히 보면 메신저에 올린 사진에서 산드라는 반팔 셔츠를 입고 있지만, 현장에 나타난 그녀는 민소매티를 입고 있습니다.

24 하지만 사진을 보면 범행이 일어난 시간에 그녀는 멀리 떨어진 곳에서 일하고 있었는데, 어떻게 집에 있을 수 있죠?

사건 해결

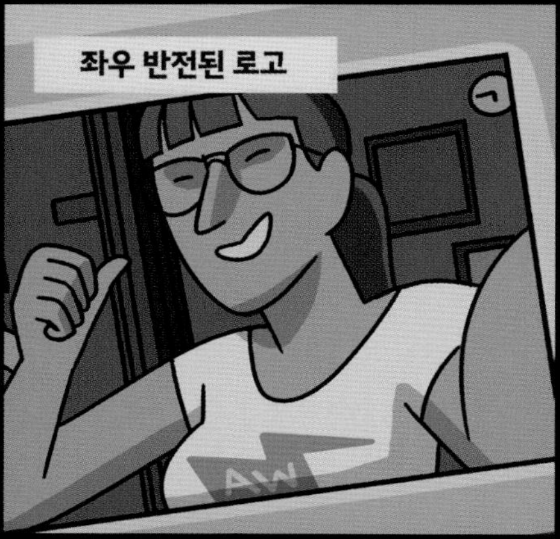

25 사실 그 사진은 다른 시간에 찍은 겁니다. 자세히 보면 셔츠 로고의 좌우가 바뀌어 있다는 것을 알 수 있는데, 그건 사진을 셀카로 찍었기 때문에 거울에 비친 것처럼 좌우 반전되어 찍힌 것이죠.

26 인스타그램 프로필 사진에 나오는 셔츠 로고는 좌우가 뒤집혀 있지 않아요. 그의 뒤에 정지 표지판이 있는데, 'S' 자도 좌우가 바뀌어 있지 않으니까요.

6시 45분이 아니다
5시 15분이다

27 그녀는 알리바이를 만들기 위해 한 시간 전에 찍은 사진을 18시 45분에 메신저에 올렸던 거예요. 실제로는 그 시간에 이미 집에 와 있었던 겁니다. 다만 사진 한 구석에 나오는 시계에 미처 신경을 쓰지 못했던 것이죠.

욕조와 토스터기

사건의 진실

이 아파트에는 경쟁이 치열한 연기의 세계에서 스타가 되길 꿈꾸는 네 명의 젊은 배우들이 함께 살고 있었다. 그들은 연극, 영화, 드라마 등에 캐스팅되기 위해 열심히 오디션을 보지만, 항상 운이 따라 준 것은 아니었다. 사실 산드라는 벌써 몇 달째 월세도 못 낼 정도로 쪼들리는 형편이었다. 그 바람에 다른 하우스메이트들이 난처한 입장에 빠지고 말았고, 알렉스는 그녀 대신 방을 쓸 세입자를 찾으려고 신문에 광고까지 냈다.

산드라는 어떻게든 고비에서 헤어 나오려고 열심히 노력했고, 캐스팅 오디션에도 빠지지 않고 나갔다. 그렇지만 기껏 단역이나 웨이트리스처럼 불안정한 일자리만 전전할 뿐이었다. 다급해진 그녀는 가지고 있던 물건을 담보로 돈을 빌렸지만, 그것 가지고는 월세를 내기도 버거웠다.

그러던 어느 날, 산드라는 일간지를 보다가 같은 아파트에 사는 빈센트가 복권에 당첨되었다는 사실을 알게 된다. 빈센트는 자신이 태어난 연도와 달로 이루어진 숫자를 행운의 숫자로 생각했다. 그래서 매주 자신의 행운의 숫자로 복권을 구매했는데 드디어 1등에 당첨된 것이다.

당장 집에서 쫓겨나면 갈 곳이 없던 산드라는 엄청난 액수의 당첨금에 현혹된 나머지, 그에게서 1등 당첨 복권을 훔치기로 결심한다. 자신의 범행을 완벽하게 숨기기 위해 가장 쉬운 방법은 그를 죽이는 것이었다. 빈센트는 복권을 지문 인식 금고 안에 보관하고 있었고 복권 도난 사실을 알면 찾을 게 분명했기에 그런 극단적인 방법을 떠올린 것이다. 사실 자신보다 잘나가는 빈센트가 너무 미웠기에 크게 망설여지지도 않았다.

산드라는 빈센트가 당첨금을 찾기 전에 재빨리 살인 계획을 실행하기로 한다. 우선 그녀는 자기가 일하는 카페에서 사진을 찍은 다음, 바로 집으로 출발했다. 항상 이 시간에 빈센트가 목욕을 한다는 걸 아는 그녀는 조용히 집으로 들어가 부엌에서 토스터기를 챙겨 몰래 빈센트의 방에 들어갔다. 그리고 자신의 알리바이를 증명하기 위해 한 시간 반 전에 카페에서 찍은 사진을 메신저에 전송했다. 그리고 재빨리 전원이 연결된 토스터기를 욕조에 던져버렸고 목욕하던 빈센트는 곧바로 사망하고 말았다. 그녀는 빈센트를 욕조에서 끌어내 책상으로 질질 끌고 간 다음, 그의 손가락을 지문 인식기에 갖다 대서 금고 문을 열었다. 그리고 금고에서 1등 당첨 복권을 챙기고, 당첨되지 않은 복권을 대신 넣어 두었다. 그녀는 시신을 다시 욕조까지 끌고 간 다음, 물에 젖은 옷을 갈아입고 아파트에서 나갔다. 친구들이 돌아와 그의 시신을 발견하기를 기대하면서 말이다.

다행히 사건을 수사하던 탐정이 그녀의 범행을 알아차리고, 바로 현장에서 산드라를 체포할 수 있었다.

CASE **05**

사라진 우승 트로피

사건 당일, 산티아고의 안드레스 베요 대학에서 중요한 농구 경기의 결승전이 개최될 예정이었습니다. 많은 사람들이 경기를 기대하며 이곳 체육관에 모였습니다.
그런데 예상치 못한 사건이 일어나는 바람에 행사가 중단될 위기에 처합니다.
누군가가 우승 트로피를 훔쳐가 버린 겁니다. 경찰은 급하게 사건 관계자와 의심스러운 용의자들을 한자리에 모으고 당신의 도움을 요청합니다.
마침 시합을 관람하러 온 당신은 조속히 사건을 해결하기 위해 나섭니다.

사건을 해결하는 데 걸린 시간은?

이 사건의 범인은?

그 증거는?

범행 동기는?

트로피가 있는 곳은?

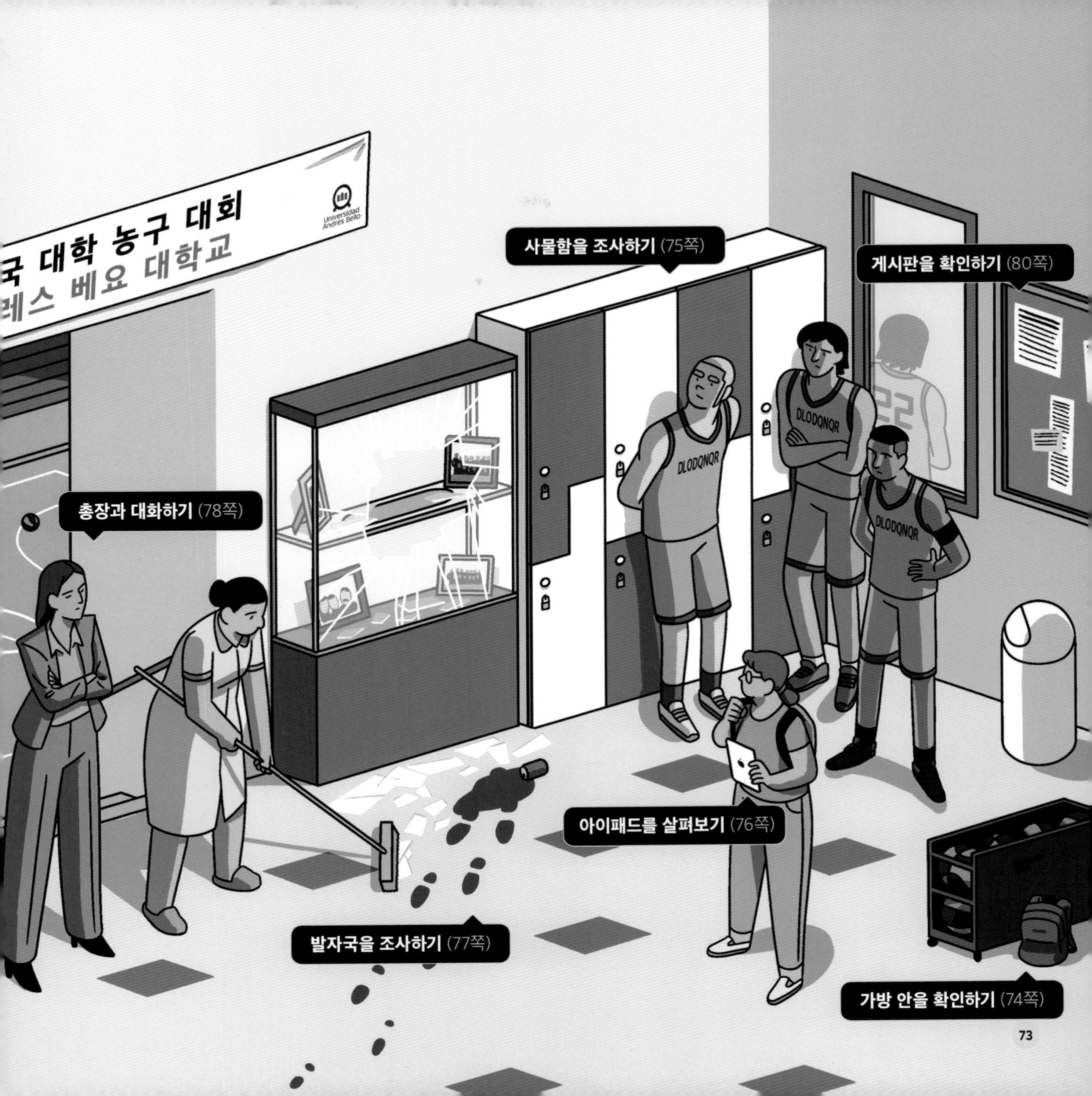
국 대학 농구 대회
레스 베요 대학교
Universidad Andrés Bello
사물함을 조사하기 (75쪽)
게시판을 확인하기 (80쪽)
DLODQNQR
DLODQNQR
DLODQNQR
총장과 대화하기 (78쪽)
아이패드를 살펴보기 (76쪽)
발자국을 조사하기 (77쪽)
가방 안을 확인하기 (74쪽)

8 BASKETBALLS
DEPORTRIX

I'm fnhmf sn cn snlnqqnv lnqmhmf.
It will fhud tr the shld vd mddc.
I will qdstqm hs the mdws czx.
Eqnl K
5588
42
42

아이패드 잠금 해제

아이패드를 확인하려면,
잠금 해제 암호를 추리하여
해당 페이지로 이동하세요.

총장의 진술
사건에 대한 중요한 단서가
있을지도 모르는 총장의 증언을
잘 들어보세요.

우리도 많이 놀랐습니다. 사실 무슨 일이 일어났는지조차 잘 모르겠어요. 우리 학교의 청소 도우미로 일하는 테레사 부인이 말한 바에 따르면, 그녀가 오늘 아침 이 건물의 문을 열었다고 했어요. 체육관을 청소하려고 하는데, 멀리서 발소리가 들리더랍니다. 그렇게 이른 시간에 학생이 돌아다닌다는 것이 좀 수상쩍었지만, 그러려니 하고 하던 일을 계속 했다고 해요. 그런데 잠시 후에 쾅 소리와 함께 유리가 깨지고 깡통이 떨어지는 소리가 들렸답니다. 무슨 일인지 보려고 복도로 뛰어갔는데, 아무도 보이지 않더래요. 하지만 누군가가 후다닥 달아나는 소리가 분명 들렸답니다.

우리 학교에서 이런 일이 벌어졌다는 게 믿어지지 않아요. 우리 학교 학생들은 UNAB의 가치를 누구보다 더 잘 알고 있으니까요. 우리 대학은 존중, 정직과 성실, 그리고 동료애의 가치 아래 설립된 학교거든요.

이 사태를 이대로 좌시할 수는 없습니다. 사건의 진상이 모두 밝혀지고 우승 트로피를 되찾을 때까지 경기를 중단시킬 수밖에 없습니다.

원정팀 선수들을 위한 안내문

본 대학에 머무는 동안 체육관 옆 사물함을 이용할 수 있습니다. 네 자리 숫자로 된 사물함 비밀번호는 귀하의 등번호에 본 대학교 설립연도 마지막 두 자리 숫자를 이어 사용하면 하면 됩니다.
UNAB에 오신 것을 환영합니다!

Universidad Andrés Bello · DGDE Dirección General de Desarrollo Estudiantil

전국 대학 농구 대회 우승팀이 받게 될 황금 트로피

일간지 투데이

2021년 3월 1일

전국 대학 농구 대회 결승전에서 엠퍼러스 팀과 맞붙게 된 안드레스 베요 대학교

UNAB는 올해 전국 대학 농구 대회를 개최하는 영광을 안았을 뿐만 아니라, 지금까지 시합에서 전승을 거두며 3월 4일 열리는 결승전에 진출했다.

결승전에서 안드레스 베요 대학교와 맞붙게 될 엠퍼러스 팀은 수많은 승리를 거두었을 뿐 아니라, 농구계의 최고 유망주인 마리아노를 보유하고 있는 것으로 잘 알려진 막강한 라이벌이다. 마리아노는 아직 열여덟 살에 불과하지만, 이미 1부 리그 소속의 다수 팀으로부터 영입 제안을 받았을 정도로 눈부신 활약을 펼쳤다.

상대팀 주전 선수 및 후보 선수 명단

MALE
18 - Luis
30 - Rodrigo
09 - Lucas
22 - Leo
40 - Andres
53 - Pablo

FEMALE
06 - Macarena
15 - Laura
05 - Marta
17 - Elisa
29 - Beatriz
44 - Maria
13 - Lucia
37 - Silvia
41 - Olivia
23 - Ana

UNAB의 비교과 프로그램에 등록하세요!

2021년 2월 23일

UNAB 뉴스

Universidad Andrés Bello

산티아고에 도착한 황제들

대학 농구팀 최강자인 엠퍼러스 팀이 안드레스 베요 대학교에서 개최될 예정인 전국 대학 농구 대회 결승전에 참가하기 위해 오늘 아침 산티아고에 도착했다. 엠퍼러스 팀의 이름과 엠블럼은 율리우스 카이사르에게서 영감을 얻었다고 한다. 팀의 마스코트가 로마 튜닉을 걸치고 월계관을 쓴 채 포즈를 취하는 멋진 황제인 것도 그런 이유 때문이다. 게다가 엠퍼러스 팀은 적들 모르게 메시지를 보내기 위해 로마 황제가 사용했던 방법인 그 유명한 카이사르 암호를 기반으로 만든 신기한 암호로 소통한다고 한다. 암호는 메시지의 각 글자를 알파벳에서 그 앞의 글자나 그다음 글자로 대체하는 방식으로 이루어진다. 따라서 그들의 유니폼에는 'EMPERORS'라는 글자 대신 'DLODQNQR'이라고 쓰여 있다.

엠퍼러스 팀은 농구화와 스포츠 용품 및 장비 일체를 지원하는 데포르트리스 사로부터 전폭적인 후원을 받고 있다.

2021년 2월

안드레스 베요 대학교를 위시해 칠레의 4대 교육 기관이 세계 최고 대학 랭킹에 포함되다!

세계 대학 학술 랭킹(Academic Ranking of World Universities) 혹은 상하이 랭킹은 세계 최고의 대학을 평가하는 지표 중 하나다. 2020년에는 UNAB를 위시해 칠레의 4개 교육 기관이 명단에 포함되었다. 이로써 UNAB는 국제 학술 연구 분야에서 인정받은 최초의 칠레 사립 대학교가 되었다.
이에 대해 UNAB 총장은 다음과 같은 소감을 전했다.

"2021년에 개교 33주년을 맞이하는 UNAB는 지금까지 고등교육 제도의 주요 평가 기준인 학문적 수준과 SCI급 논문 발표 수, 그리고 졸업생의 능력에 있어서 국제적으로 인정받는 성과를 이루었습니다. 하지만 그보다 더 큰 가치가 UNAB에 있다고 생각합니다."

사건의 실마리

이 사건을 해결하기 위해 굳이 여기 나온 단서를 읽을 필요는 없습니다. 하지만 당신의 추리가 미궁에 빠져 있다면, 아래의 단서가 도움이 될 것입니다. 그렇지만 한꺼번에 다 읽으려고 하지는 마세요. 어쩌면 하나의 단서만으로도 수수께끼를 풀 수 있는 열쇠를 찾을지 모르니까요. 그럼 행운을 빌어요!

단서 1

사물함 안의 운동화는 바닥에 사이즈 42라고 되어 있습니다. 하지만 발자국에 희미하게 남아 있는 숫자를 잘 살펴보면 범인은 사이즈 44의 신발을 신고 있다는 것을 알 수 있어요. 따라서 이 사물함의 주인은 범인이 아니기 때문에, 용의선상에서 배제해야 합니다. 그렇다면 로툭은 누구일까요?

단서 2

페이스북에 올라온 사진의 '태그'를 감안한다면, 마리아노가 누구인지 확인할 수 있을 거예요. 이는 마리아노가 모든 사진에 나온다는 것을 의미합니다. 마리아노는 갈색 머리를 가진 남자예요. 이와 더불어 루카스가 누구인지도 알 수 있을 거예요. 메시지에서 자기는 '사진에 한 번 나온다'고 말했으니까요. 네, 루카스는 금발 머리를 한 남자입니다.

단서 3

가방 안에 든 약은 이 사건의 해결을 위한 결정적인 단서가 될 거예요. 구글에서 검색을 해 보면, 그것이 당뇨병 환자에게 처방되는 약이라는 사실을 확인할 수 있을 겁니다. 다시 말해, 어떤 경우라도 설탕을 섭취하면 안 되는 사람들에게 처방되는 약이죠. 로툭은 범행 당시 가당음료(코카콜라)를 마셨습니다. 따라서 그 가방의 주인 또한 용의선상에서 배제됩니다. 그렇다면 범인은 누구일까요?

사건 해결

이제 사건의 내막을 재구성하고 미스터리를 해결하기 위해
세세한 부분도 하나하나 살펴보겠습니다.

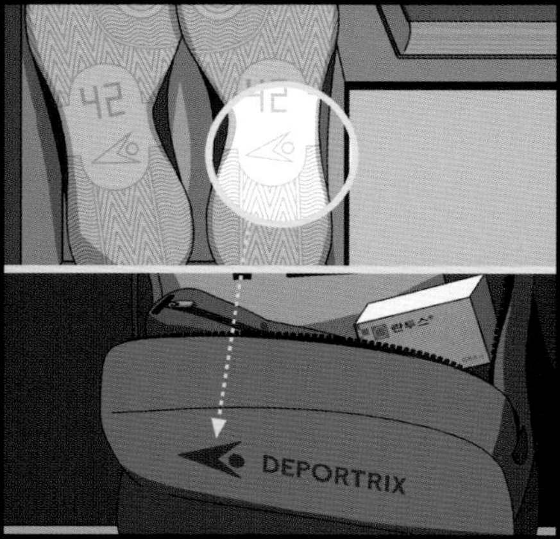

1 사물함에 있는 운동화 바닥에 로고가 보이네요. 가방에 선명하게 표시된 것처럼, 데포르트릭스 브랜드의 로고예요.

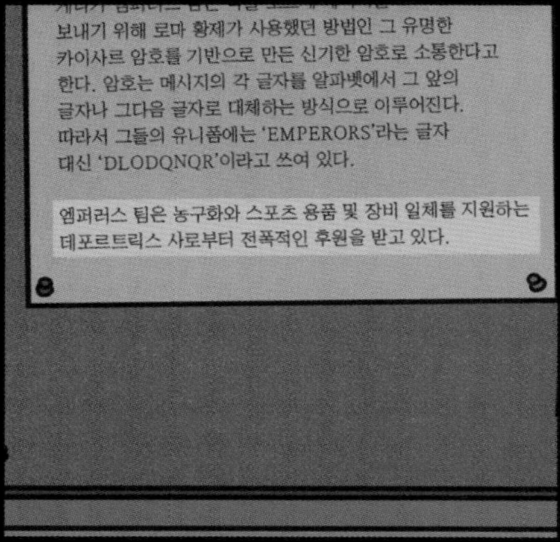

보내기 위해 로마 황제가 사용했던 방법인 그 유명한
카이사르 암호를 기반으로 만든 신기한 암호로 소통한다고
한다. 암호는 메시지의 각 글자를 알파벳에서 그 앞의
글자나 그다음 글자로 대체하는 방식으로 이루어진다.
따라서 그들의 유니폼에는 'EMPERORS'라는 글자
대신 'DLODQNQR'이라고 쓰여 있다.
엠퍼러스 팀은 농구화와 스포츠 용품 및 장비 일체를 지원하는
데포르트릭스 사로부터 전폭적인 후원을 받고 있다.

2 게시판에 붙어 있는 신문 기사를 보면, 이 회사가 원정팀을 후원하고 있다는 것을 알 수 있습니다. 따라서 원정팀 선수들의 운동화와 유니폼은 모두 같은 브랜드입니다.

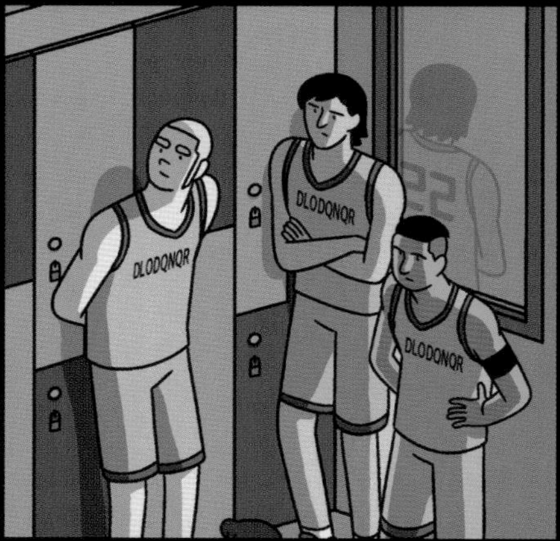

3 결국 트로피를 가져간 사람은 원정팀 선수들 중 한 명이라는 것이 분명합니다.

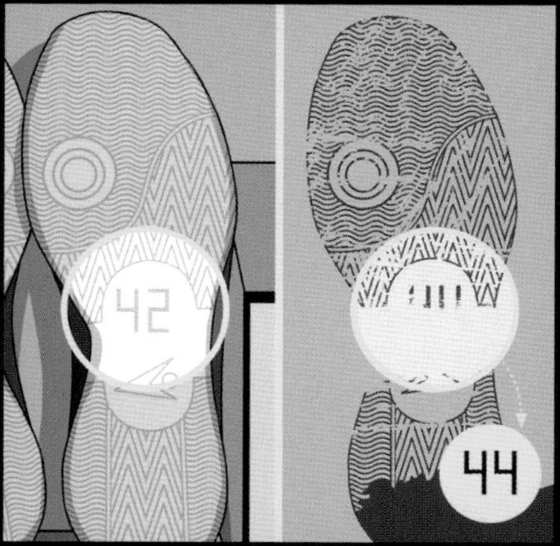

4 운동화 바닥과 발자국을 비교해 보면, 세로 막대는 운동화의 사이즈에 해당하는 숫자라는 것을 알 수 있습니다. 그리고 유일하게 가능한 숫자는 44예요. 결국 범인이 신는 운동화 사이즈는 44라는 얘기죠.

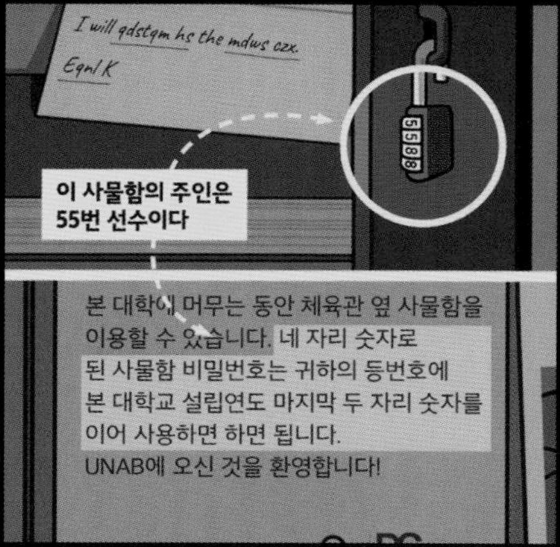

I will qdstqm hs the mdws czx.
Eqnl K
이 사물함의 주인은
55번 선수이다
본 대학에 머무는 동안 체육관 옆 사물함을
이용할 수 있습니다. 네 자리 숫자로
된 사물함 비밀번호는 귀하의 등번호에
본 대학교 설립연도 마지막 두 자리 숫자를
이어 사용하면 하면 됩니다.
UNAB에 오신 것을 환영합니다!

5 게시판 안내문에 의하면, 여기 있는 사물함의 비밀번호는 선수의 등번호에 대학교 설립연도를 이어 사용하면 됩니다. 55번 선수는 누구일까요?

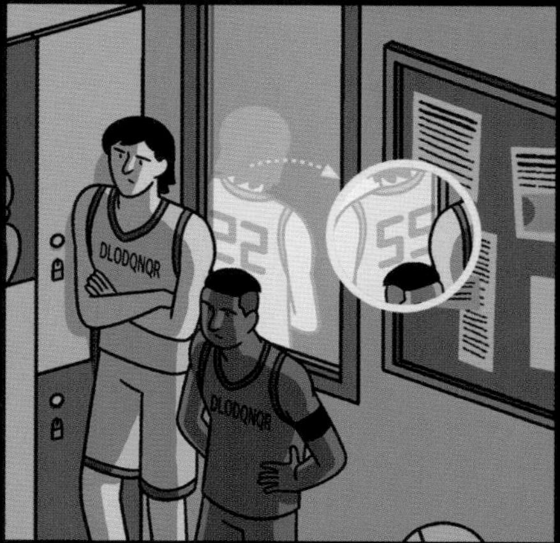

6 창문에 기대어 서 있는 선수 뒤의 유리창에 나타난 번호는 22번으로 보일 수 있죠. 하지만 이것은 반사된 것이기 때문에 좌우가 뒤집혀 보이는 겁니다. 실제 번호는 55번이에요.

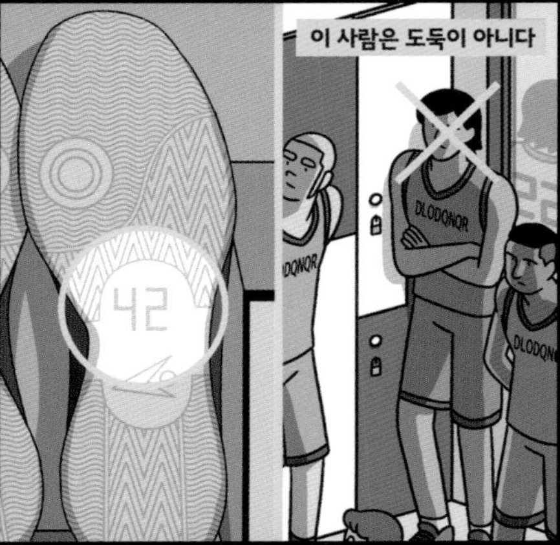

7 이 사물함이 55번 선수의 것이라면, 그는 42 사이즈의 운동화를 신는다는 것을 의미합니다. 도둑의 운동화 사이즈가 44인 이상, 그는 범인이 아닙니다.

I'm fnhmf sn cn snlnqqnv lnqmhmf.
It will fhud tr the shld vd mddc.
I will qdstqm hs the mdws czx.
Eqnl K
취하는 멋진 황제인 것도 그런 이유 때문이다.
게다가 엠퍼러스 팀은 적들 모르게 메시지를
보내기 위해 로마 황제가 사용했던 방법인 그 유명한
카이사르 암호를 기반으로 만든 신기한 암호로 소통한다고
한다. 암호는 메시지의 각 글자를 알파벳에서 그 앞의
글자나 그다음 글자로 대체하는 방식으로 이루어진다.
따라서 그들의 유니폼에는 'EMPERORS'라는 글자
대신 'DLODQNQR'이라고 쓰여 있다.

8 사물함에서 발견한 암호문을 해독하기 위해서는 게시판에 붙어 있는 신문 기사 스크랩을 참고해야 합니다. 그 기사에 따르면 원정팀 선수들은 카이사르 암호를 사용해 소통한다고 하네요.

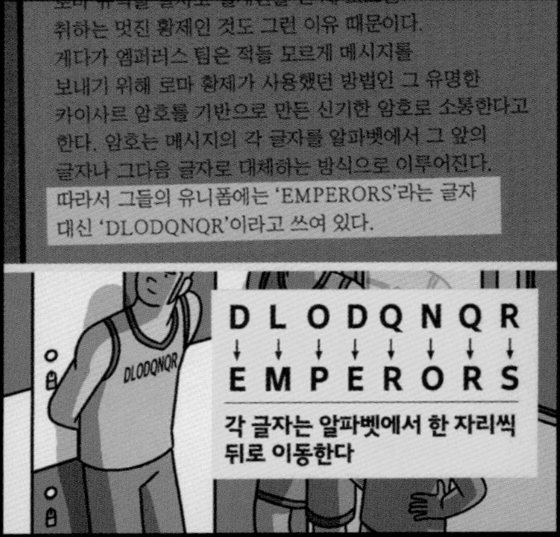
취하는 멋진 황제인 것도 그런 이유 때문이다.
게다가 엠퍼러스 팀은 적들 모르게 메시지를
보내기 위해 로마 황제가 사용했던 방법인 그 유명한
카이사르 암호를 기반으로 만든 신기한 암호로 소통한다고
한다. 암호는 메시지의 각 글자를 알파벳에서 그 앞의
글자나 그다음 글자로 대체하는 방식으로 이루어진다.
따라서 그들의 유니폼에는 'EMPERORS'라는 글자
대신 'DLODQNQR'이라고 쓰여 있다.
DLODQNQR
D L O D Q N Q R
E M P E R O R S
각 글자는 알파벳에서 한 자리씩
뒤로 이동한다

9 그들의 유니폼에는 'EMPERORS'라는 글자가 'DLODQNQR'로 바뀌었습니다. 다시 말해, 각 글자는 알파벳에서 한 자리 뒤에 있는 글자가 되는 셈이죠.

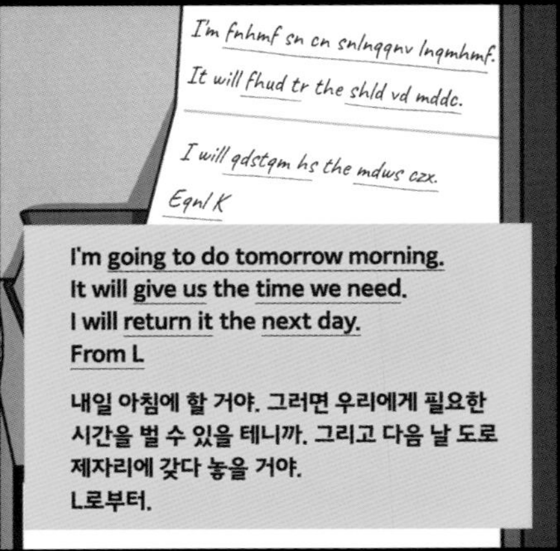

10 메모지에 적힌 각 글자를 알파벳에서 한 글자씩 뒤로 옮기면 위와 같은 메시지가 됩니다.

11 트로피를 가져간 사람이 이 메시지를 보낸 거라고 볼 수 있습니다. 따라서 범인은 'L' 자로 시작하는 이름을 가지고 있는 사람이죠. 이 두 선수 중 누구일까요?

12 아이패드를 확인하려면 세 자리 숫자의 암호를 찾아야 합니다. 액정 화면에 남은 지문을 살펴보면, 1과 2를 누른 것으로 보이네요. 암호는 이 두 숫자로 이루어진 것이 분명합니다.

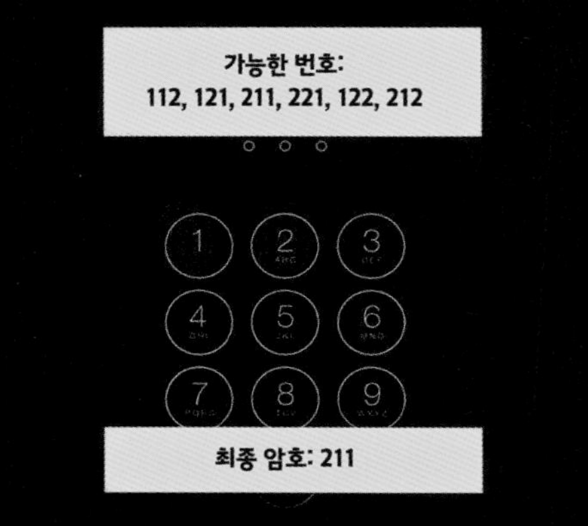

13 숫자 1과 2를 이용한 암호는 112, 121, 211, 221, 122, 212뿐이에요. 211을 입력하니까 아이패드의 잠금 해제가 이루어지는군요.

14 아이패드의 화면을 열어 보니 이 여학생이 여자 친구와 나눈 대화가 나오는군요. 대화 중에 루카스라는 사람이 마리아노의 사진에 나온다는 내용이 있네요. 그들 중에서 누가 루카스일까요?

15 우선 마리아노가 누구인지 알 수 있어요. 위 사진이 그가 태그된 사진이라면, 이 사진 모두에 마리아노의 얼굴이 나온다는 얘기죠. 그는 갈색 머리를 가진 청년입니다.

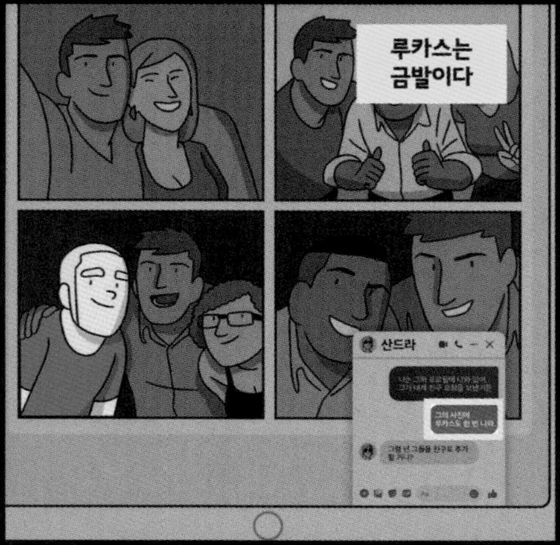

16 메시지에 의하면 루카스는 이 사진 중 '한 번'만 나온다고 하네요. 그렇다면 그는 금발 머리를 가진 청년입니다. 사건 현장에 있었던 데다, 이름이 'L' 자로 시작되는 이상, 루카스는 용의자일 가능성이 있어요.

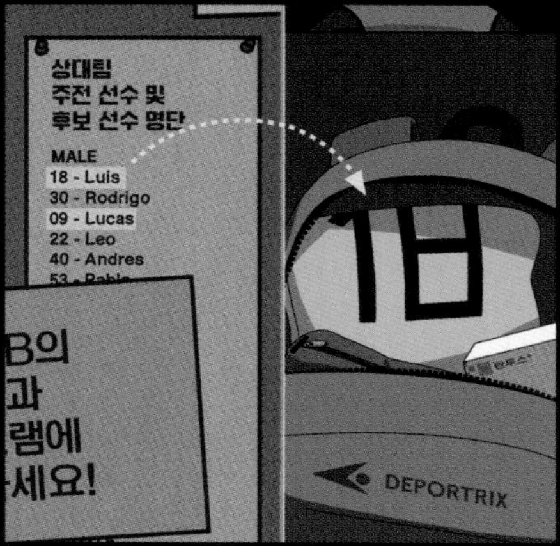

17 루카스의 등번호가 9번이라면, 18번 유니폼의 가방은 누구의 것일까요? 선수 명단을 확인해 보면, 그 번호를 쓰는 학생은 루이스예요. 그의 이름도 'L' 자로 시작되는군요.

18 이제 이름은 확인되었고, 이 두 학생은 유력한 용의자입니다.

19 총장의 진술에 의하면 범인은 청소 도우미가 문을 열기를 기다렸다가, 안으로 들어가 진열장을 깼습니다. 그 과정에서 그는 쏟아진 코카콜라에 자신의 발자국을 남기고 말았죠.

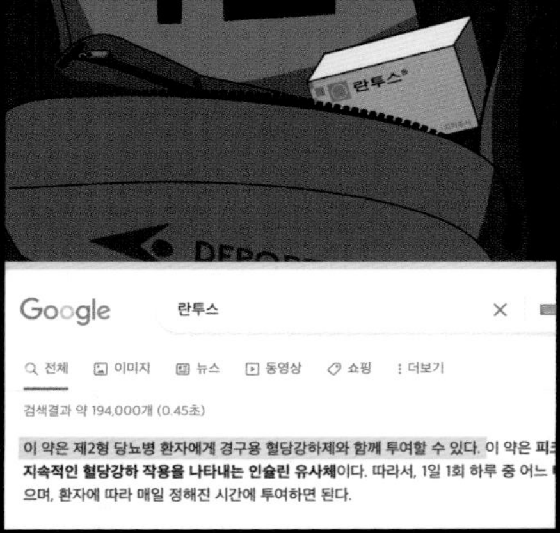

20 범인을 색출하기 위해 루이스의 가방에 들어 있던 약이 무엇인지 살펴보겠습니다. 구글에서 검색해 본 결과, 그것이 당뇨병 환자들을 위한 인슐린이라는 것을 알 수 있어요.

21 루이스가 당뇨병 환자라면 가당음료인 코카콜라를 마실 리 없겠죠. 따라서 루이스는 범인이 아닙니다. 범인은 루카스예요.

22 범행 동기를 찾기 위해 마리아노의 페이스북으로 가보겠습니다. 그가 올린 게시물에 의하면, 심한 감기에 걸려 전국 대학 농구 대회 결승전에 뛰지 못할 것 같다고 하네요.

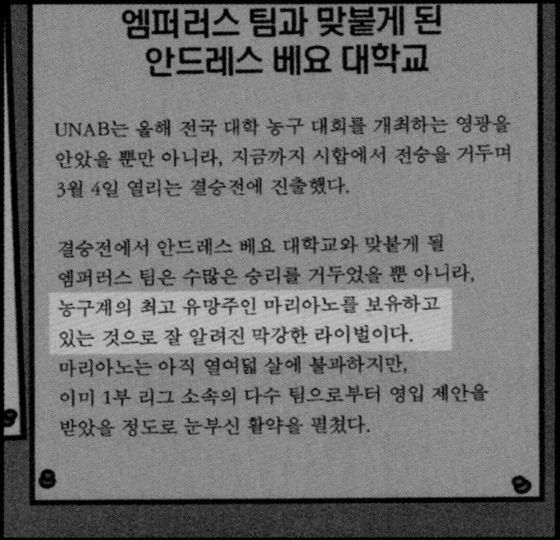

23 게시판의 신문 스크랩에 따르면, 마리아노는 팀 내 최고의 선수라고 하네요. 그가 뛰지 않으면, 엠퍼러스 팀은 승리를 거두기 어려울 것으로 보입니다.

24 쪽지에서 'L'은 우승 트로피를 훔쳐 시합을 중단시키면 마리아노가 나을 때까지 필요한 시간을 벌 수 있을 거라고 말합니다. 그렇게 해서 마리아노가 출전하게 되면 우승은 따놓은 당상일 테니까요.

전국 대학 농구 대회
우승팀이 받게 될 황금 트로피

25 이제 마지막으로 사라진 우승 트로피가 어디 있는지 알아보겠습니다. 그림을 보면 트로피가 농구공과 비슷한 높이라는 것을 알 수 있어요.

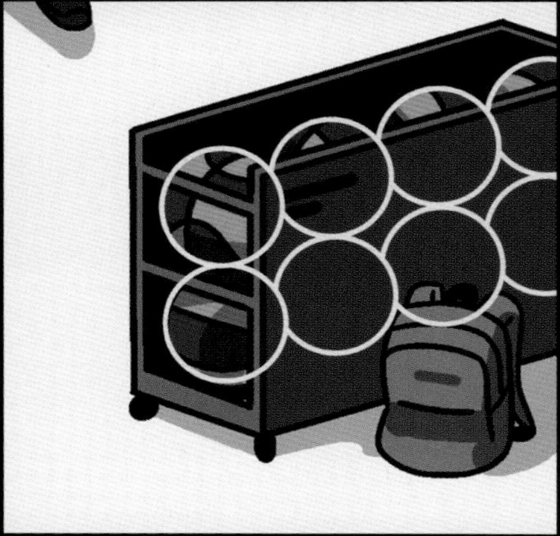

26 그림에 나오는 농구공 보관함에는 위 칸에 네 개, 아래 칸에 네 개, 모두 여덟 개가 들어가네요.

27 그런데 자세히 보니까, 농구공 하나가 보관함 밖에 떨어져 있네요. 그 공은 사건 현장 뒤쪽, 그러니까 농구 코트 한가운데에 있습니다.

28 그런데 어떻게 보관함에 농구공이 다 있는 것처럼 보일까요? 결국 트로피가 아래 칸 어딘가에 숨겨져 있기 때문에 그렇게 보이는 것입니다.

사라진 우승 트로피

사건의 진실

매년 전국의 대학교들이 맞붙는 전국 대학 농구 대회의 결승전이 이번에 안드레스 베요 대학교에서 열리게 되었다. 여러 번의 토너먼트 경기를 치른 후, 드디어 결승전이 열릴 시간이 다가왔다. 이번 대회는 주최 팀과 농구계의 젊은 유망주인 마리아노가 활약하는 엠퍼러스 팀이 결승전에서 맞붙게 되었다.

결승전에 진출해 산티아고에 온 것이 너무 기뻤던 마리아노는 같은 팀 동료들과 함께 여러 날 동안 안드레스 베요 대학교 학생들과 어울려 파티를 즐겼다. 그런데 너무 열심히 놀았는지 그는 결국 심한 감기에 걸리고 말았다. 의사는 그에게 이틀 정도 휴식을 취하라고 했는데, 그 말은 그가 결승전에 출전할 수 없다는 뜻이었다. 그의 동료들은 그 소식을 듣고 크게 낙담했다. 마리아노가 엠퍼러스 팀의 에이스인데, 에이스 없이는 우승을 장담할 수 없기 때문이다.

그러던 중 루카스가 아이디어를 하나 생각해냈다. 바로 결승전 당일에 우승 트로피를 숨기는 것이다. 그러면 자연스럽게 시합이 연기되고, 그들에게 필요한 시간을 벌 수 있을 것처럼 보였다. 잠깐 트로피를 숨겼다가 하루 이틀 사이에 돌려주면 자연스럽게 마리아노도 결승전에 나갈 수 있게 되고, 엠퍼러스 팀은 우승을 차지할 수 있게 되는 것이다. 그는 자신의 기막힌 계획을 암호 편지에 적어 동료들에게 남겼다.

사건 당일, 루카스는 아침 일찍 체육관 근처에서 기다렸다. 목이 타서 자판기에서 산 코카콜라를 마시던 그는 마침 청소 도우미가 문을 열고 안으로 들어가자 재빨리 뒤를 따라 몰래 들어갔다. 그는 트로피가 전시되어 있는 유리 진열장을 깨고 조심스럽게 황금 트로피를 꺼냈다. 그런데 가져온 가방이 트로피를 넣기에는 너무 작았다. 당황한 그는 주위를 둘러보다가 농구공 보관함에서 농구공 하나를 빼내고, 그 자리에 트로피를 숨겨 놓았다. 다른 농구공에 가려 보이지 않도록 깊숙한 곳에 말이다. 청소 도우미가 다가오는 소리가 들리자, 그는 서둘러 밖으로 뛰어나갔다. 그러던 중 실수로 바닥에 놓아둔 코카콜라 캔을 엎지르고 말았다.

그는 무사히 달아났지만 탐정은 사건 현장을 잠깐 조사하는 것만으로도 이 어설픈 초짜 도둑이 루카스라는 것을 밝혀냈다. 물론 탐정은 우승 트로피까지 깔끔하게 찾아냈다. 결국 해당 선수는 즉시 실격 처리되었고, 탐정 덕분에 결승전은 차질 없이 재개될 수 있었다.

국 대학 농구 대회
레스 베요 대학교
Universidad Andrés Bello
DLODQNQR
QNQR
DLODQNQR
22

CASE **06**

등에 칼을 꽂은 사람

유명 화가인 줄리안 토레스는 자신의 생일을 축하하기 위해 집에서 파티를 열기로 했습니다.
하지만 손님들이 그의 집에 도착했을 때, 뜻밖의 끔찍한 사건이 그들을 기다리고 있었죠.
줄리안이 등에 칼이 꽂혀 죽은 채 바닥에 쓰러져 있었던 거예요.
그들은 즉시 신고했고, 이제 탐정인 당신은 사건 현장을 조사하고 증인들의 진술을 듣습니다.
범인은 줄리안의 작품을 훔치러 들어온 강도일까요? 아니면 이 방 안에 있는 누군가일까요?

사건을 해결하는 데 걸린 시간은?

이 사건의 범인은?

그 증거는?

살해 동기는?

가정부와 대화하기 (98쪽)
서류들을 조사하기 (93쪽)
애인과 대화하기 (96쪽)
쓰레기통을 확인하기 (92쪽)
아들과 대화하기 (94쪽)
동생과 대화하기 (100쪽)
저택 평면도 확인하기 (102쪽)

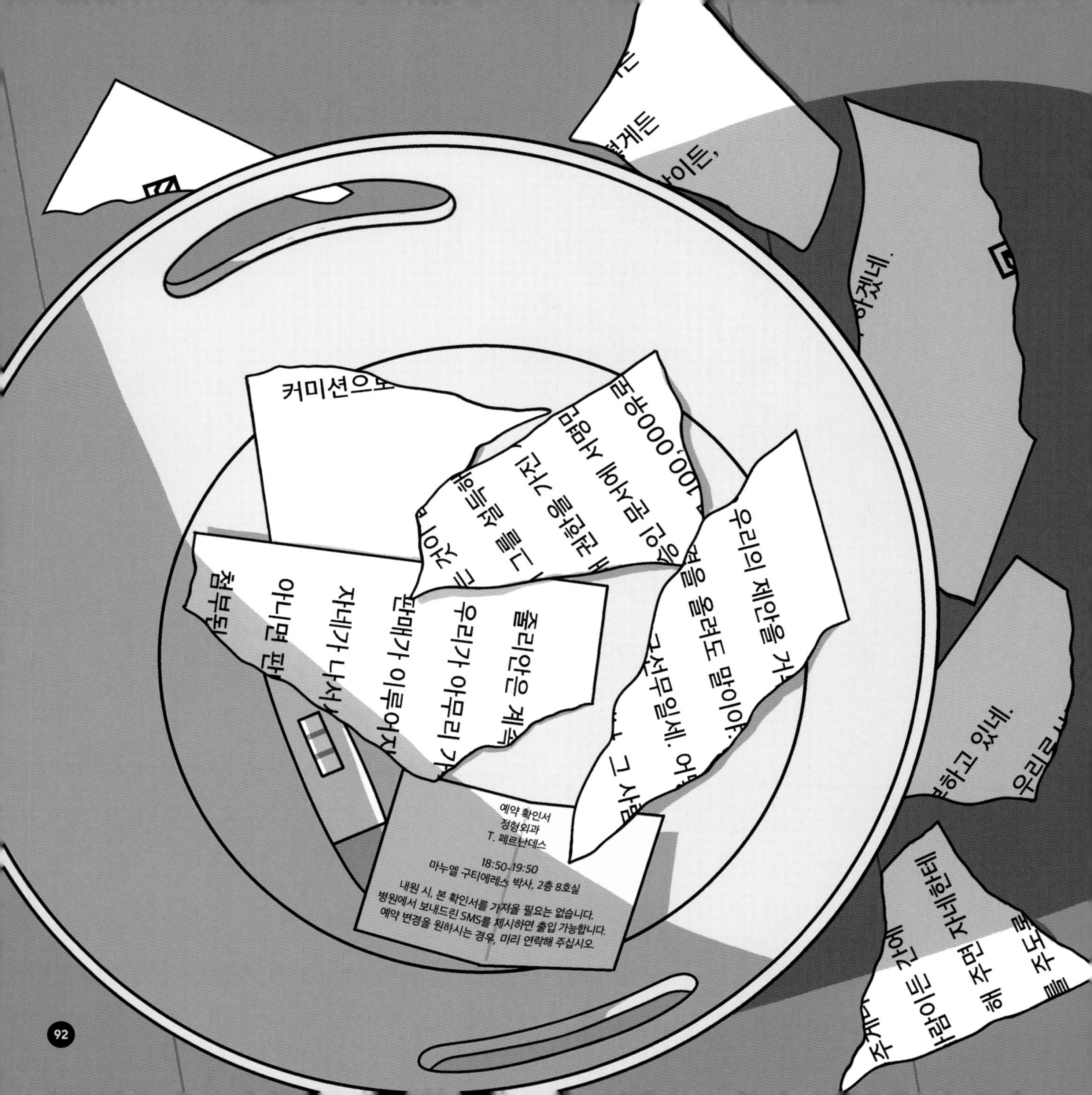
예약 확인서
정형외과
T. 페르난데스
18:50-19:50
마누엘 구티에레스 박사, 2층 8호실
내원 시, 본 확인서를 가져올 필요는 없습니다.
병원에서 보내드린 SMS를 제시하면 출입 가능합니다.
예약 변경을 원하시는 경우, 미리 연락해 주십시오.

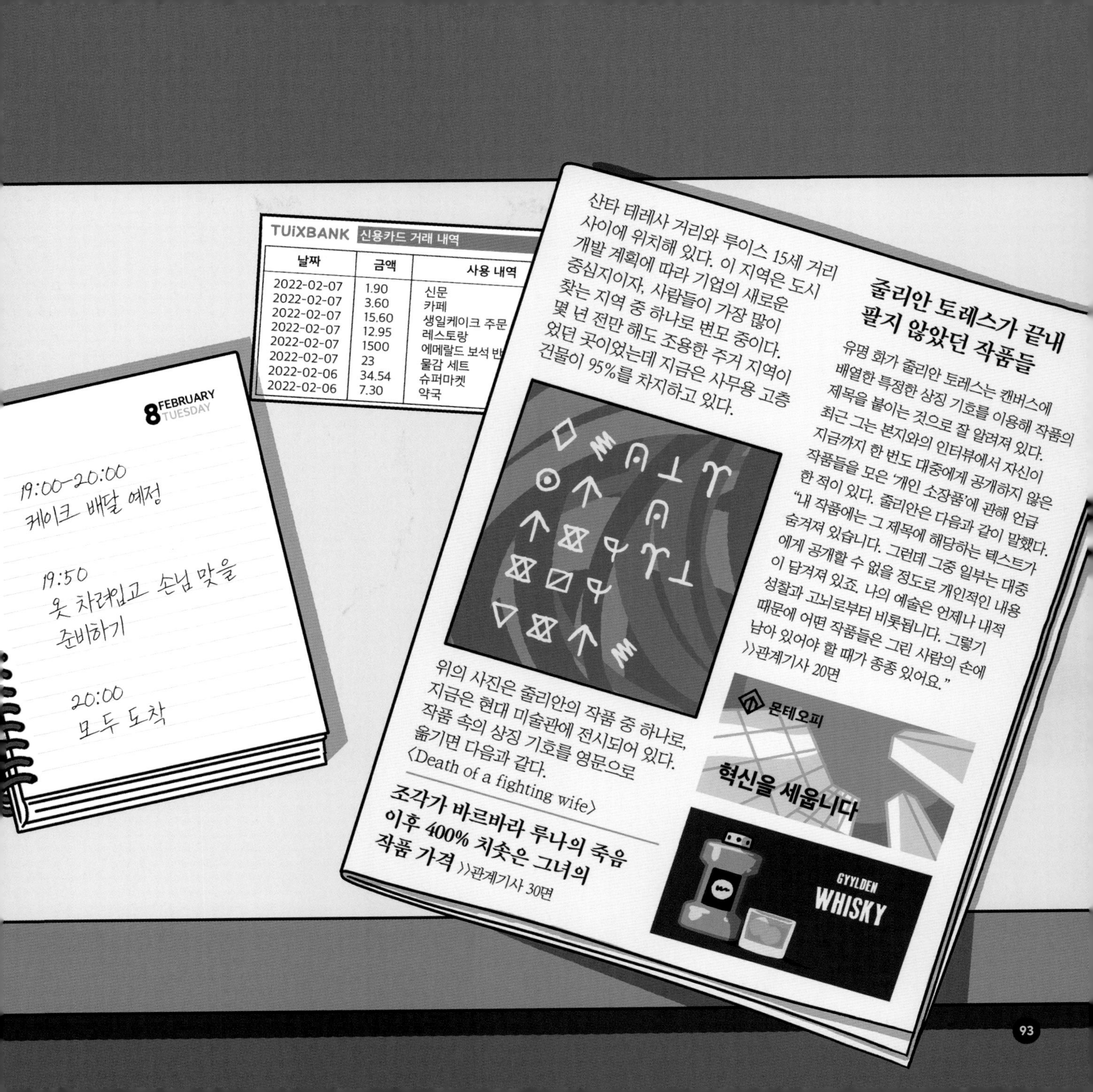
8 FEBRUARY
TUESDAY
19:00-20:00
케이크 배달 예정
19:50
옷 차려입고 손님 맞을
준비하기
20:00
모두 도착
TUiXBANK 신용카드 거래 내역
날짜 금액 사용 내역
2022-02-07 1.90 신문
2022-02-07 3.60 카페
2022-02-07 15.60 생일케이크 주문
2022-02-07 12.95 레스토랑
2022-02-07 1500 에메랄드 보석 반
2022-02-07 23 물감 세트
2022-02-06 34.54 슈퍼마켓
2022-02-06 7.30 약국
산타 테레사 거리와 루이스 15세 거리 사이에 위치해 있다. 이 지역은 도시 개발 계획에 따라 기업의 새로운 중심지이자, 사람들이 가장 많이 찾는 지역 중 하나로 변모 중이다. 몇 년 전만 해도 조용한 주거 지역이었던 곳이었는데 지금은 사무용 고층 건물이 95%를 차지하고 있다.
줄리안 토레스가 끝내 팔지 않았던 작품들
유명 화가 줄리안 토레스는 캔버스에 배열한 특정한 상징 기호를 이용해 작품의 제목을 붙이는 것으로 잘 알려져 있다. 최근 그는 본지와의 인터뷰에서 자신이 지금까지 한 번도 대중에게 공개하지 않은 작품들을 모은 '개인 소장품'에 관해 언급한 적이 있다. 줄리안은 다음과 같이 말했다. "내 작품에는 그 제목에 해당하는 텍스트가 숨겨져 있습니다. 그런데 그중 일부는 대중에게 공개할 수 없을 정도로 개인적인 내용이 담겨져 있죠. 나의 예술은 언제나 내적 성찰과 고뇌로부터 비롯됩니다. 그렇기 때문에 어떤 작품들은 그린 사람의 손에 남아 있어야 할 때가 종종 있어요."
>>관계기사 20면
위의 사진은 줄리안의 작품 중 하나로, 지금은 현대 미술관에 전시되어 있다. 작품 속의 상징 기호를 영문으로 옮기면 다음과 같다.
〈Death of a fighting wife〉
조각가 바르바라 루나의 죽음 이후 400% 치솟은 그녀의 작품 가격 >>관계기사 30면
몬테오피
혁신을 세웁니다
GYYLDEN
WHISKY

아르투로의 진술

그의 말은 수사에 중요한 단서가
될 수 있을 겁니다.

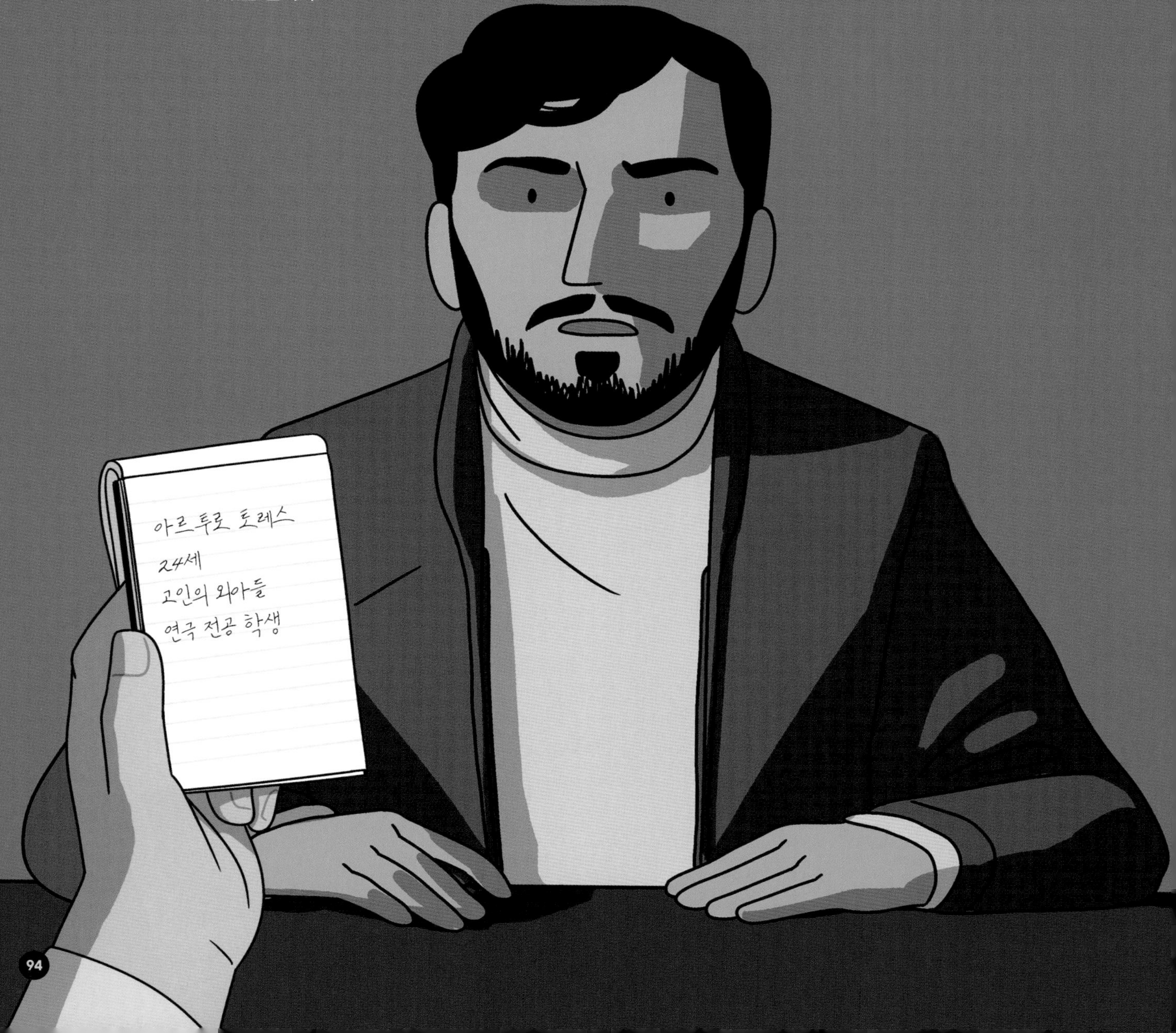

당신들은 정말 나를 용의자로 생각하고 있는 겁니까?
내가 무슨 이유로 아버지를 죽이겠어요?

이럴 시간 있으면 루시아를 조사해 보는 게 좋을 거예요.
사실 그녀는 아버지를 좋아하지도 않아요.
몇 년 전까지만 해도 그녀는 단지 아버지의 작품을 좋아하던 애호가에 지나지 않았죠.
그래서 아버지의 옛날 그림을 서너 점 가지고 있는 정도였어요.
그러던 어느 날, 그녀는 우연히 전시회에서 아버지를 만나게 됐어요.
그때 그녀는 아버지의 마음을 빼앗기로 마음먹은 게 분명해요.
돈뿐만 아니라, 아버지가 끝내 팔지 않으려고 했던 작품들을 손에 넣기 위해서였죠.
그러니 당장 그녀를 조사해 보시라고요.

루시아의 진술

그녀의 진술을 들어보세요.
수사에 중요한 단서가
될 수 있을 겁니다.

그이의 아들인 아르투로가 나를 미워한다는 건 잘 알아요.
그래서 저를 범인으로 몰아가려고 한다는 것도요.
분명히 말씀드리지만 저는 절대 아니에요.
아르투로는 내가 뭔가를 노리고 줄리안에게 접근했다고 말할 거예요.
하지만 그건 사실과 달라요. 저는 그이를 진심으로 사랑했으니까요.

아르투로가 화난 이유는 딱 한 가지예요. 제가 자기 아버지와 결혼하게 되면,
더 이상 아버지 재산을 자기 혼자 물려받지 못하게 되니까요.

아무튼 아르투로는 욕심이 많고 문제아인 데다, 언제나 사고를 치고 다니죠.
탐정님은 그 인간이 어떤 이력을 가지고 있는지 아시는지 모르겠네요.
제가 탐정님이라면 아르투로에게 혐의를 두고 수사를 진행할 거예요.

타마라의 진술

가정부의 진술을 들어보세요.
그녀의 말은 수사에 중요한
단서가 될 수 있을 겁니다.

너무 끔찍해요! 그날은 그분의 생일이었잖아요. 게다가 모두 모인 자리에서 무슨 소식을 발표한다고 잔뜩 들떠 계셨거든요. 무슨 말을 하려고 했는지 잘 모르겠지만요.

저는 대부분의 시간을 그 집에서 집안일을 하며 보낸답니다. 그런데 하필 제가 병원에 가려고 나갔을 때, 그런 사달이 생기고 말았지 뭐예요. 오늘 아침에 넘어지는 바람에 하루 종일 손목이 아파서 견딜 수가 없었어요. 그래서 병원에 바로 예약을 했죠.
여기 한번 보세요. 결국 뼈가 부러졌다고 해서 깁스를 했다니까요.

누가 가장 의심스럽냐고요? 글쎄요. 잘 모르겠지만, 그분의 동생인 파블로부터 조사해 보시는 게 좋을 것 같아요. 사실 두 분은 정말 사이가 좋지 않았으니까요.
제가 보기에 파블로는 형에게 심한 질투심을 느끼고 있었던 것 같아요.
결국 '반항적 예술가'인 줄리안은 잘생기고 돈도 많은 데다,
유명하게 되었으니까 그럴 만도 하죠.
반면 파블로는 원래 부지런했지만, 결국 모든 면에서 평범해지고 말았죠.
요새는 일자리를 구하지 못해 전전긍긍하고 있다니까요.

파블로의 진술

동생의 진술을 들어보세요.
그의 말은 수사에 중요한
단서가 될 수 있을 겁니다.

네, 그래요. 나는 형과 사이가 좋지 않았어요. 그렇지만 형을 죽일 이유는 없었다고요.
잘 아시겠지만, 나는 변호사예요. 오래전부터 형의 유언장을 관리했기 때문에,
형의 사망으로 인해 내가 이득 볼 게 없다는 걸 잘 알고 있어요.
사실 거의 모든 돈이 형의 아들에게 가기로 되어 있으니까요.
게다가 그 집은 가정부로 일했던 타마라에게, 그리고 형이 끝내 팔지 않으려고 했던
그림은 애인에게 물려주기로 되어 있었죠.

우선 타마라하고 이야기해 보세요. 며칠 전에 그녀가 형의 시계를 훔치는 걸 우연히
봤거든요. 어디에 쓰려고 그러는지는 몰라도, 돈이 급히 필요한 것 같더라고요.

어차피 자기가 그 집을 물려받을 거라는 사실을 알고 있었다면,
그 시기를 조금 더 앞당기려고 했는지도 모르죠.

오피
타워
1
몬테오
타워
2
갈에 찔린
장소
범인을 여기로
들여보냈을까?
창문은 모두
닫혀 있음
산타 테레사 거리

사건의 실마리

이 사건을 해결하기 위해 굳이 여기 나온 단서를 읽을 필요는 없습니다. 하지만 당신의 추리가 미궁에 빠져 있다면, 아래의 단서가 도움이 될 것입니다. 그렇지만 한꺼번에 다 읽으려고 하지는 마세요. 어쩌면 하나의 단서만으로도 수수께끼를 풀 수 있는 열쇠를 찾을지 모르니까요. 그럼 행운을 빌어요!

단서 1

쓰레기통에 있던 편지 조각에 로고가 찍혀 있어요. 그건 신문 광고에도 나오는 로고예요. 그 로고를 살펴보면 무슨 이유로 살인을 저질렀는지 가늠할 수 있을 거예요.

단서 2

탁자 위에 있는 술병은 신문 광고에 나오는 것과 같은 위스키예요. 그리고 술잔의 얼음이 아직 녹지 않은 걸로 봐서는 술을 따른 지 얼마 되지 않았다는 것을 알 수 있죠. 이는 사건을 해결하는데 아주 중요한 단서가 될 겁니다. 살인범이 술을 마셨다는 사실은 범인을 찾는 데 결정적인 열쇠가 될 수 있어요.

단서 3

신문은 줄리안이 그린 작품 한 점을 보여 주면서, 거기 나오는 상징 기호의 의미를 설명합니다. 그 덕분에 사건 현장에 걸린 그림의 숨은 메시지를 해독할 수 있어요. 그렇게 알아낸 문장을 통해, 용의자 중 한 명을 제외할 수 있을 거예요.

사건 해결

이제 사건의 내막을 재구성하고 미스터리를 해결하기 위해
세세한 부분도 하나하나씩 살펴보겠습니다.

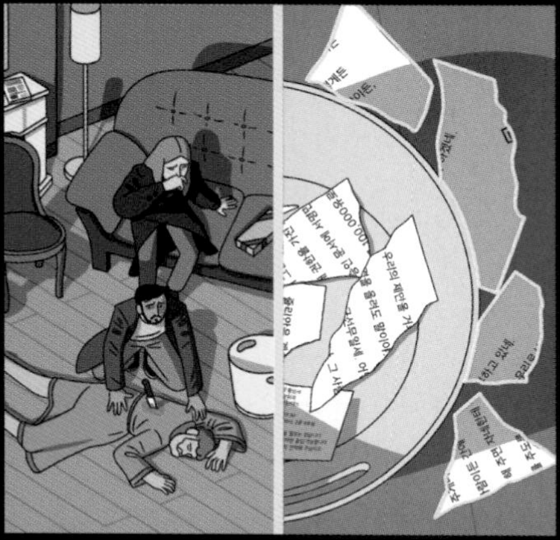

1 시신의 자세와 쓰레기통에서 나온 종잇조각을 살펴보면, 피해자가 문서들을 찢어서 버리는 바로 그 순간에 칼에 찔렸다는 걸 추리할 수 있어요.

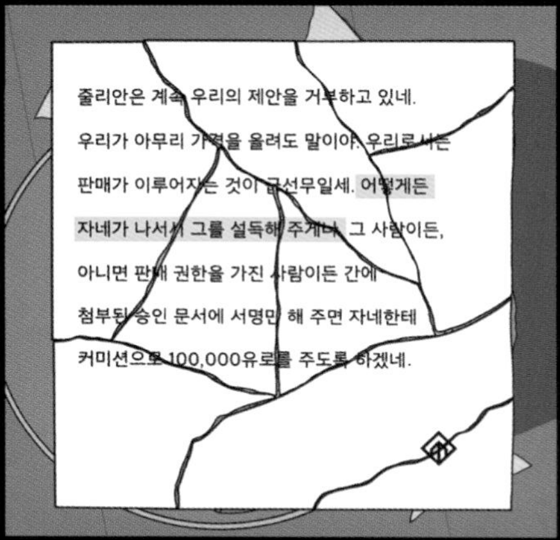

2 찢어진 종잇조각을 하나씩 맞추어 보면, 어떻게든 줄리안을 설득해서 무언가를 팔게 만들어야 한다는 내용의 편지가 나오는군요.

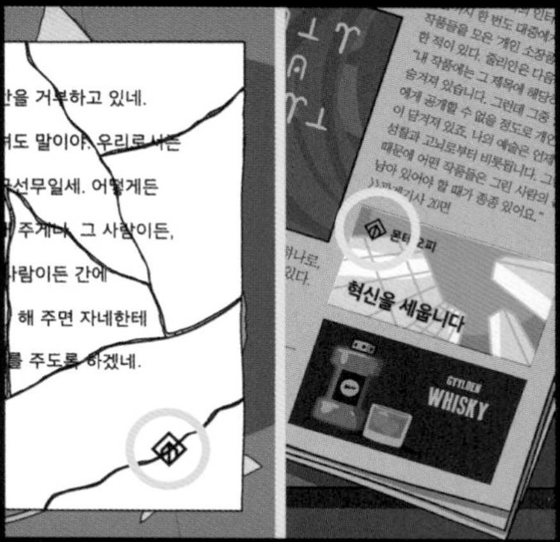

3 종이에 찍혀 있는 로고는 신문에 나오는 건설회사의 광고에 나오는 것과 동일합니다.

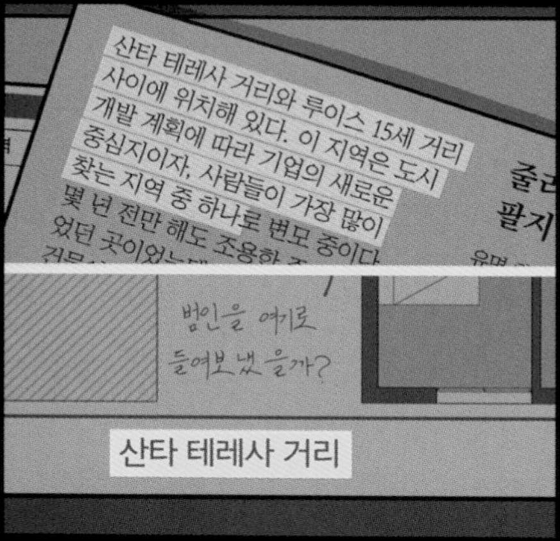

4 이 신문에는 요즘 한창 번창하고 있는 사업 지역에 대한 기사가 나오네요. 줄리안이 살고 있는 집도 바로 그곳에 있어요. 건설회사는 그의 집을 사들이고 싶어 한 거죠.

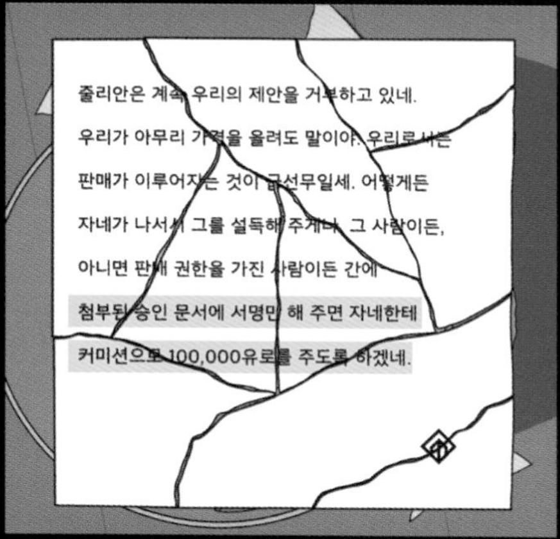

5 범인은 줄리안을 설득하기 위해 집에 찾아간 것이 분명합니다. 일만 잘 되면 커미션을 타낼 수 있을 테니까요. 하지만 줄리안이 계속 거부 의사를 밝히자, 범인은 그를 칼로 찌르고 말았던 거죠.

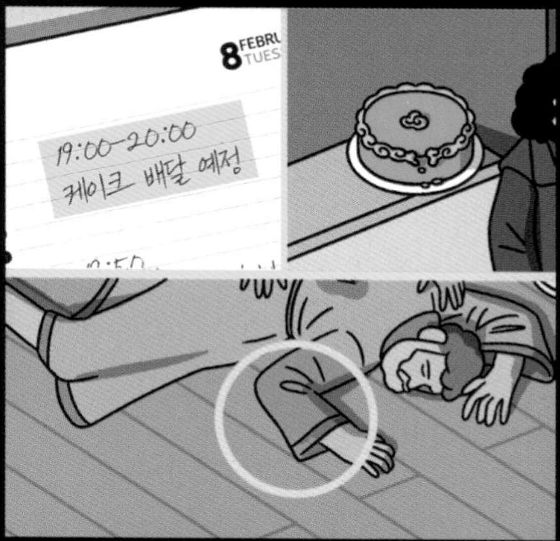

6 수첩에는 케이크가 19시경 배달된다고 적혀 있네요. 줄리안이 케이크를 들다가 실수로 소매에 얼룩이 졌다면, 범인은 케이크가 배달된 이후에 왔다는 얘기가 되겠죠.

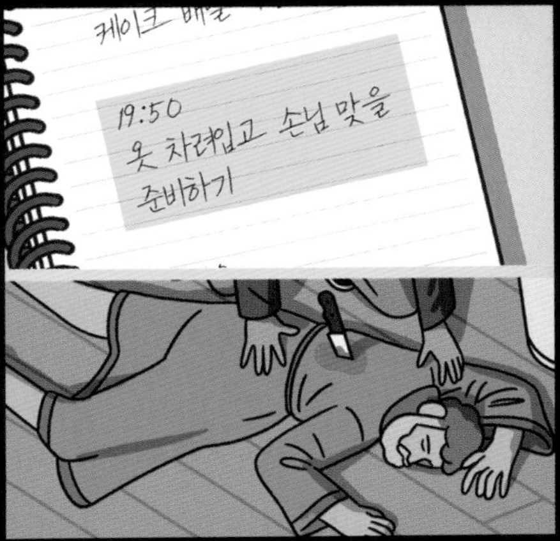

7 피해자는 가운 차림으로 발견되었습니다. 그렇다면 범인은 적어도 19시 50분 이전에 왔다는 얘기가 됩니다. 그 시간부터 옷을 차려입고 손님 맞을 준비를 하기로 되어 있었으니까요.

8 그리고 술잔의 얼음이 아직 녹지 않은 걸 보면, 그 술은 손님에게 내놓기 위해 준비한 것이 분명합니다.

9 탁자 위에 있는 술병이 신문 광고에 나온 것과 동일한 이상, 술은 위스키라고 추정할 수 있겠죠. 알코올성 음료가 놓여 있다는 점에서 몇 명은 용의 선상에서 배제할 수 있을 겁니다.

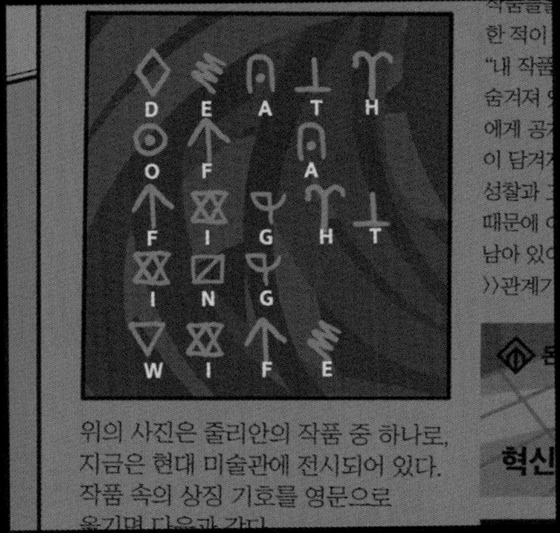

10 신문 기사를 보면, 줄리안의 작품에 숨겨진 메시지가 어떻게 해독되는지 알 수 있어요. 각 상징 기호에 해당하는 알파벳을 알면, 사건 현장에 있는 그림을 해독할 수 있습니다.

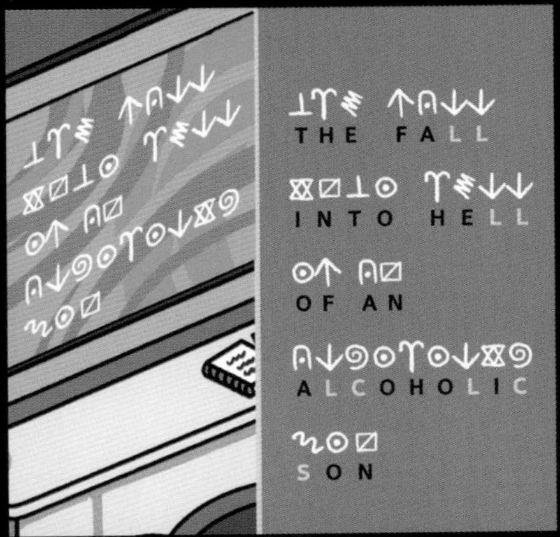

11 몇 글자가 빠져 있기는 하지만, 줄리안은 그 그림에서 알코올 중독자 아들에 관해서 말하고 있는 것으로 추측할 수 있어요.

12 이로써 아들은 용의선상에서 배제됩니다. 그의 아버지라면 알코올 중독인 아들에게 위스키를 주지 않았을 테니까요.

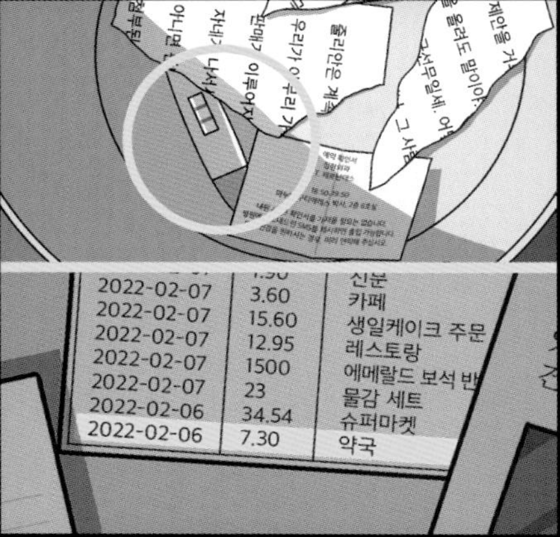

13 반면 여자들 중 한 명이 임신한 것이 분명합니다. 휴지통에 임신 테스트기가 있었을 뿐만 아니라, 줄리안의 신용카드 거래 명세서에도 약국의 구입 내역이 있으니까요.

14 타마라의 나이(52세)로 봐서는 임신이 불가능하기 때문에 임신한 것은 애인인 루시아가 틀림없습니다.

15 그렇다면 루시아도 용의선상에서 벗어납니다. 그녀가 정말 임신했다면 술을 마실 리 없기 때문이죠.

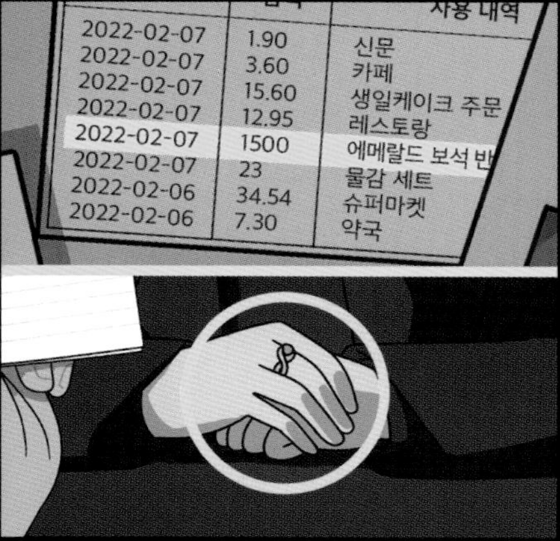

16 더군다나 줄리안은 그녀에게 약혼반지를 사 주었어요. 그녀의 손가락에 끼고 있는 반지가 바로 그거예요. 그녀가 정말 범인이라면, 결혼하기 전이 아니라 결혼하고 나서 그를 죽이려고 하지 않았을까요?

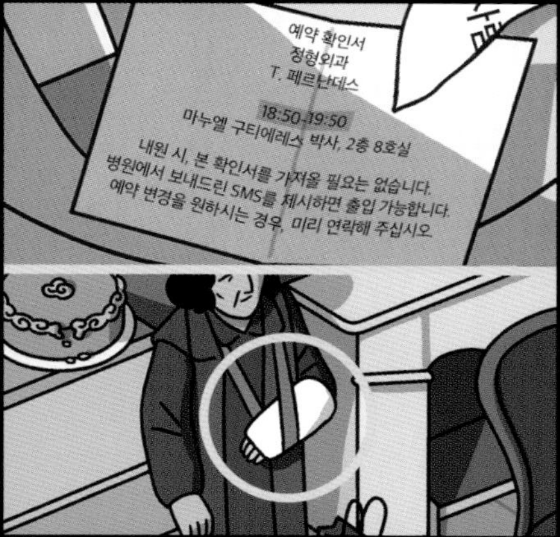

17 반면 쓰레기통에서 나온 진료 예약증에 따르면, 타마라는 18시 50분에서 19시50분까지, 즉 범행 시각에 집을 비웠어요. 깁스는 그녀의 알리바이를 증명합니다.

18 따라서 그녀도 용의선상에서 제외됩니다. 그렇다면 이제 남은 사람은 하나밖에 없군요. 범인은 파블로예요.

19 파블로는 형을 설득하면 100,000유로를 받기로 했어요. 그런데 일이 뜻대로 돌아가지 않았어요. 그는 형이 죽으면 그 집이 타마라의 손에 넘어간다는 것을 알고 있었기 때문에, 차라리 그녀를 설득하는 편이 훨씬 더 쉬울 거라고 판단했던 거죠.

20 왜냐하면 타마라가 물건을 훔치는 장면을 목격했거든요. 돈이 급히 필요한 그녀가 집을 상속받게 되면, 곧장 팔아버릴 것이 분명했죠. 파블로는 바로 그 점을 노린 겁니다.

등에 칼을 꽂은 사람

사건의 진실

유명 화가 줄리안 토레스와 그의 애인인 루시아는 그들 사이에 아이가 생긴 사실을 알고 진심으로 기뻐했다. 그래서 줄리안은 반지를 사서 그녀에게 정식으로 청혼하기로 결심했다. 마침 그다음 날이 줄리안의 생일이었다. 그는 가장 가까운 사람들을 집으로 초대해 저녁 식사를 하면서 약혼 소식을 알릴 수 있는 좋은 기회라고 생각했다. 그래서 아들과 동생, 그리고 타마라를 부르기로 했다. 타마라는 가정부였지만, 워낙 오랜 세월 동안 자기 곁에서 일을 해왔기 때문에 한 가족이나 다름이 없었다. 사실 줄리안은 자신이 죽고 나면, 타마라도 자기 재산의 일부를 받을 자격이 있다고 생각해서 마지막으로 수정한 유언장에 그녀를 포함시켰다. 그녀에게 그 집을 유산으로 물려주기로 한 것이다.

생일 파티를 열기로 한 날 19시경, 줄리안은 편안한 가운 차림으로 거실에 앉아 쉬면서 준비할 시간이 될 때를 기다리고 있었다. 바로 그 순간, 초인종 소리가 났다. 그날 아침 주문한 케이크를 가져온 배달원이었다. 마침 가정부는 손목에 통증을 느껴 병원에 가는 바람에 집을 비운 때였다. 그래서 그가 직접 상자에서 케이크를 꺼냈는데, 실수로 가운 소매에 케이크의 파란색 크림을 묻히고 말았다. 그때 다시 초인종 소리가 났다.

이번에는 그의 동생 파블로였다. 무슨 일인지 그는 약속 시간보다 한 시간이나 빨리 도착한 것이다. 파블로는 중요한 일이 있어서 그와 단둘이 이야기를 나누고 싶다고 했다. 그래서 줄리안은 대화하는 동안 마시려고 위스키 병과 안줏거리로 치즈를 약간 꺼내 왔다.

파블로는 몬테오피라는 유명한 건설회사가 줄리안의 집을 사고 싶어 한다고 전했다. 게다가 형을 설득해서 거래를 성사시키면, 자기에게 100,000유로를 커미션으로 준다고 약속했다는 말까지 했다. 파블로는 현재 마땅한 일자리도 없는 데다 돈이 급했기 때문에, 형에게 그 집을 팔라고 사정했다. 줄리안이 거절하자, 파블로는 그에게 너무 이기적이라고 몰아붙이면서, 그 집을 팔고 생긴 돈으로 아무 집이나 살 수 있다고 구슬렸다. 하지만 줄리안은 끝내 고집을 꺾지 않았다. 100,000유로를 손에 넣으려던 파블로의 계획은 결국 수포로 돌아가고 말았다.

집요한 파블로의 설득에 화가 난 줄리안은 제안이 담긴 편지를 찢어 버리면서 대화를 끝내려고 했다. 그가 종잇조각을 휴지통에 버리려고 자리에서 일어나는 순간, 동생은 치즈를 자르던 칼을 집어 들고 형의 등을 찔렀다. 파블로는 줄리안이 죽으면 모든 일이 자신의 계획대로 이루어지리라 생각했다. 유언장에 따르면 타마라가 그 집을 상속받게 된다. 하지만 그녀 또한 경제 사정이 좋지 않았기 때문에 그 집을 파는 것에 반대할 리가 없었다. 그렇게만 되면 그는 결국 커미션을 두둑이 받게 되는 것이다.

그렇지만 탐정이 철저히 수사한 결과, 파블로가 범인이라는 것을 밝혀냈다.
파블로는 그 자리에서 체포되었다.

CASE **07**

사냥꾼의 총이 겨냥한 것

작고 조용한 마을에서 예기치 않은 죽음이 일어나는 경우는 흔치 않습니다.
하지만 오늘 주민 중 한 명이 머리에 총상을 입고 숨진 사건이 발생합니다.
피해자는 평소 사냥을 즐겼다고 하는데 자신의 사냥총으로 머리를 쏜 채 발견된 겁니다.
이제 민병대*로서 이 지역의 치안을 담당하고 있는 당신이 이 사건의 진실을 찾아야 합니다.

사건을 해결하는 데 걸린 시간은?

이 사건의 범인은?

그 증거는?

살해 동기는?

*스페인어로 구아르디아 시빌(Guardia Civil).
스페인의 국가 헌병대로, 군 조직이면서 평시에는
각 지역의 치안을 주로 담당한다.

자동차를 조사하기 (113쪽)
지도를 확인하기 (114쪽)
편지를 읽어보기 (112쪽)
전화를 걸기 (116쪽)
신문을 살펴보기 (115쪽)

피델
로스 페랄레스 거리
지역 코드 281
비얄레레도 델 엔시나르
라사로
카미노 거리
지역 코드 825
비얄레레도 델 엔시나르
라사로에게
라사로, 자네가 부디 내 마음을 알아주길 바라며
이렇게 편지를 쓰네. 나도 폰초에게 일어난 일에 대해
무척 안타깝게 생각하네. 지금 이 순간에도 자네는
나를 증오하겠지… 그렇지만 그 끔찍한 일은
순식간에 일어나 버렸어. 그저 불행한 사고였다는 점을
이해해 주기를 바라네. 그 사고에 대해 언젠가 나를
용서해 줄 수 있다면 좋으련만…
나도 죄책감에 사로잡혀 몇 시간 동안이고
아무것도 못하고 있었네. 방 안을 서성이다
내 솔직한 마음을 말하고 싶어 이렇게 편지를 쓰고 있지.
이 짧은 편지도 쓰기 힘들어 오랜 시간이 걸리는구먼.
아서 창밖에 내리는 눈만 바라보면 나도 모르게
그 일이 괴로워진다네. 마침 막 눈이 그친 모양일세.
웬일인지 오늘은 일기 드어맞는군.
그런데

최근
경로

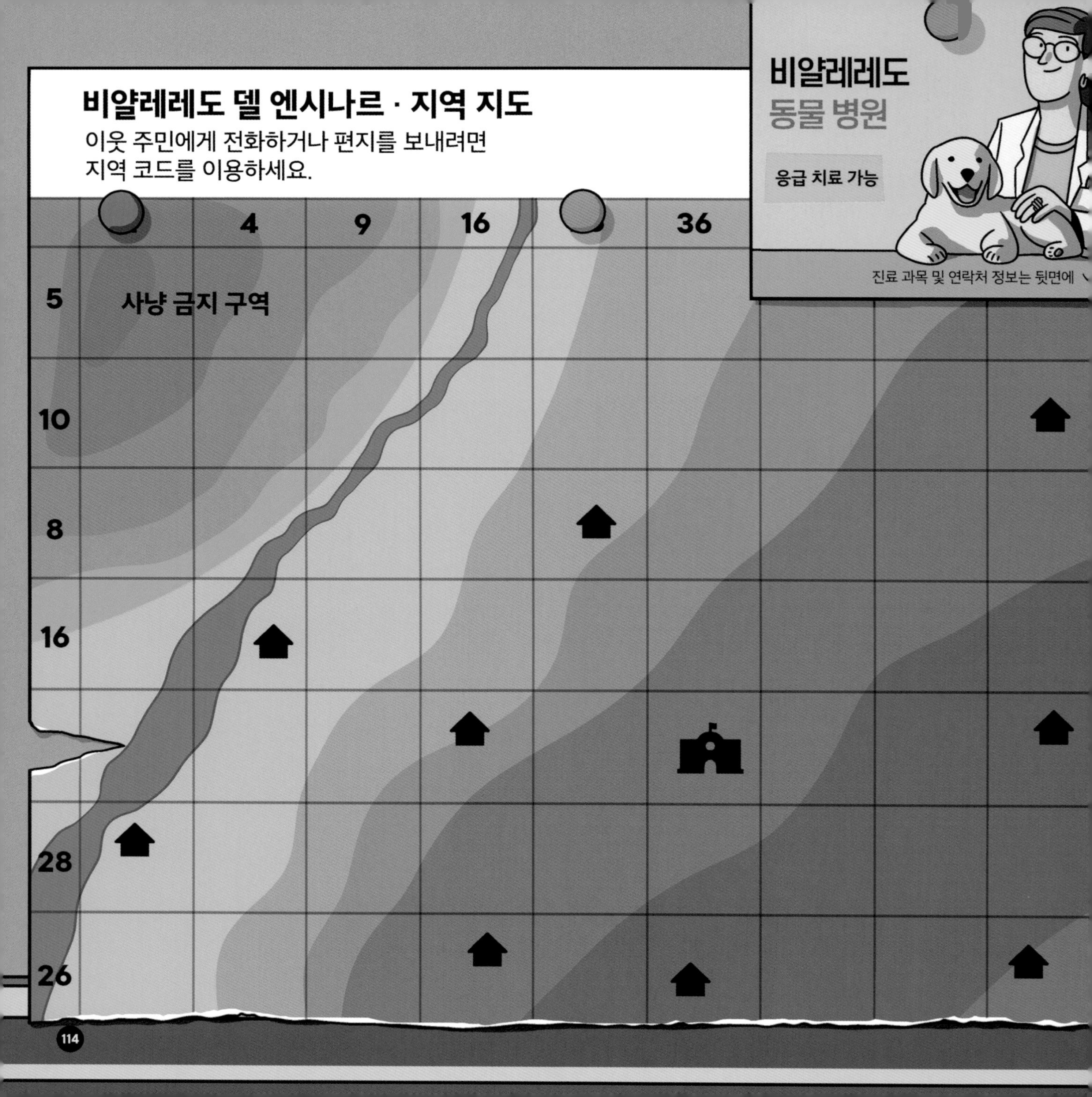
비얄레레도 델 엔시나르 · 지역 지도
이웃 주민에게 전화하거나 편지를 보내려면
지역 코드를 이용하세요.
4
9
16
36
5
10
8
16
28
26
사냥 금지 구역
비얄레레도
동물 병원
응급 치료 가능
진료 과목 및 연락처 정보는 뒷면에

비얄레레도 투데이

2022년 11월 5일

시청에서 기자회견 중인 시장

무기한 보류된 댐 건설 계획

자치주 정부가 우리 지역을 새로운 댐 건설을 위한 이상적인 입지로 선정했지만, 건설 예정 부지에 인접한 주택들의 반대로 인해 계획 승인이 난항을 겪고 있다. 어제 본회의가 끝난 뒤 시장이 밝힌 바에 따르면, “우리는 그 댐이 건설된다면, 관개용수 공급과 전력 생산, 그리고 관광객의 증가 등 우리 지역에 얼마나 막대한 이익을 가져올지 잘 알고 있습니다. 그렇지만 우리는 그 누구도 자기 집을 강제로 떠나도록 강요할 수는 없습니다.”

>>관계기사 34면

지역 내에서 사냥 금지를 외치며 시위 중인 동물 권리 보호 활동가들

>>40면에서 계속

최고의 사냥개 지역 대회 3연패에 빛나는 ‘폰초’

수려한 외모를 자랑할 뿐만 아니라, 작은 사냥감 사냥 전문가이기도 한 이 개는 이번 대회에서 또 1등을 차지하면서 100,000유로의 상금을 받았다.

>>45면에서 계속

일기예보

오늘 19시부터
23시 30분까지 눈 예보

11/5	11/6	11/7	11/8	11/9
-3° / 5°	-3° / 2°	5° / 8°	7° / 12°	10° / 13°

NOVEMBER 6
18:00
UP
DOWN
DEL
BACK
1
2
3
OUT
4
5
6
7
8
9
VOL+
*
0
#
MUTE
SET
PAUSE

전화 걸기

비얄레레레도 델 엔시나르 지역은 각 집마다 할당된 지역 코드를 이용해 전화하거나 편지를 보낼 수 있습니다. QR코드를 스캔하여 전화하려는 이웃의 지역 코드를 입력하세요. 인터넷 연결이 안 될 경우 213~219쪽에서 확인하세요.

사건의 실마리

이 사건을 해결하기 위해 굳이 여기 나온 단서를 읽을 필요는 없습니다. 하지만 당신의 추리가 미궁에 빠져 있다면, 아래의 단서가 도움이 될 것입니다. 그렇지만 한꺼번에 다 읽으려고 하지는 마세요. 어쩌면 하나의 단서만으로도 수수께끼를 풀 수 있는 열쇠를 찾을지 모르니까요. 그럼 행운을 빌어요!

단서 1

현관 입구에는 사망자의 것도, 경찰의 것도 아닌 발자국이 나 있습니다. 들어오는 발자국은 흐릿한 반면(아직 눈이 조금씩 내리고 있었습니다), 나가는 발자국은 아주 뚜렷하게 남아 있어요(눈이 이미 그쳤습니다). 피렐은 신문에서 예보했던 바로 그 시간(23시 30분)에 눈이 그치기 시작했다고 편지에 썼어요. 따라서 범행은 그때쯤 이루어졌다고 추측할 수 있죠.

단서 2

지도에 나와 있는 번호를 이용해서 그 지역의 여러 주민들에게 전화를 걸 수 있습니다. 누락된 일부 번호들은 피렐이 편지봉투에 쓴 주소를 잘 살펴보면 충분히 유추할 수 있어요. 다른 번호를 알아내려면, 두 가지 계열의 숫자가 특정한 규칙하에 있다는 것을 이해해야 합니다. 그것들을 잘 이해하면, 어떤 번호가 누락되었는지 알 수 있을 거예요.

단서 3

한 주민의 진술이 다소 의심스럽군요. 주민들이 하는 말에 주의를 기울이면, 그들 중 한 명이 모르고 있어야 할 정보를 아는 듯한 뉘앙스를 풍기고 있다는 것을 알 수 있을 겁니다.

사건 해결

무슨 일이 일어났는지 정확히 이해하고 범인을 찾아내기 위해
단서 하나하나를 면밀히 검토해 봅시다.

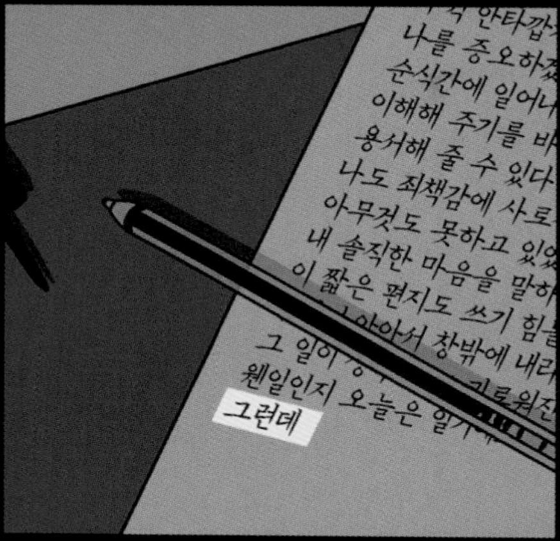

1 겉으로 봐서는 사냥꾼이 자살한 것 같습니다. 그런데 피델이 편지를 쓰던 중에 갑자기 문장이 끊어지네요. 만약 그것이 자살하기 직전에 쓴 유서라면 뭔가 이상합니다.

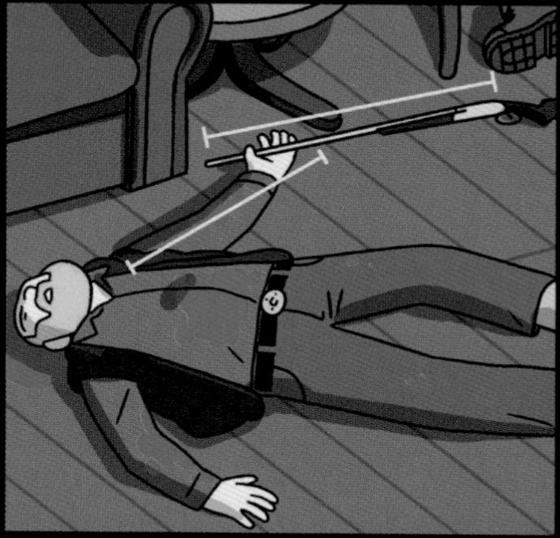

2 자세히 관찰하면 자신의 머리를 쏘기에는 엽총의 총구가 너무 길어요. 방아쇠에 손이 닿지 않습니다. 따라서 다른 사람이 그에게 총을 쏜 것이 분명합니다.

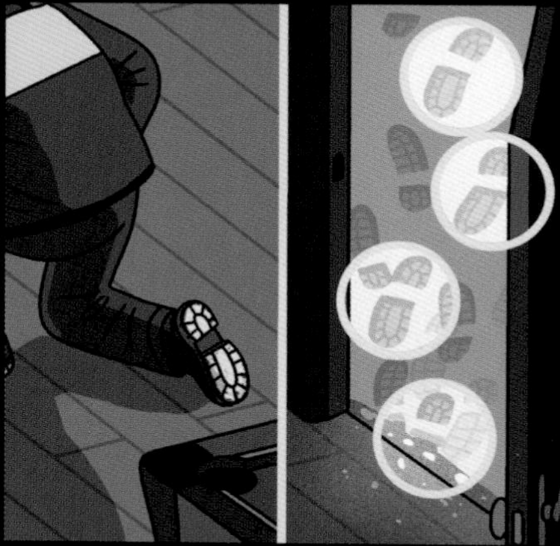

3 무슨 일이 일어났는지 추리하려면 눈에 찍힌 발자국을 잘 살펴봐야 합니다. 사건 현장을 조사하기 위해서 도착했을 때 당신이 남긴 발자국이 보이는군요.

4 하지만 당신의 부츠는 물론, 사냥꾼이 신고 있던 부츠와도 일치하지 않는 발자국이 있습니다. 그렇다면 그건 살인범의 발자국이 분명합니다.

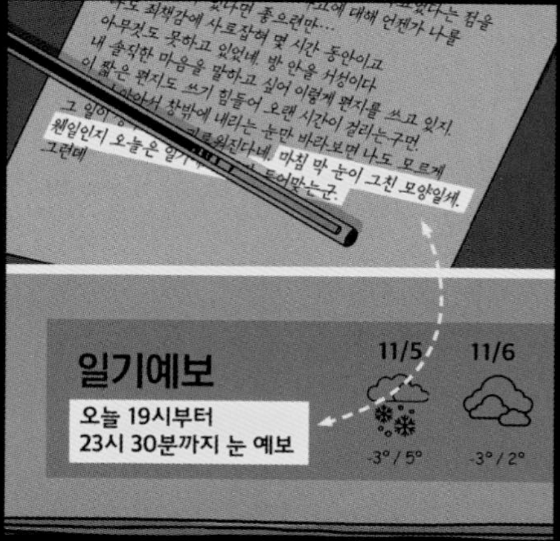

5 피델이 쓰고 있던 편지를 보면 일기 예보에 나오는 바로 그 시간, 즉 23시 30분에 눈이 그치기 시작했다는 것을 알 수 있습니다.

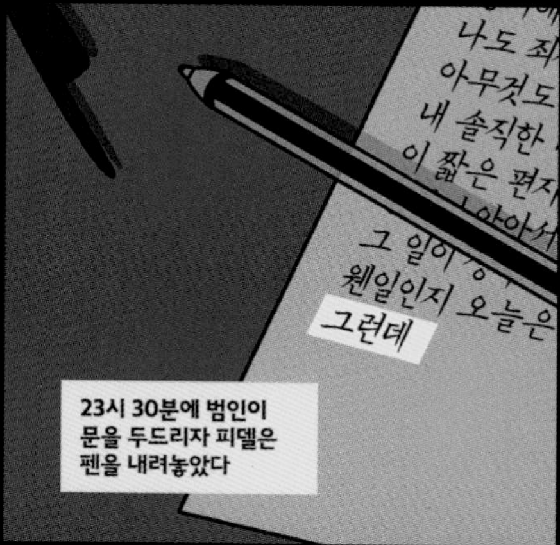

6 그렇다면 범인은 눈이 그칠 즈음에 도착했다는 것을 알 수 있습니다.

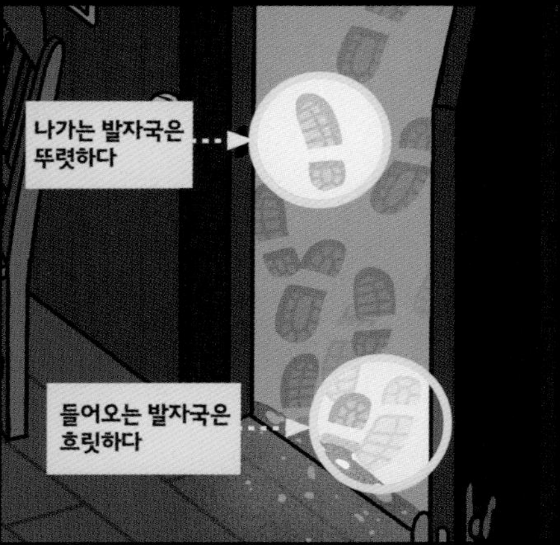

7 그래서 들어오는 발자국은 희미하게 남아 있지만(23시 30분에는 아직 눈이 조금씩 내리고 있었음), 나가는 발자국은 선명하게 찍혀 있습니다(범인이 나갈 때는 눈이 이미 그친 뒤).

8 따라서 범행이 일어난 시간은 23시 30분에서 몇 분이 지난 뒤로 추리할 수 있습니다.

9 편지를 받는 이가 '라사로'이기 때문에 편지를 쓴 사람, 즉 피해자의 이름이 '피델'이라는 것을 알 수 있습니다.

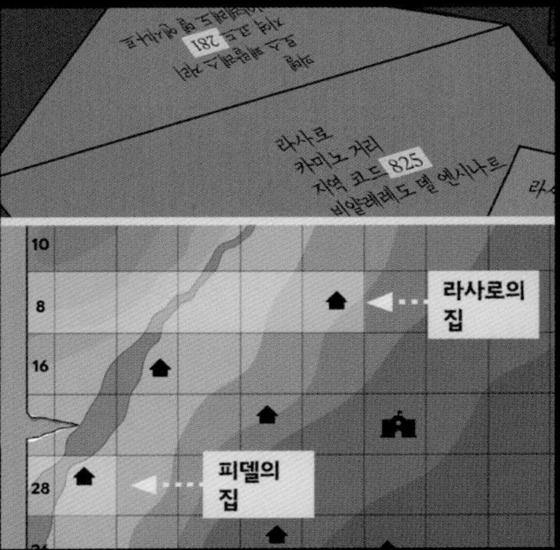

10 그가 편지봉투에 적어 놓은 주소 덕분에 지도에 표시된 집이 피델과 라사로의 집이라고 추리할 수 있어요. 지도의 8열과 28열에는 두 사람의 집밖에 없으니까요.

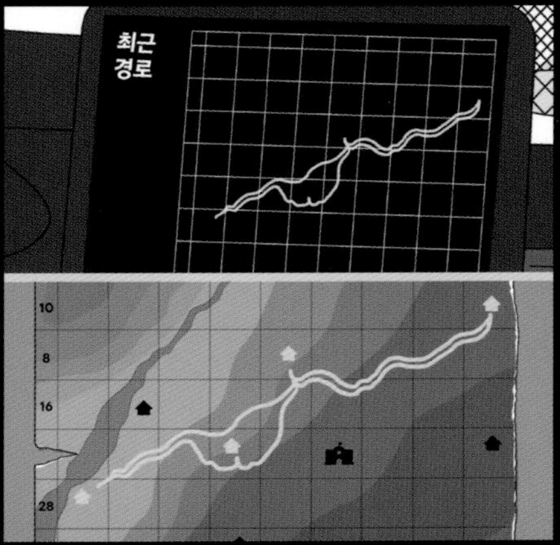

11 자동차의 GPS를 살펴보면, 그가 어떤 경로를 지나갔고, 어떤 집을 방문했는지 확인할 수 있어요. 필요한 정보를 수집하기 위해 그가 방문했던 집에 모두 전화를 걸어보겠습니다.

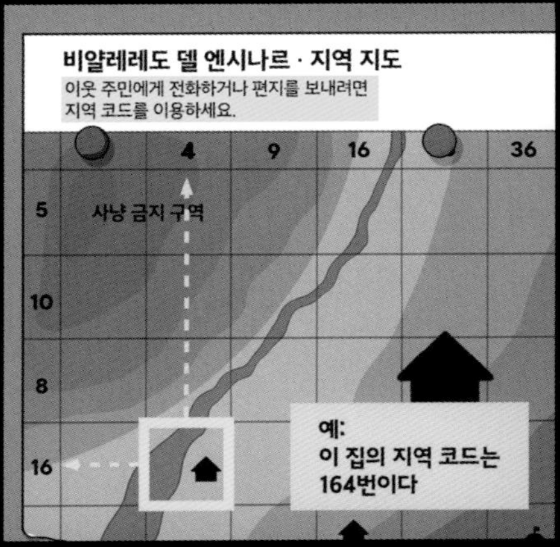

12 먼저 지도를 보고 지역 코드를 확인할 수 있습니다.

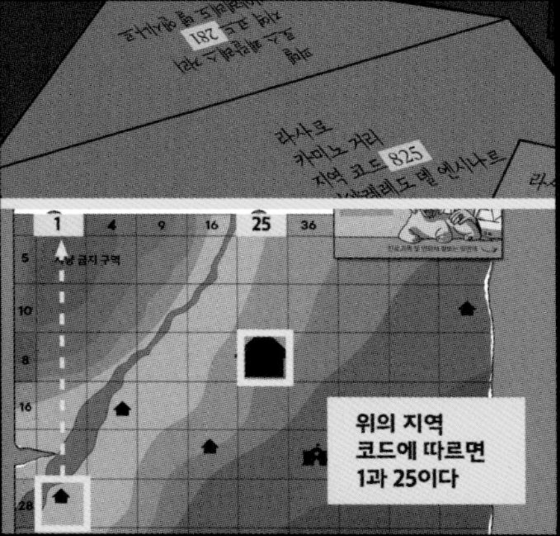

13 피해자가 편지봉투에 남긴 주소를 통해 일부 숫자를 완성할 수 있었습니다.

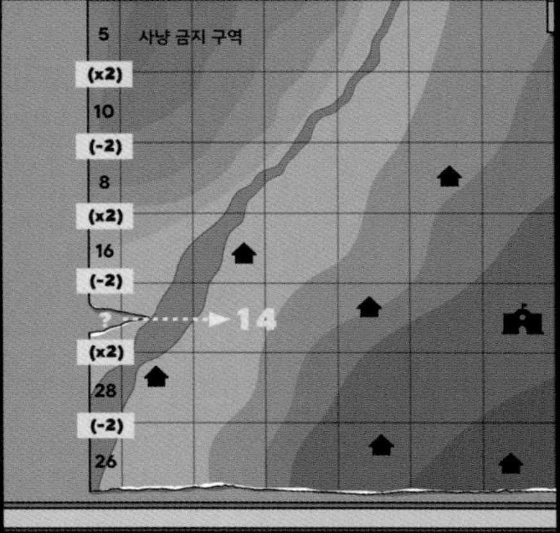

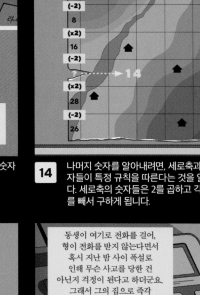

14 나머지 숫자를 알아내려면, 세로축과 가로축의 숫자들이 특정 규칙을 따른다는 것을 알아야 합니다. 세로축의 숫자들은 2를 곱하고 각 숫자에서 2를 빼서 구하게 됩니다.

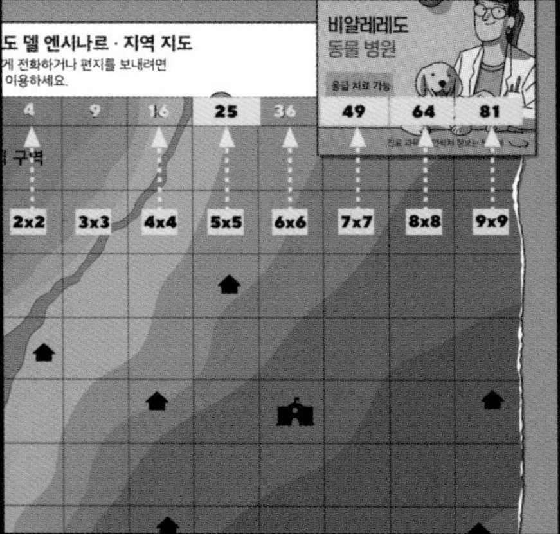

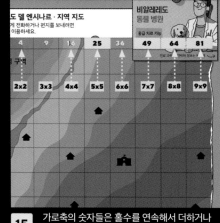

15 가로축의 숫자들은 홀수를 연속해서 더하거나(0+1+3+5…), 각 숫자가 각 번호에 자신을 곱한 것(2x2, 3x3, 4x4…)이라는 점을 이해하면 구할 수 있습니다.

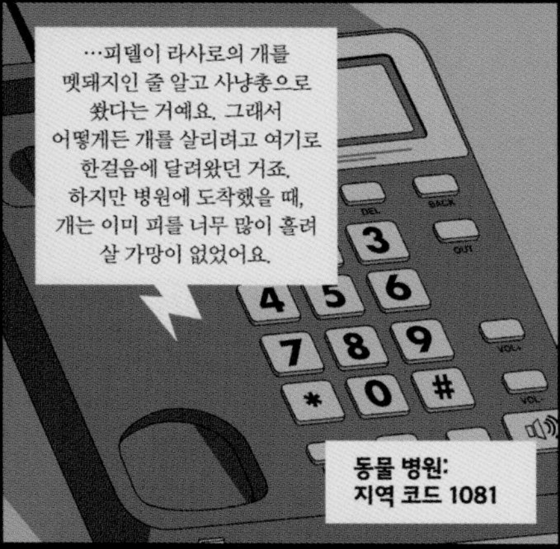

16 이제 지역 코드 목록이 완성되었기 때문에 피델이 방문한 곳에 전화를 걸어볼 거예요. 그는 어제 불행한 사고로 동물병원을 갔었군요.

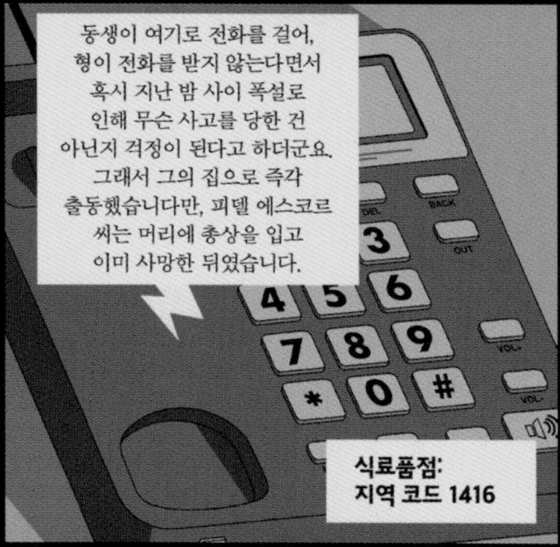

17 다른 곳은 식료품점이에요. 이 통화를 통해 시신을 처음 발견한 사람의 발자국이 왜 남아 있지 않은지 그 이유를 알 수 있습니다. 전화 신고를 받고 당신이 현장에 출동했기 때문이죠.

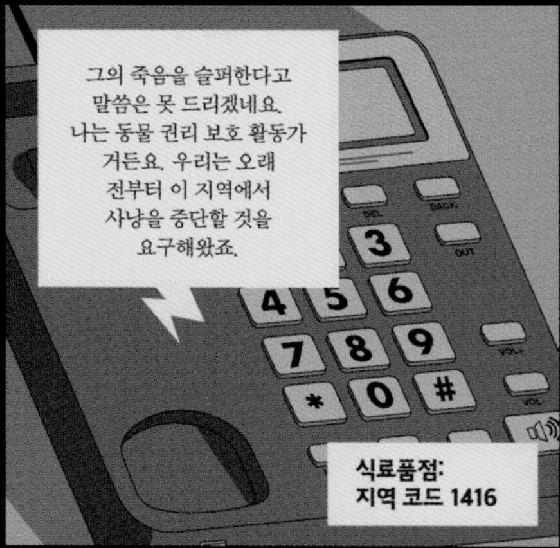

18 그의 말을 들어보면 용의점이 있어 보이는군요. 특히나 그는 사냥꾼들을 증오하는 동물 권리 보호 단체 소속이에요.

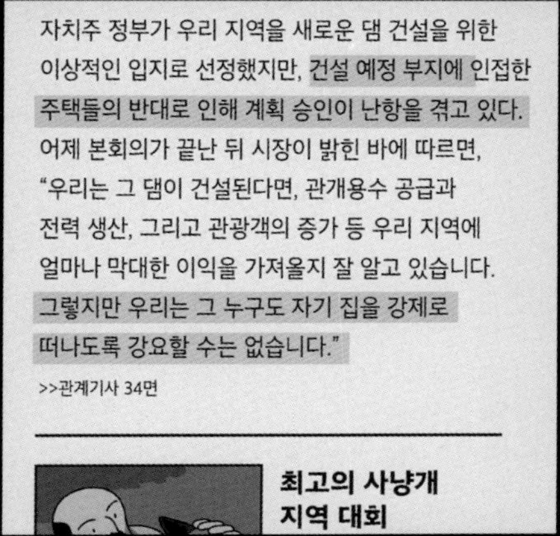
자치주 정부가 우리 지역을 새로운 댐 건설을 위한 이상적인 입지로 선정했지만, 건설 예정 부지에 인접한 주택들의 반대로 인해 계획 승인이 난항을 겪고 있다. 어제 본회의가 끝난 뒤 시장이 밝힌 바에 따르면, “우리는 그 댐이 건설된다면, 관개용수 공급과 전력 생산, 그리고 관광객의 증가 등 우리 지역에 얼마나 막대한 이익을 가져올지 잘 알고 있습니다. 그렇지만 우리는 그 누구도 자기 집을 강제로 떠나도록 강요할 수는 없습니다.”
>>관계기사 34면
최고의 사냥개
지역 대회

19 기사를 보면 혹시 댐 건설 계획을 밀어붙이기 위해 시장이 피델을 살해한 건 아닐까요? 시청에 전화를 걸어 그의 해명을 들어볼 생각이지만, 모든 것을 사실대로 분명하게 밝힐 가능성은 없을 겁니다.

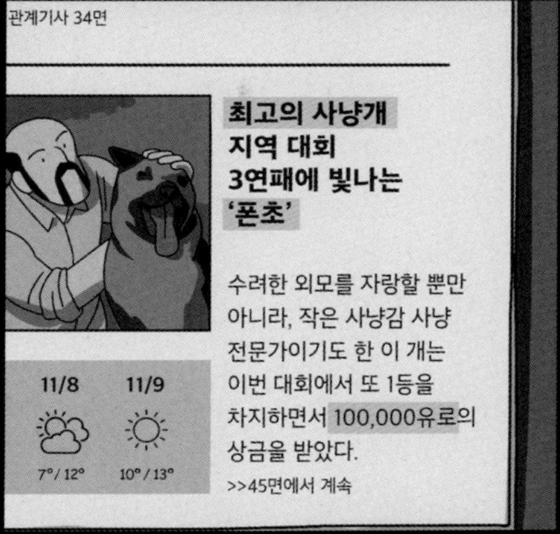
관계기사 34면
최고의 사냥개
지역 대회
3연패에 빛나는
‘폰초’
수려한 외모를 자랑할 뿐만 아니라, 작은 사냥감 사냥 전문가이기도 한 이 개는 이번 대회에서 또 1등을 차지하면서 100,000유로의 상금을 받았다.
>>45면에서 계속
11/8
7°/12°
11/9
10°/13°

20 또 폰초가 대회에서 우승한 개라는 사실을 알 수 있습니다. 혹시 폰초가 대회에 참여하지 못하게 피델이 일부러 죽인 건 아닐까요? 그렇다면 라사로가 그 일로 피델에게 복수한 건 아닐까요?

…쓰러진 개를 들어 품에 안고 차로 달려가서는 곧장 우리 집으로 왔더군요. 어떻게든 개를 살려 보려고 우린 함께 동물병원으로 갔어요…
UP
DOWN
DEL
BACK
OUT
1
2
3

21 라사로에게 전화를 걸어 그의 말을 들어보면, 피델의 옷에 묻은 피가 개의 것이라는 사실 정도는 알게 될 겁니다. 피델이 피를 흘리는 개를 품에 안고 달려갔으니까 말이죠.

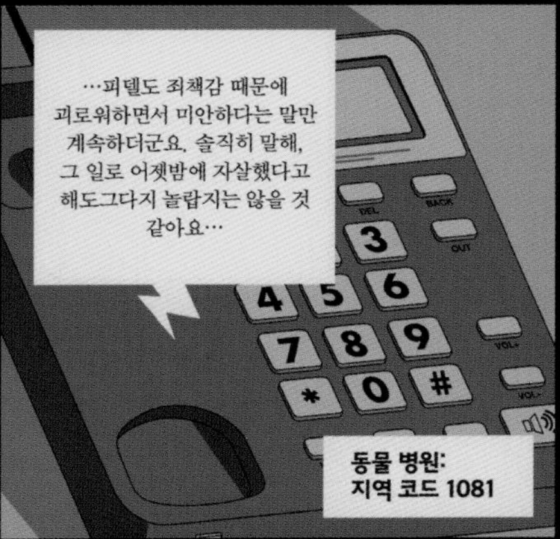
…피델도 죄책감 때문에 괴로워하면서 미안하다는 말만 계속하더군요. 솔직히 말해, 그 일로 어젯밤에 자살했다고 해도그다지 놀랍지는 않을 것 같아요…
동물 병원:
지역 코드 1081

22 그런데 동물병원 의사는 자살로 추정되는 사건이 ‘어젯밤’에 일어났다고 불쑥 말해 버립니다. 하지만 당신은 그 사건이 몇 시에 일어났는지 언급한 적이 전혀 없습니다. 그 의사가 오늘 사건이 일어나지 않았다고 무슨 근거로 확신한 걸까요?

23 지금 시간은 오후 6시예요. 따라서 범행은 오늘 하루 중 언제라도 일어날 수 있었던 거죠. 하지만 수의사는 그 사건이 어제 일어났다는 것을 알고 있었던 겁니다.

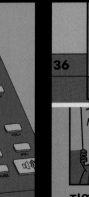

24 살인범은 바로 그녀예요. 하지만 그녀는 무슨 이유로 사냥꾼을 죽였을까요? 이 질문에 대한 답은 그녀의 반지에서 찾을 수 있습니다. 동물 권리 보호 단체의 시위에서도 볼 수 있었던 그 반지입니다.

사건 해결

25 동물 권리 보호 단체 소속 활동가들이 그 지역의 사냥꾼들을 싫어한다는 것은 분명하죠. 더군다나 이 사냥꾼이 자기가 쏜 가엾은 개를 데리고 병원에 나타났다면, 그녀의 분노는 극에 달했을 겁니다.

사냥꾼의 총이 겨냥한 것

사건의 진실

비얄레레도 델 엔시나르라는 작은 마을에 사는 피델과 라사로는 사냥을 좋아하는 친구였다. 11월의 어느 추운 날, 피델은 혼자서 사냥하러 갔다. 그는 산길을 걷다 우연히 시장과 마주친 직후에 덤불 사이에서 멧돼지를 얼핏 본 것 같았다. 사냥감이 눈앞에 나타났다고 생각한 그는 주저하지 않고 엽총을 들어 그 짐승을 향해 방아쇠를 당겼다. 하지만 쓰러진 사냥감으로 다가갔을 때, 그는 자기가 쏜 것이 멧돼지가 아니라 가장 친한 친구의 개인 폰초라는 사실을 알고 겁에 질렸다. 폰초는 아직 살아 있었지만, 출혈이 심했다. 그는 녀석을 들어 품에 안고 차로 달려갔다. 어떻게든 개의 목숨을 살리기 위해 동물병원으로 데리고 갈 생각이었다. 가는 길에, 피델은 라사로 집에 들러 그에게 빨리 차에 타라고 재촉했다. 병원으로 가는 동안, 피델은 울면서 그에게 자초지종을 설명했다. 전속력으로 차를 몰았지만, 도중에 폭설이 내리기 시작했다. 그래서 속도를 조금 줄일 수밖에 없었다. 간신히 병원에 도착했지만, 할 수 있는 일이 없었다.
잠시 후 동물병원 의사인 알바는 폰초가 죽었다고 그들에게 알려 주었다…. 피델은 심한 죄책감에 사로잡힌 나머지, 미안하다는 말만 계속 되풀이했다.

작은 동네였기 때문에 알바는 피델과 라사로를 알고 있었다. 그들이 사냥을 즐긴다는 것을 알고 있었기 때문에, 그녀는 그들을 무척 경멸했다. 동물들에 대해 항상 무조건적인 사랑을 베풀었던 그녀는 오로지 자기들의 재미를 위해 동물들의 목숨을 앗아도 된다고 생각하는 사람들을 이해할 수 없었다. 그녀는 종종 다른 동물 보호 활동가들과 함께 사냥 금지와 지역 동물들의 보호를 요구하는 시위에 참여하곤 했다. 그래서 그 두 사냥꾼들이 총에 맞아 죽어가는 개를 안고 병원에 나타났을 때, 그녀는 엄청난 분노를 느꼈다. 그 살인자들은 야생 동물들을 죽이는 것만으로 성이 안 찼는지, 이제는 순진하고 사랑스러운 개마저 그 지경으로 만들어 놓았던 것이다.

피델은 라사로를 집에 데려다준 다음, 저녁거리를 사려고 식료품점에 들렀다. 마침내 오두막에 도착하자, 그는 한숨을 돌리고 모든 일을 잊어버리려고 했지만 그럴 수가 없었다. 그 장면이 계속 머리에 떠올라 그를 괴롭혔다. 그래서 그는 23시 30분이 되기 직전에 친구에게 편지를 써서, 자신의 괴롭고 미안한 심정을 조금 더 전하기로 했다. 그렇게 편지를 쓰고 있는데, 누군가가 문을 두드렸다. 문을 열자 분노로 타오르고 있는 알바의 얼굴이 보였다. 그녀가 그렇게 화내는 모습을 본 것은 그때가 처음이었다. 수의사는 그를 힘껏 밀쳐서 바닥에 쓰러뜨렸다. 그러고는 그에게 살인자라고 비난을 퍼붓기 시작했다. 그녀는 분노에 눈이 먼 나머지, 벽에 걸려 있던 피델의 엽총을 꺼내 들고 그를 향해 방아쇠를 당겼다. 그저 겁만 주려던 것이지만, 피델은 총에 항상 총알을 장전해두고 있었다. 사냥꾼은 그 자리에서 즉사했고, 그제야 자기가 뭘 했는지 깨달은 알바는 자살처럼 보이게 만들려고 엽총을 피해자 손에 쥐여 주었다. 그러고는 급한 마음에 서둘러 자리를 떠났다. 밖으로 나가 보니 눈은 이미 그쳐 있었고 다급하게 도망치느라 그녀는 눈에 자신의 발자국이 선명하게 찍혀 있다는 것을 전혀 알아차리지 못했다.

CASE **08**

탑에서 떨어진 왕녀

웅장한 성에 울려 퍼진 비명이 한밤의 정적을 깨뜨립니다.
왕실 근위기사인 당신은 바로 그곳으로 달려갔습니다.
그리고 누군가 탑에서 떨어져 즉사한 것을 발견합니다.
놀랍게도 피해자는 이 외딴 지역을 다스리는 왕실 가족 중 한 명이었습니다.
피해자는 왜 탑에서 떨어진 걸까요?
누군가가 밀어서 떨어뜨린 걸까요, 스스로 뛰어내린 걸까요? 아니면 단순한 사고였을까요?
이제 왕실 근위기사이자 중세의 탐정인 당신이 그 진실을 알아내야 합니다.

사건을 해결하는 데 걸린 시간은?

이 사건의 범인은?

그 증거는?

살해 동기는?

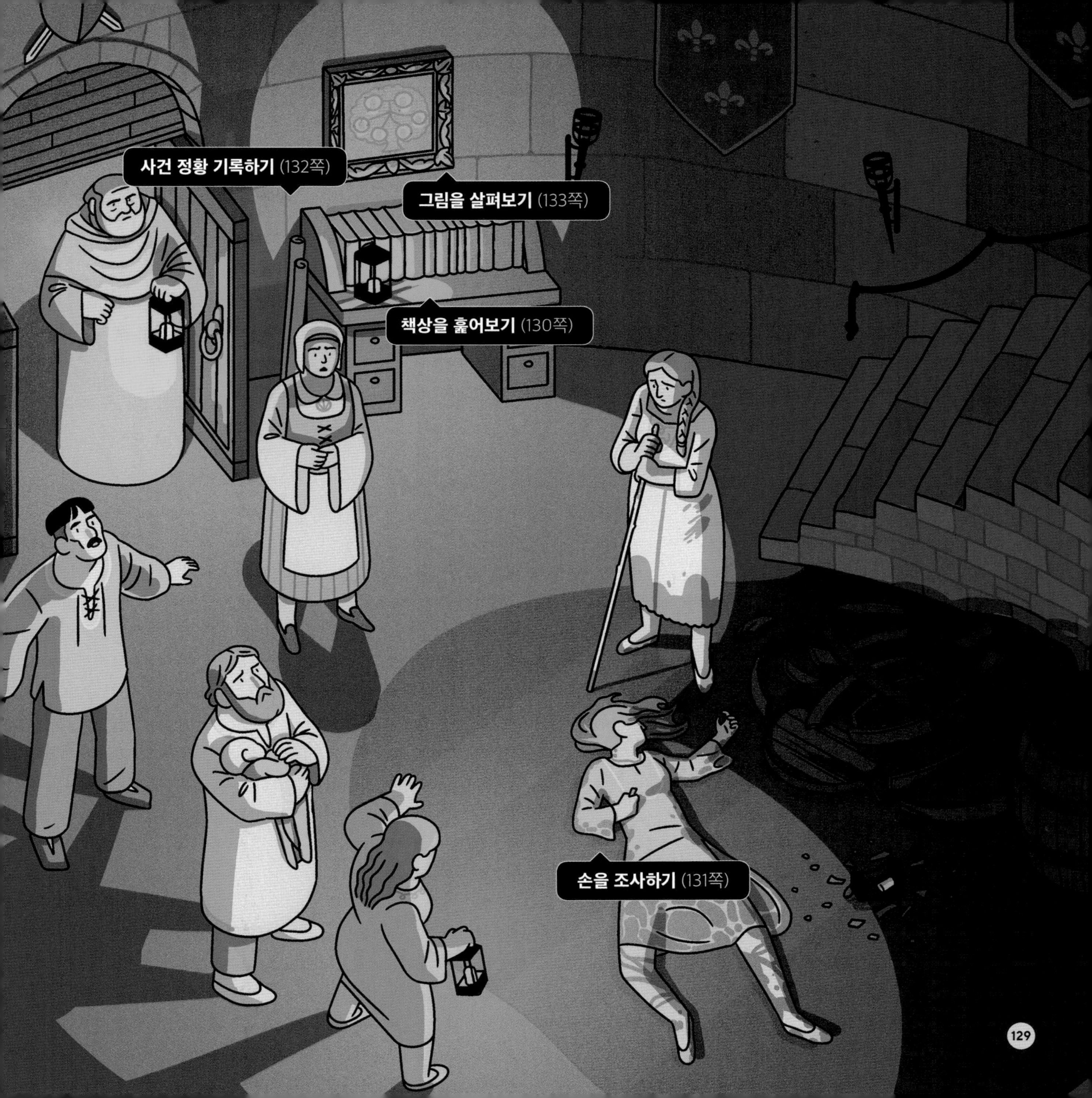

사건 정황 기록하기 (132쪽)
그림을 살펴보기 (133쪽)
책상을 훑어보기 (130쪽)
손을 조사하기 (131쪽)

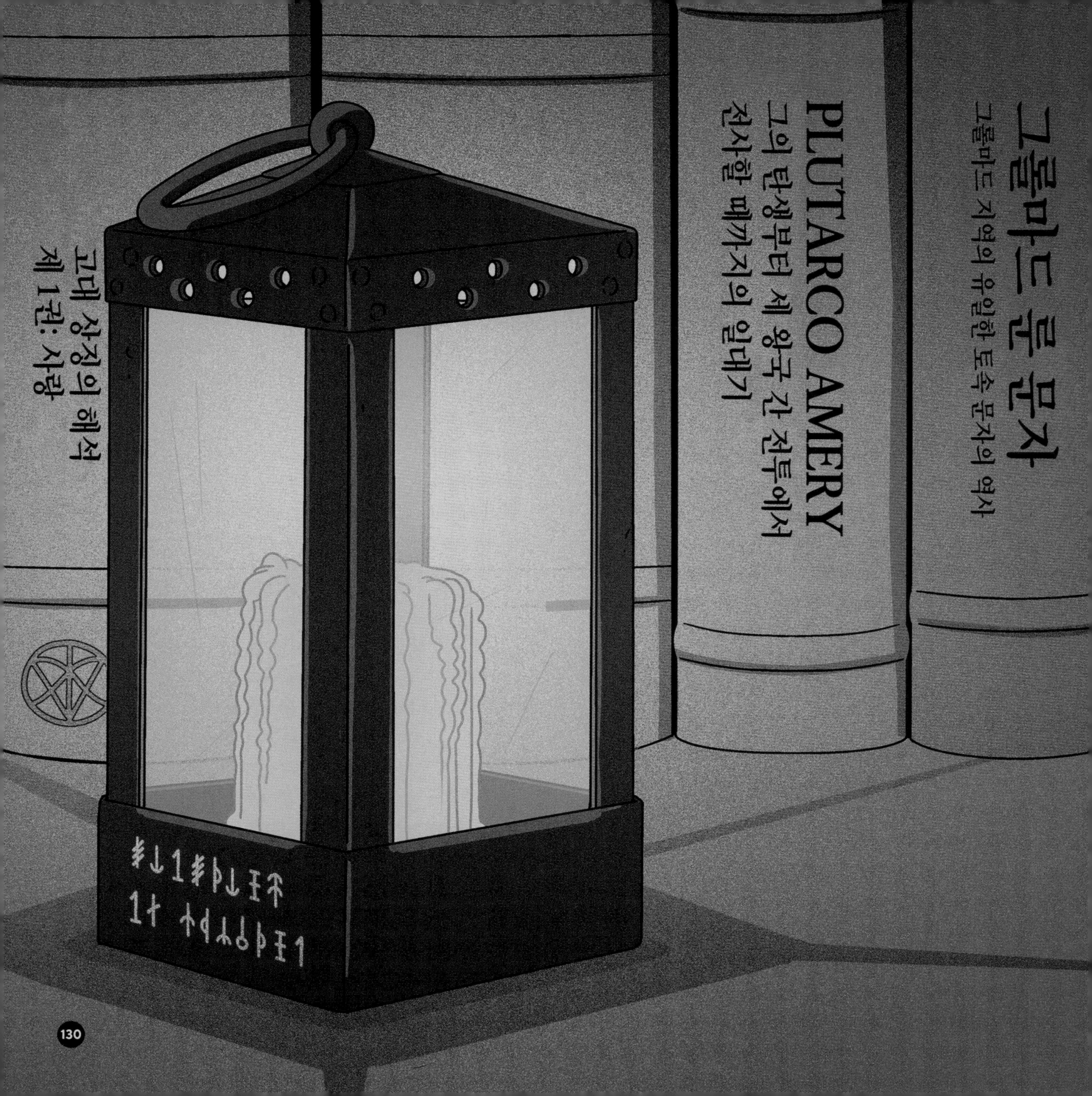

고대 상징의 해석
제 1권: 사랑
PLUTARCO AMERY
그의 탄생부터 세 왕국 간 전투에서
전사할 때까지의 일대기
그롤마드 룬 문자
그롤마드 지역의 유일한 토속 문자의 역사

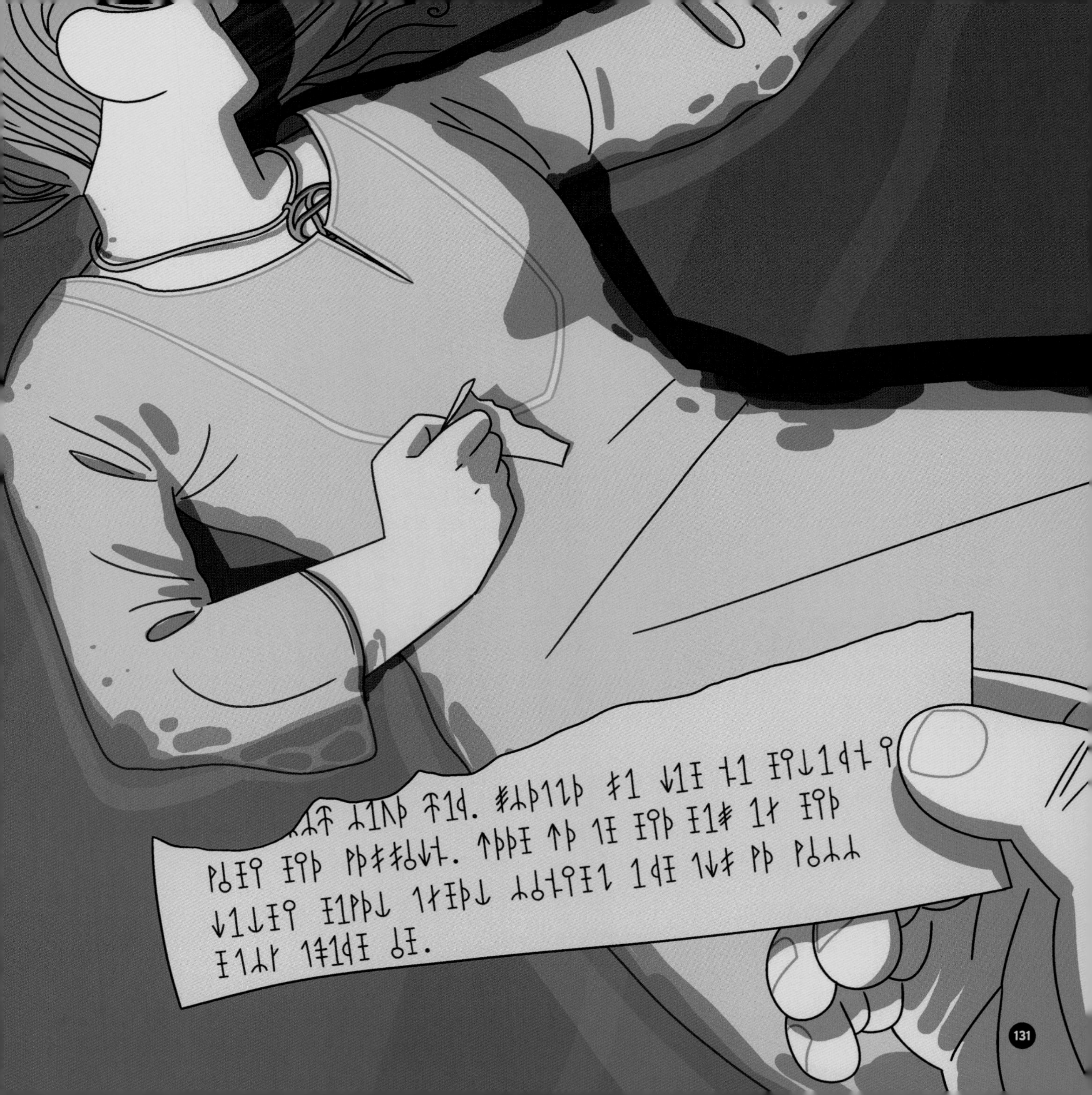

사건에 대한 정리

마지막으로 탑을 지나간 사람은
시녀이자 성 관리자인 줄리에타(Julieta)다.
잠자기 전에 성안의 모든 불을
끄는 것은 그녀의 담당이다.
다만 두 탑을 연결하는 통로의
불은 켜둔다. 그 불은 주변을
지나가는 이방인들에게 등대와
같은 역할을 하기 때문이다.

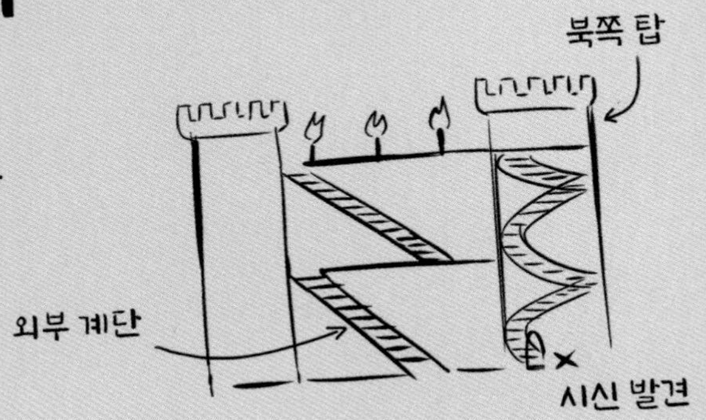

시신을 처음 발견한 사람은 피해자의 약혼자인 트리스탄(Tristan) 왕자다.
그는 탑 주변의 정원을 거닐던 중 쿵 하는 소리를 듣고 무슨 일인지 알아보려고
달려갔다고 진술했다. 왕자는 바닥에 쓰러져 있는 피델마(Fidelma) 공주를 보자마자,
공포에 질린 채 소리를 질러 도움을 청하기 시작했다. "피델마야! 피델마가 탑에서
떨어졌어! 도와줘!" 그는 충격으로 꼼짝도 할 수 없어서 도와 달라고 소리만 질렀다고 했다.

잠시 후, 피해자의 부모인 질베르토(Gilberto) 왕과 모르가나(Morgana) 왕비가 어린
펠라야(Pelaya)를 안고서 함께 현장에 도착했다. 그 뒤를 이어, 피델마의 여동생인
지네브라(Ginebra)도 도착했다. 그녀는 피델마의 맥박을 짚어보고 사망했음을 확인했다.

그러고 나서 줄리에타와 성에 부속된 교회 사제인 가엘(Gael) 신부가 왔다. 그는 성안에
자기 숙소를 가지고 있다.

시신의 손에서 발견된 쪽지는 이 지역에서 통상적으로 사용되는 그롤마드 룬 문자로 쓰여
있다. 하지만 룬 문자이기 때문에 누구의 필체인지 알아보기가 어렵다.
어쩌면 범인은 자신의 진짜 정체가 드러나지 않도록 필체를 속이기 위해 일부러 룬 문자를
이용했을 가능성이 높다.

그롤마드 왕국의 왕위는 남자로 태어난 첫아이에게 돌아가게 될 것이다.
만약 불가피한 경우, 여자로 태어난 첫아이가 선택될 수 있다.
어떤 경우든 반드시 동맹국가의 왕족과 혼약을 맺어야 한다.

사건의 실마리

이 사건을 해결하기 위해 굳이 여기 나온 단서를 읽을 필요는 없습니다. 하지만 당신의 추리가 미궁에 빠져 있다면, 아래의 단서가 도움이 될 것입니다. 그렇지만 한꺼번에 다 읽으려고 하지는 마세요. 어쩌면 하나의 단서만으로도 수수께끼를 풀 수 있는 열쇠를 찾을지 모르니까요. 그럼 행운을 빌어요!

단서 1

룬 문자가 뜻하는 알파벳을 알아내려면, 각 인물이 어떤 이름을 가지고 있는지와 어메리 왕가의 가계도를 확인하세요. 그렇게 하면 각각의 룬 문자가 어떤 알파벳에 해당하는지 알 수 있을 겁니다.

단서 2

룬문자 - 알파벳 대응표

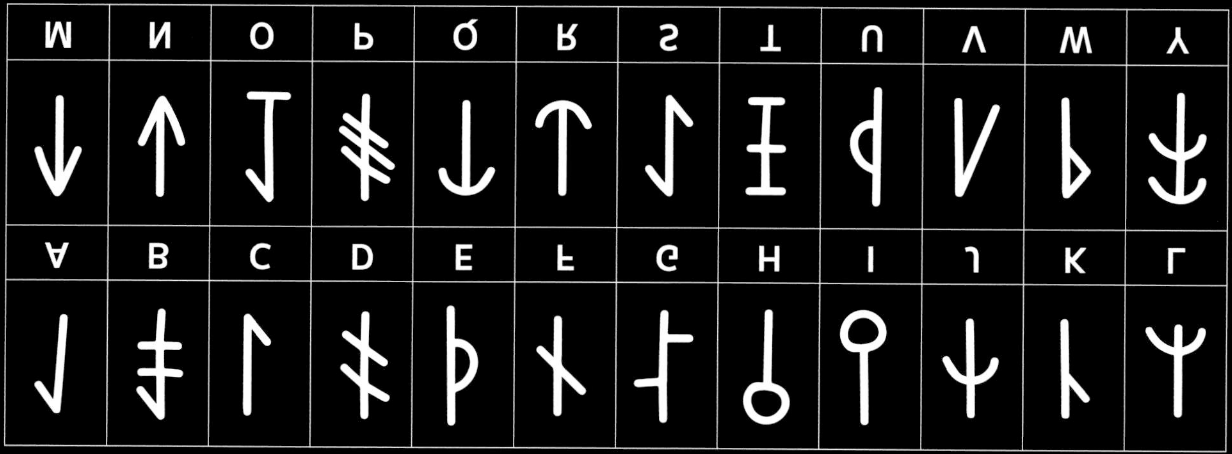

단서 3

피해자가 착용한 목걸이와 시녀가 착용한 목걸이의 문양을 합치면 어떤 책의 책등에서 볼 수 있는 특별한 상징 기호가 됩니다. 그것은 사랑의 상징이에요.

단서 4

양피지에 기록한 진술 중 앞뒤가 맞지 않는 것이 있습니다. 그리고 지금은 한밤중인 데다, 횃불이 모두 꺼진 상태라서 탑 안이 어두컴컴하다는 점을 명심하세요. 각 등불이 누구의 것인지 확인해보면 어떨까요?

사건 해결

공주는 왜 탑에서 떨어졌을까요?
사건 현장을 자세히 살펴보고, 사건이 어떻게 일어났는지 알아봅시다.

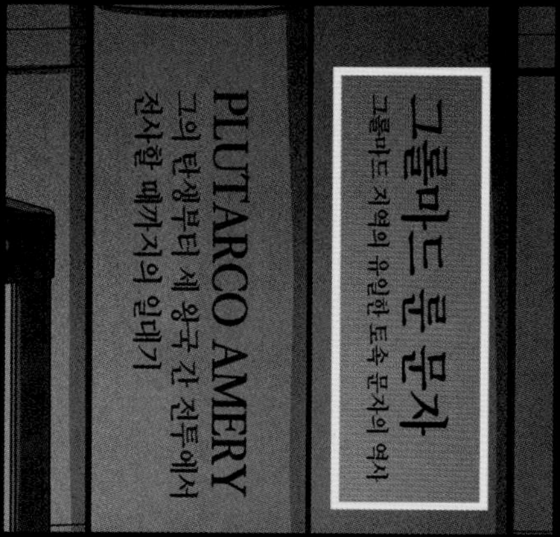

그롤마드 룬 문자
그롤마드 지역의 유일한 토속 문자의 역사
PLUTARCO AMERY
그의 탄생부터 세 왕국 간 전투에서
전사할 때까지의 일대기

1 사건을 해결하기 위해서는 이 지역에서 룬 문자라는 자체 언어를 사용한다는 점을 이해해야 합니다.

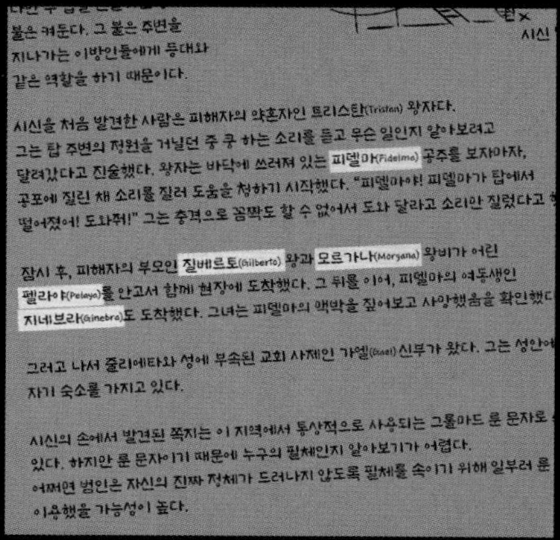

불은 켜둔다. 그 불은 주변을
지나가는 이방인들에게 등대와
같은 역할을 하기 때문이다.
시신
시신을 처음 발견한 사람은 피해자의 약혼자인 트리스탄(Tristan) 왕자다.
그는 탑 주변의 정원을 거닐던 중 쿵 하는 소리를 듣고 무슨 일인지 알아보려고
달려갔다고 진술했다. 왕자는 바닥에 쓰러져 있는 피델마(Fidelma) 공주를 보자마자,
공포에 질린 채 소리를 질러 도움을 청하기 시작했다. "피델마야! 피델마가 탑에서
떨어졌어! 도와줘!" 그는 충격으로 꼼짝도 할 수 없어서 도와 달라고 소리만 질렀다고
잠시 후, 피해자의 부모인 질베르토(Gilberto) 왕과 모르가나(Morgana) 왕비가 어린
펠라야(Pelaya)를 안고서 함께 현장에 도착했다. 그 뒤를 이어, 피델마의 여동생인
지네브라(Ginebra)도 도착했다. 그녀는 피델마의 맥박을 짚어보고 사망했음을 확인했다
그러고 나서 줄리에타와 성에 부속된 교회 사제인 가엘(Gael) 신부가 왔다. 그는 성안에
자기 숙소를 가지고 있다.
시신의 손에서 발견된 쪽지는 이 지역에서 통상적으로 사용되는 그롤마드 룬 문자로
있다. 하지만 룬 문자이기 때문에 누구의 필체인지 알아보기가 어렵다.
어쩌면 범인은 자신의 진짜 정체가 드러나지 않도록 필체를 속이기 위해 일부러 룬
이용했을 가능성이 높다.

2 각각의 룬 문자에 해당하는 알파벳을 찾아내려면, 왕실 가족의 이름에 주목해야 합니다.

3 이 이름들을 왕실 계보에 나오는 이름과 비교해 보면, 각각의 룬 문자가 어떤 알파벳에 해당하는지 추리할 수 있을 겁니다.

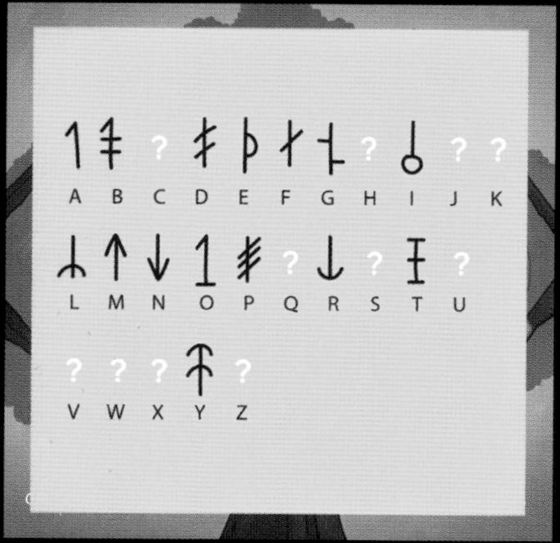

4 그러면 룬 문자의 알파벳을 반쯤 알아낼 수 있어요.

5 이 알파벳을 통해 유일한 남자 형제의 이름을 일부 알아낼 수 있습니다. 어디선가 본 이름입니다.

6 바로 책상 위에 그의 탄생부터 죽음까지를 다룬 책이 있어요. 플루타르코는 이미 사망한 거죠.

그롤마드 왕국의 왕위는 남자로 태어난 첫아이에게 돌아가게 될 것이다.
만약 불가피한 경우, 여자로 태어난 첫아이가 선택될 수 있다.
어떤 경우든 반드시 동맹국가의 왕족과 혼약을 맺어야 한다.

7 왕족 남자가 사망하는 경우 여자도 왕위를 계승할 수 있다고 되어 있어요. 그렇다면 사망한 공주 피델마가 왕위를 계승하게 된다는 거죠.

그롤마드 왕국의 왕위는 남자로 태어난 첫아이에게 돌아가게 될 것이다.
만약 불가피한 경우, 여자로 태어난 첫아이가 선택될 수 있다.
어떤 경우든 반드시 동맹국가의 왕족과 혼약을 맺어야 한다.

8 공주가 왕위 계승권을 보장받으려면 트리스탄 왕자와의 혼약이 필요합니다. 그런데 둘은 서로 사랑하는 사이였을까요?

9 피해자의 손에 있던 종이에 어떤 메시지가 담겨 있는지 룬 문자를 해독해 보기로 하죠.

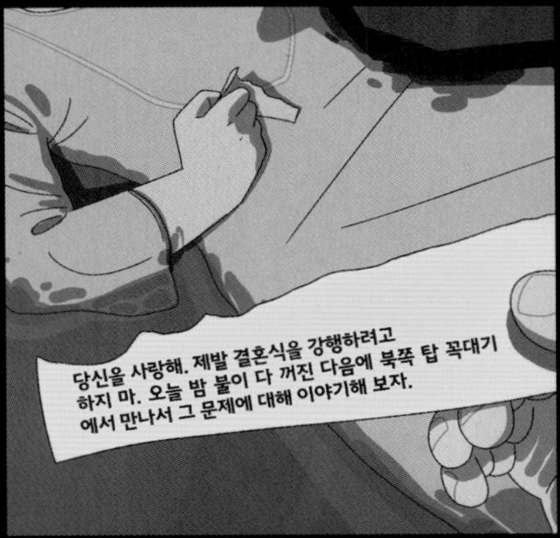
당신을 사랑해. 제발 결혼식을 강행하려고 하지 마. 오늘 밤 불이 다 꺼진 다음에 북쪽 탑 꼭대기에서 만나서 그 문제에 대해 이야기해 보자.

10 내용으로 봐서는 그녀를 사랑하는 이가 보낸 듯합니다.

그녀는 언니 대신 여왕이 되기를 원했던 걸까?

11 자매도 '사랑한다'고 말할 수 있기에 그녀의 결혼을 바라지 않는 이는 그녀의 여동생일 수도 있어요. 만약 피델마가 결혼하지 않으면 왕위는 자연스럽게 여동생에게 넘어가게 됩니다.

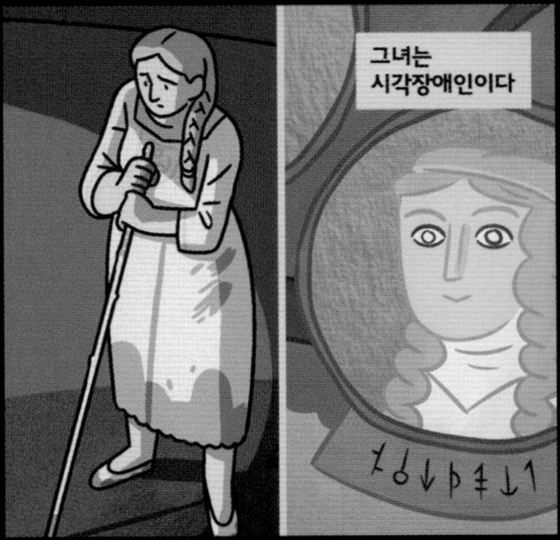
그녀는
시각장애인이다

12 하지만 지네브라는 시각장애인이에요. 그래서 지팡이를 짚고 있어요. 그녀가 저런 쪽지를 쓰기는 현실적으로 힘들죠.

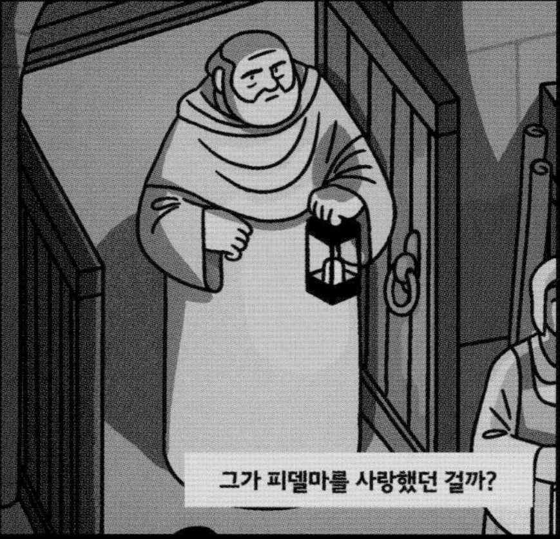

그가 피델마를 사랑했던 걸까?

13 범인은 가엘 사제일 수도 있습니다. 만약 두 사람 사이에 모종의 관계가 있었다면? 그는 그녀의 모든 것을 사랑한다고, 그러니까 제발 결혼식을 올리지 말아 달라고 사정했을 수도 있어요.

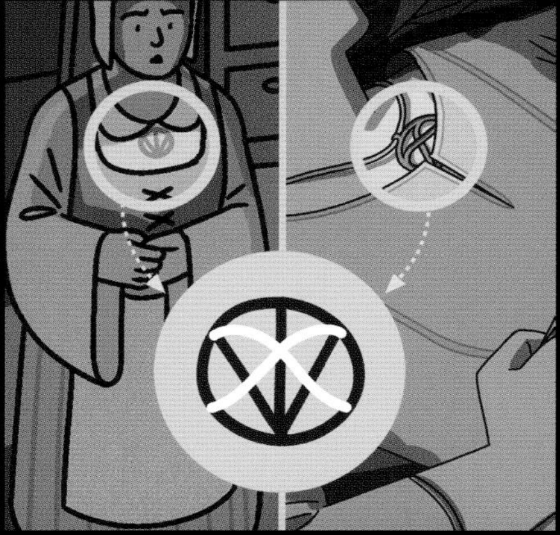

14 그런데 자세히 보면 죽은 공주의 목걸이가 시녀의 목걸이와 커플 목걸이인 것을 알 수 있습니다. 두 목걸이를 합치면 특별한 상징 기호가 됩니다.

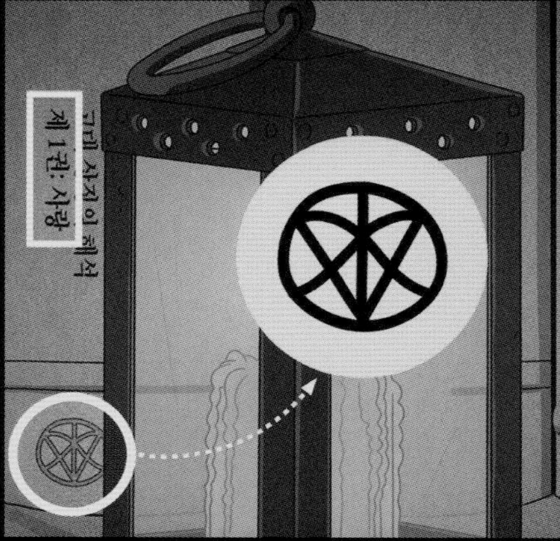

15 책등에서도 이 상징을 볼 수 있어요. 바로 사랑의 상징입니다. 그렇다면 죽은 공주와 시녀가 서로 사랑했다는 이야기가 되겠죠.

그녀가 이성을 잃었을까?

16 쪽지를 보면 시녀는 결혼식에 관해서 말하고 싶어 하는 눈치예요. 그래서 공주에게 결혼하지 말라고 하소연하다가, 너무 흥분한 나머지 그녀를 밀쳐 버렸을지도 모릅니다.

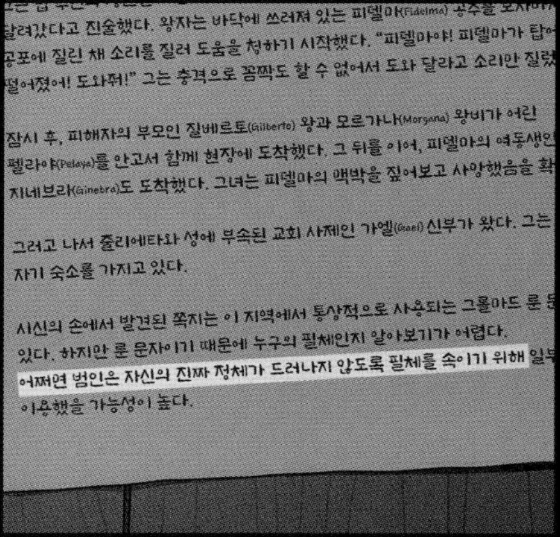
달려갔다고 진술했다. 왕자는 바닥에 쓰러져 있는 피델마(Fidelma) 공주를 보자마
공포에 질린 채 소리를 질러 도움을 청하기 시작했다. "피델마야! 피델마가 탑에
떨어졌어! 도와줘!" 그는 충격으로 꼼짝도 할 수 없어서 도와 달라고 소리만 질렀

잠시 후, 피해자의 부모인 질베르토(Gilberto) 왕과 모르가나(Morgana) 왕비가 어린
펠라야(Pelaya)를 안고서 함께 현장에 도착했다. 그 뒤를 이어, 피델마의 여동생인
지네브라(Ginebra)도 도착했다. 그녀는 피델마의 맥박을 짚어보고 사망했음을 확

그러고 나서 줄리에타와 성에 부속된 교회 사제인 가엘(Gael) 신부가 왔다. 그는
자기 숙소를 가지고 있다.

시신의 손에서 발견된 쪽지는 이 지역에서 통상적으로 사용되는 그롤마드 룬 문
있다. 하지만 룬 문자이기 때문에 누구의 필체인지 알아보기가 어렵다.
어쩌면 범인은 자신의 진짜 정체가 드러나지 않도록 필체를 속이기 위해 일부
이용했을 가능성이 높다.

17 하지만 그 쪽지가 위조되었을 가능성도 있어요. 그러니까 현장에 있는 누군가가 썼을 수도 있다는 얘기죠. 실제로 범인은 자신의 필체를 은폐하려는 의도로 룬 문자를 이용했다고 추정할 수 있습니다.

그가 공주의 불륜을 눈치챘던 걸까?

18 만약 장차 남편이 될 사람이 범인이라면? 어쩌면 그는 예비 아내의 은밀한 사랑을 눈치채고 참을 수 없었던 건지도 모릅니다.

19 범인을 찾으려면, 시신이 어떻게 발견되었는지 되짚어 봐야 합니다. 약혼자는 피델마가 쓰러져 있는 것을 보자, 도와달라고 소리를 질렀고, 여러 사람들이 그곳으로 달려왔죠.

20 누가 거짓말을 하고 있는지 밝히려면 각 등불이 누구의 것인지가 중요합니다.

21 죽은 공주 옆에 산산조각 난 등불은 그녀의 것이 분명합니다. 탑에서 떨어지면서 부서졌을 테니까요.

22 국왕 부부의 등불은 왕비가 손에 들고 있는 것이 보이네요.

23 그들은 동시에 현장에 도착했기 때문에 등불을 하나만 가지고 온 거죠. 게다가 왕은 어린아이를 품에 안고 있었기 때문에 등불을 들고 올 수가 없었습니다.

24 여동생은 앞이 보이지 않기 때문에 등불을 들고 올 필요가 없습니다.

25 그렇다면 책상 위의 등불은 누구의 것일까요? 룬 문자를 해독하면 해답을 얻을 수 있을 거예요. 그건 바로 시녀 줄리에타의 등불입니다.

26 그렇다면 트리스탄 왕자의 진술이 이상하다는 것을 알 수 있어요. 그는 등불도 없이 시신을 발견한 셈인데, 그 어두운 데서 어떻게 시신을 볼 수 있었던 걸까요?

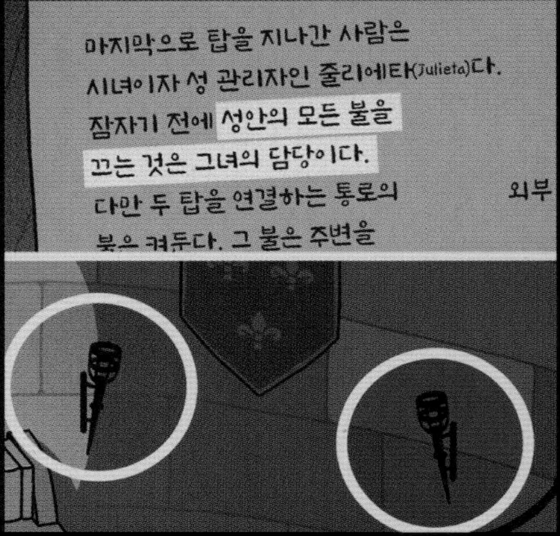

27 줄리에타는 밤이 되면 성안의 횃불을 모두 끈다고 했습니다.

28 밤눈이 좋아서 어둠 속에서 시신이 있다는 걸 알아봤다고 해도, 그것이 피델마인지 어떻게 알 수 있었을까요? 두 자매는 비슷하게 생겼고 어둠 속에서 자매의 머리 색깔을 구별하기는 어려울 겁니다.

29 누구인지 제대로 보려면 적어도 가까이 다가가 만져보거나 자세히 살펴봐야 했을 겁니다. 하지만 그는 와인을 밟지 않았어요. 반면 시각장애인 여동생은 가까이 다가가 피델마를 손으로 만져보았기 때문에 옷에 얼룩이 묻어 있죠.

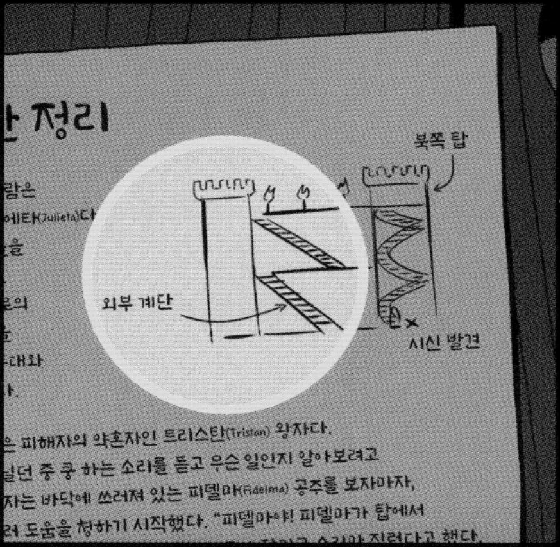

30 그는 횃불이 켜져 있고 달빛이 비치는 외부 계단으로 들어왔기 때문에, 굳이 등불이 필요 없었던 거죠. 그래서 죽은 약혼녀의 시신을 금세 알아봤다고 주장하는 치명적인 실수를 저지르고 말았습니다. 하지만 탑 안쪽은 한 치 앞도 볼 수 없을 만큼 깜깜했어요.

DEL CRIMEN · NO PASAR · ESCENA DEL CRIMEN
DEL CRIMEN · NO PASAR · ESCENA DEL CRIMEN · NO PASAR · ESCENA DEL CRIMEN ·

탑에서 떨어진 왕녀

사건의 진실

최근 그롤마드 왕국에는 큰 경사가 있었다. 피델마 공주가 이웃 나라의 트리스탄 왕자와 약혼을 한 것이다. 얼마 전까지 이 지역의 패권을 두고 세 왕국 사이에서 서로 전쟁이 벌어졌다. 그런데 한 왕국이 점차 세력 싸움에서 우위에 서자 위기감을 느낀 그롤마드 왕국과 이웃 나라는 동맹을 맺고 함께 싸우기로 했다. 그리고 그들이 승리한다면 새로운 왕가로서 이 지역을 함께 통치하기로 한 것이다. 특히 그롤마드 왕국은 후계자를 잃으면서 피해가 컸기에 반드시 이웃 나라와 손을 잡아야 할 필요가 있었다. 그래서 피델라 공주와 트리스탄 왕자의 혼약은 단순한 결혼이 아닌 두 왕국의 굳건한 동맹을 상징하는 큰 행사였다. 하지만 피델마 공주는 약혼자인 트리스탄 왕자를 사랑하지 않았다. 사실 그녀는 아무도 모르게 이미 다른 사람과 사랑에 빠져 있었다. 자신이 힘들 때마다 항상 곁에 있어주던 시녀 줄리에타였다. 물론 그들은 자신들의 관계가 결코 용납되지 않으리라는 것을 잘 알고 있었다. 그리고 왕자와의 결혼이 의미하는 것도 알고 있었기에 그녀는 이 결혼식을 마음대로 거부할 수 없었다. 그래서 피델마는 몰래 사랑을 이어가며 자신의 의무를 다하기로 마음먹었다.

약혼식을 위해 성에 온 트리스탄 왕자는 피델마와 줄리에타 사이가 뭔가 수상쩍다는 것을 눈치챘다. 그녀들이 나누던 눈짓, 우연히 듣게 된 다정한 대화… 이상한 예감이 든 트리스탄 왕자는 약혼녀에 대한 의혹을 조심스럽게 확인해 보기로 한다. 그는 꾀를 내어 시녀 줄리에타인 척하고 룬 문자로 쓴 쪽지를 공주에게 보냈다. 그리고 어두운 북쪽 탑의 구석에 숨어 공주가 나타나지 않기를 바라고 있었다.

한편 피델마 공주는 누군가 남겨놓은 쪽지를 전혀 수상하게 여기지 않았다. 둘의 관계를 들키지 않기 위해 항상 외지고 어두운 곳에서 줄리에타를 만났기 때문이다. 밤이 되자 피델마는 성안의 횃불이 모두 꺼질 때까지 기다렸다가 작은 등불을 들고 내부 계단을 통해 탑 꼭대기로 향했다. 줄리에타를 만날 생각에 잔뜩 들떴던 그녀는 빠르게 계단을 올랐다. 그리고 점차 어둠이 걷히며 누군가의 모습이 서서히 나타났다. 바로 분노로 불타오르는 트리스탄이었다. 그는 약혼녀의 불륜을, 그것도 시녀와의 동성애 관계를 확인하고 큰 충격을 받았다. 왕자에게는 너무나도 굴욕적이고 불명예스러운 일이었다. 분노에 눈이 먼 그는 피델마를 비난하며 마구 밀쳤다. 당황해 속수무책으로 밀리던 피델마는 그만 탑 안쪽으로 떨어지게 됐다. 그녀는 추락하며 1층에 있던 와인 통까지 부쉈고 바닥에는 와인이 피처럼 넘쳐흘렀다.

트리스탄은 당황했지만, 나름의 기지를 발휘했다. 그는 횃불과 달빛이 비치고 있던 외부 계단을 타고 재빨리 내려와서 약혼녀의 시신이 있는 곳으로 달려갔다. 그러고는 우연히 그녀를 발견한 척하면서 소리를 질렀다. “피델마야! 피델마가 탑에서 떨어졌어! 도와줘!” 그러자 사람들이 각자 등불을 들고 사건 현장으로 몰려왔다.

하지만 통찰력이 뛰어난 한 왕실 근위기사가 철저하게 수사한 끝에 트리스탄의 거짓말은 밝혀졌다. 등불을 들고 있지 않았다면, 어두컴컴한 탑 아래에 죽어 있는 공주를 볼 수는 없었을 것이다. 또 바닥에 쓰러져 있는 이가 누구인지 확인하려고 했다면 가까이 다가갔을 텐데, 왕자의 옷과 신발에는 와인 얼룩이 전혀 묻어 있지 않았다. 바로 그가 살인자였기 때문에 죽은 사람이 누구인지 알았던 것이다. 그는 곧장 체포되어 성의 감옥에 갇히고 말았고 그렇게 평화 협상은 결렬되었다. 그리고 세 왕국의 전쟁은 계속되었고 곧 단 하나의 승자만이 역사에 이름을 남기게 되었다.

CASE **09**

달리는 열차 속 살인마

제2차 세계대전 중, 나치에 점령된 두 나라 사이를 지나가던 열차에서 기이한 범죄가 일어납니다.
열차가 달리던 도중, 한 남자가 가슴에 칼을 맞은 채 쓰러진 겁니다.
같은 칸에 타고 있던 승객들은 그 끔찍한 장면을 보고 기겁을 했죠.
누군가 살해당했는데 어떻게 아무도 알아차리지 못했던 걸까요?
은퇴한 탐정인 당신은 마침 그 옆칸에 타고 있다가 승객들의 비명소리를 듣고,
무슨 일인지 알아보려고 사건 현장으로 갑니다. 바닥에 쓰러져 있는 시신을 보고
깜짝 놀라지만, 당신은 곧 감쪽같이 숨은 범인을 찾기 시작합니다.

사건을 해결하는 데 걸린 시간은?

이 사건의 범인은?

그 증거는?

살해 동기는?

여행 가방을 모두 열어보기 (146~147쪽)
열차 가이드를 살펴보기 (150쪽)
서류를 조사하기 (148쪽)
자리를 조사하기 (149쪽)

VÖLKISCHER BEOBACHTER
1943년 2월
조국을 배신한 테러리스트들이
점령한 프랑스를 일대 혼란에
빠뜨리려 한다.
기자단

공포의 계곡
Je sais que vous aimez les fleurs, alors j'espère que vous aimez cette écharpe. Un bisou.
Tante Agathe.

리하르트,
방금 이 전보가 편집국에 도착했네.

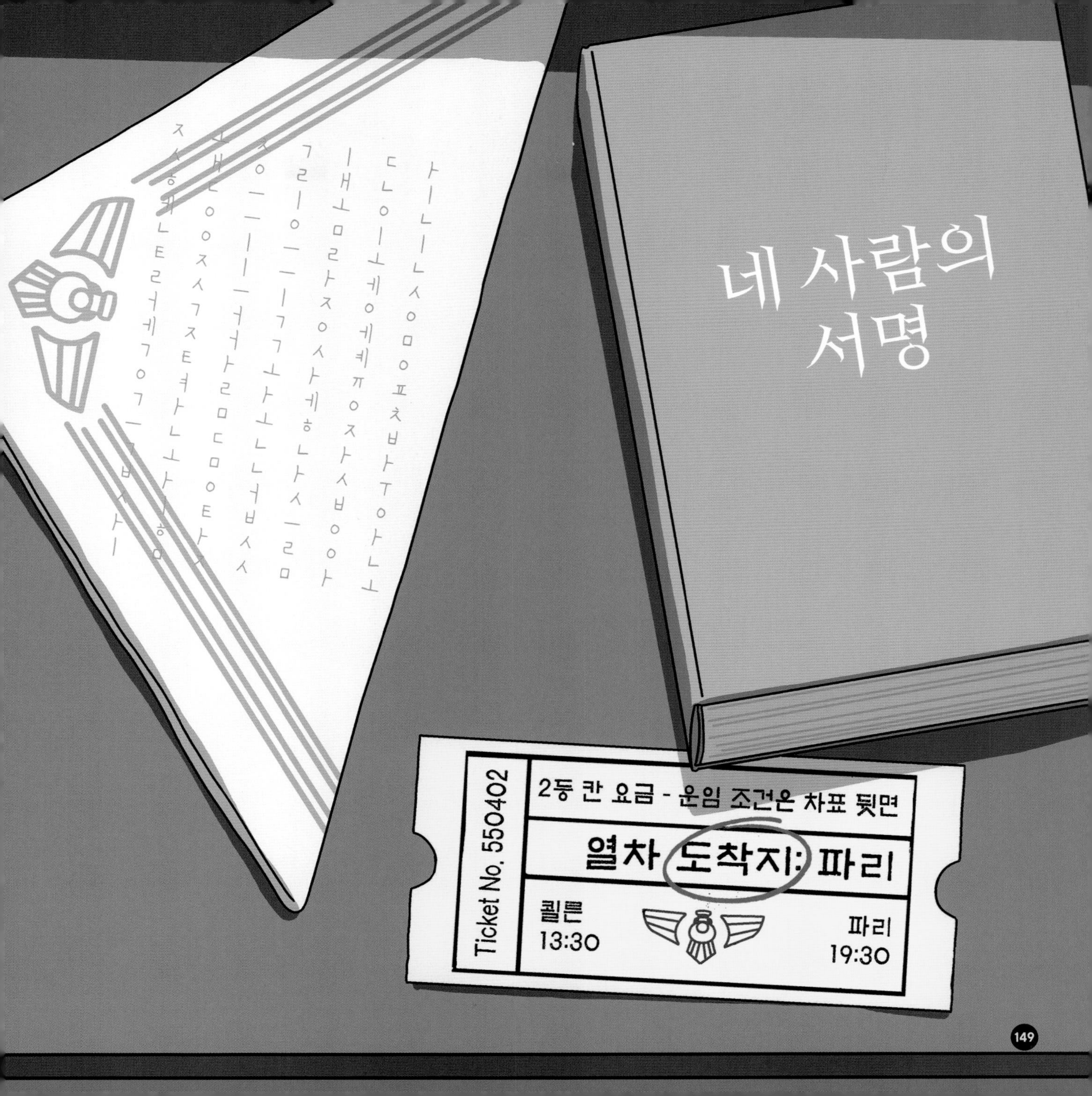
네 사람의
서명
Ticket No. 5504O2
2등 칸 요금 - 운임 조건은 차표 뒷면
열차 도착지: 파리
쾰른
13:3O
파리
19:3O

올리버 트위스트
라이히 익스프레스에
탑승하신 것을 환영합니다!
당신의 즐거운 기차 여행에 함께하게 되어
기쁩니다. 여행 중에 저희 기차의 자랑인
맛있는 점심 식사가 제공됩니다.
모쪼록 편하게 즐겨주시기를 바랍니다.
점심 식사 후에 우리 열차는
대략 1분간 어두운 터널을 통과하게
됩니다. 그러나 놀라지 마세요!
아무 일도 아니니까요.

사건의 실마리

이 사건을 해결하기 위해 굳이 여기 나온 단서를 읽을 필요는 없습니다. 하지만 당신의 추리가 미궁에 빠져 있다면, 아래의 단서가 도움이 될 것입니다. 그렇지만 한꺼번에 다 읽으려고 하지는 마세요. 어쩌면 하나의 단서만으로도 수수께끼를 풀 수 있는 열쇠를 찾을지 모르니까요. 그럼 행운을 빌어요!

단서 1

냅킨에 적힌 암호 메시지를 해독하려면, 첫 번째 행이 한 단어로 이루어지도록 열을 다시 정렬해 보세요.

단서 2

냅킨에 쓰인 메시지에 의하면, 잠입한 게슈타포(나치의 비밀경찰)는 스파이들을 적발하는 임무를 띠고 기차에 탑승했기 때문에 가방을 들고 있지 않아요. 그렇다면 여행 가방이 없는 사람이 바로 범인이겠죠. 예를 들어, 결혼식 사진이 들어 있는 가방은 어떤 기혼자의 것이라 추리할 수 있습니다. 그러면 결혼 반지를 낀 승객을 찾아보세요.

단서 3

여행 가방의 주인을 찾아내려면 그 안에 든 물건을 잘 관찰해야 합니다. 도서 제목을 검색해보면 어떤 책들은 시리즈나 전집의 일부일 수도 있어요. 그렇다면 어떤 여행자가 거기에 해당하는 책을 읽고 있는지 알 수 있겠죠.

사건 해결

평범해보이는 승객 속 숨어 있는 살인자는 누구일까요?
사건을 재구성하고 미스터리를 풀어 나가기 위해, 단서를 하나씩 살펴보겠습니다.

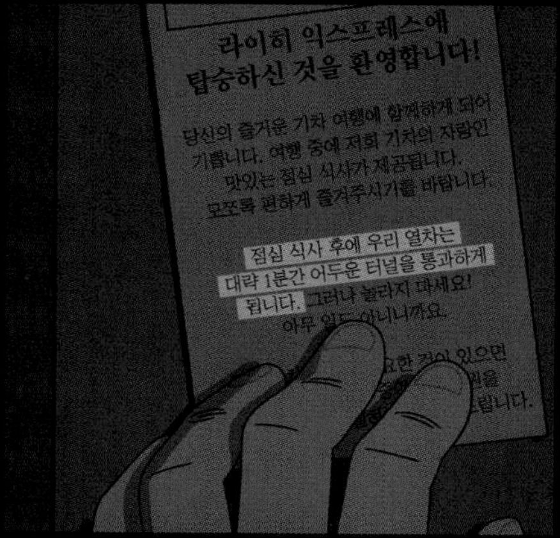

1 열차 가이드를 보면 터널을 통과하는 1분간 열차 안이 캄캄해질 거라고 나와 있네요. 그 정도면 누군가를 칼로 찌르고 자기 자리로 돌아오기에 충분한 시간입니다.

2 범행에 사용된 무기는 식사용으로 제공된 나이프였습니다. 범인은 식사 후 나이프를 몰래 숨겨 두었다가 식기를 수거하러 다니는 여승무원에게 돌려주지 않은 게 틀림없어요.

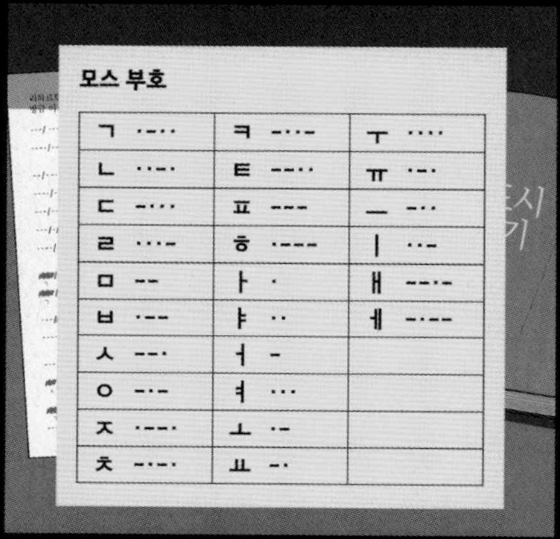

3 인터넷에서 모스 부호를 간단히 검색하기만 해도 각 부호에 해당하는 글자를 알 수 있기 때문에, 기자가 받은 전보를 모두 해독할 수 있습니다.

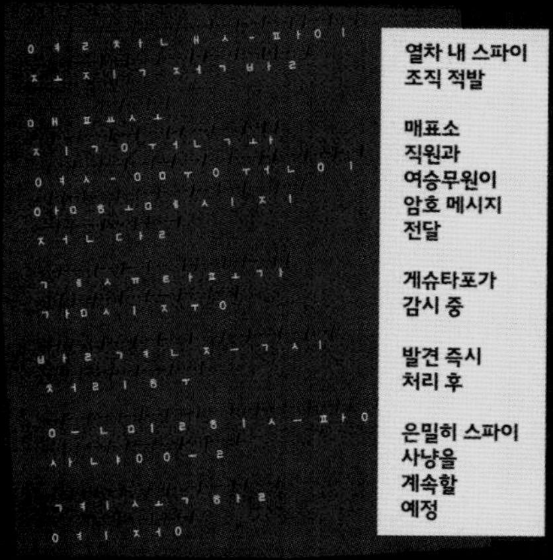

열차 내 스파이 조직 적발
매표소 직원과 여승무원이 암호 메시지 전달
게슈타포가 감시 중
발견 즉시 처리 후
은밀히 스파이 사냥을 계속할 예정

4 이 전보를 읽어 보면 열차 내에서 활동하는 스파이 조직이 있다는 것을 알 수 있어요. 거기에는 매표소 직원과 여승무원도 포함되어 있네요. 그런데 나치의 비밀경찰이 그들을 잡으려 하고 있어요.

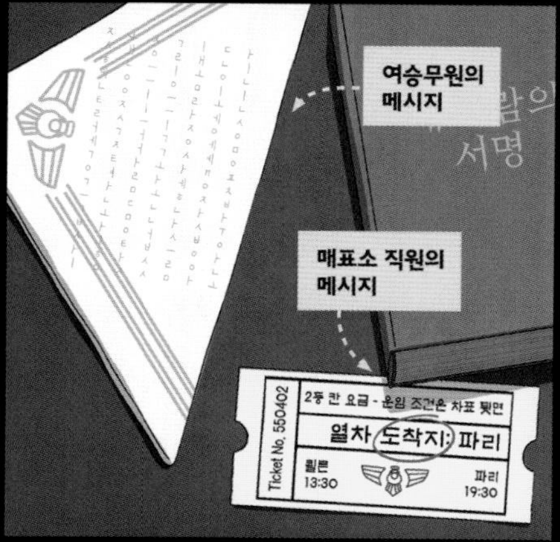

5 실제로 그 열차에서는 여승무원, 매표소 직원, 그리고 피해자 사이에 메시지 교환이 이루어지고 있었어요. 이제 우리는 피해자가 스파이였다는 것을 알 수 있습니다.

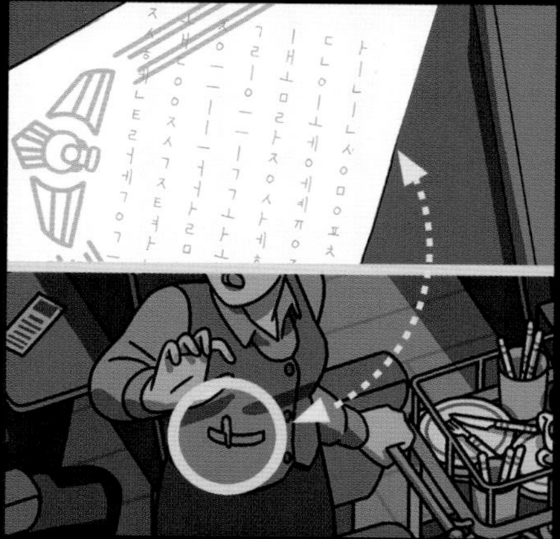

6 여승무원이 가지고 있는 볼펜의 색깔이 이러한 추리를 뒷받침해줍니다.

7 매표소 직원은 기차표의 '도착지'라는 단어에 표시를 해 주었습니다. 이 단어를 참고해서 여승무원이 냅킨에 쓴 글자의 열을 다시 배열해야 합니다.

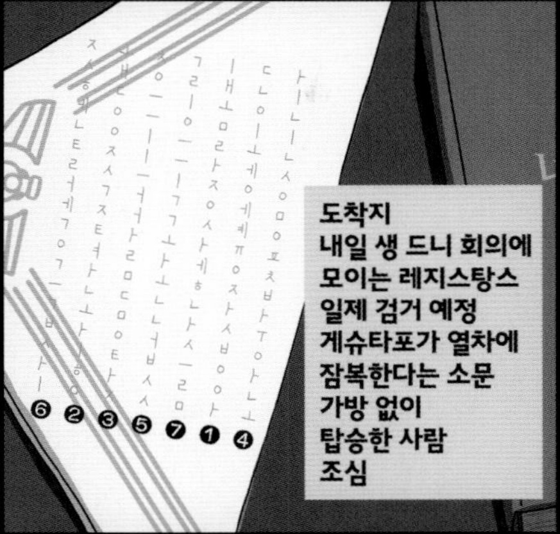

8 암호를 모두 해독하면 게슈타포가 열차에 탔으며, 가방 없는 사람을 조심하라는 경고가 나옵니다. 범인은 가방 없이 탑승한 비밀경찰인 것이죠.

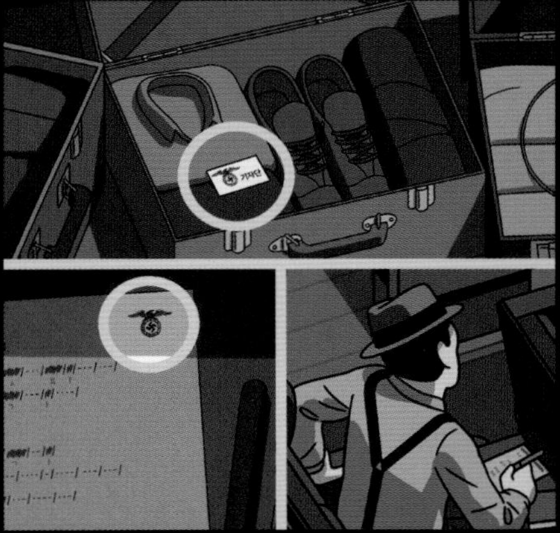

9 그렇다면 누가 가방이 없는지 찾아야 합니다. 쉬운 것부터 시작해 보죠. 명함은 나치 일간지 기자의 것입니다. 로고가 기자의 전보문에 나오는 것과 같죠. 그 가방은 기자의 것입니다.

10 이 가방 안에 든 매니큐어와 립스틱의 색깔을 자세히 보면 어떤 부인이 바르고 있는 것과 똑같은 색깔이네요. 따라서 그 가방은 이 부인의 것임을 알 수 있습니다.

11 이 가방에는 프랑스어로 된 쪽지가 있는데, 온라인 번역기를 사용하면 꽃무늬 스카프가 언급되어 있어요. 그렇다면 그 가방의 주인은 꽃무늬 스카프를 두른 한 여자 승객의 것이 틀림없어요.

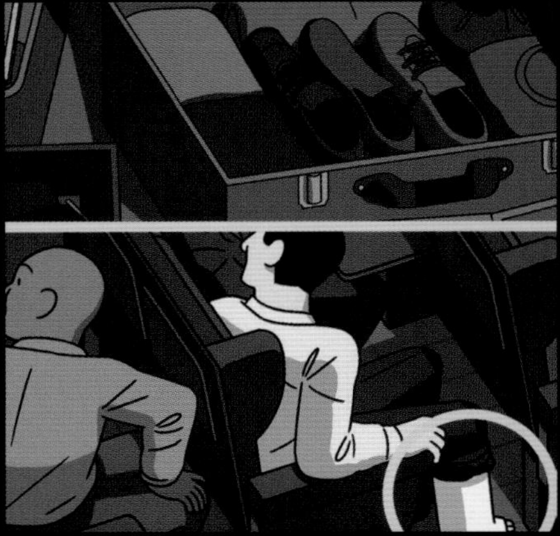

12 한 여행 가방 안에는 신기하게도 신발이 한쪽만 들어 있어요. 그것은 한쪽 다리에 깁스를 한 남자 승객의 가방이 분명합니다. 그는 왼쪽 발에만 신발을 신을 수 있으니까요.

13 《공포의 계곡》을 검색해 보면, 셜록 홈스 시리즈라는 것을 알 수 있습니다. 그런데 피해자가 읽고 있는 《네 사람의 서명》도 같은 시리즈입니다. 따라서 그 가방은 피해자의 것이라고 추리할 수 있어요.

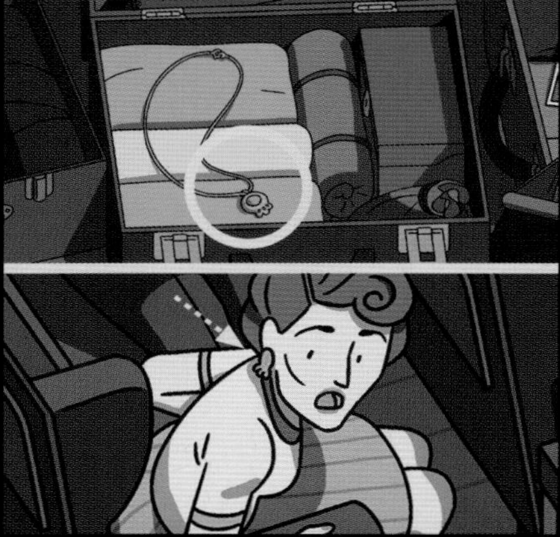

14 이제 특이한 목걸이가 들어 있는 여행 가방을 조사해볼까요. 그 목걸이는 여자 승객 중 한 명이 착용하고 있는 귀걸이와 같은 보석 컬렉션으로 보입니다. 그 가방은 이 여자 승객의 것이군요.

15 이 가방에는 얼굴에 특이한 반점이 있는 소년의 사진이 있습니다. 사진 속 소년은 이제 어른이 되어 열차에 앉아 있습니다. 그의 얼굴에도 같은 반점이 있기 때문에 알아볼 수 있어요.

16 또 다른 가방에는 결혼식 사진이 들어 있어요. 그렇다면 이 가방의 주인은 반지를 끼고 있을 겁니다. 마지막으로 남은 세 명의 용의자 중에서 열차 가이드를 보고 있는 남자의 손가락에 반지가 보이는군요.

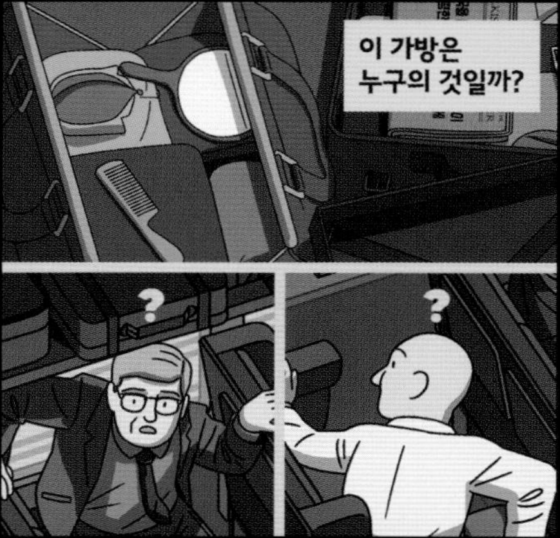

17 결국 여행 가방 하나와 두 명의 남자만 남았네요. 그들 중 한 명이 가방의 주인입니다.

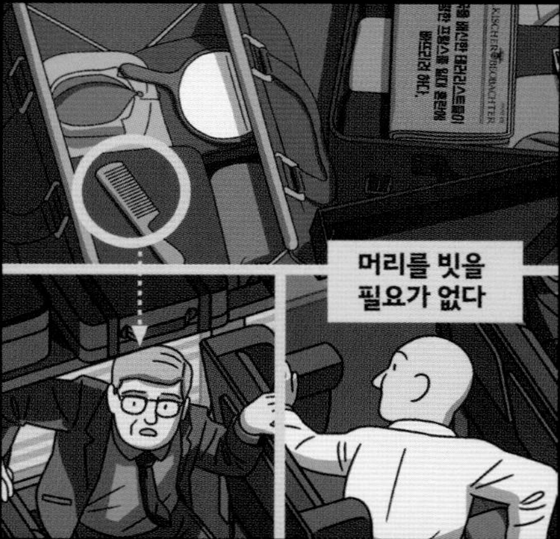

18 하지만 가방 안에 든 빗이 결정적인 단서가 되었습니다. 대머리는 머리를 빗을 필요가 없으니까요. 그 가방은 그의 것이 아니에요.

게슈타포가
감시 중

발견 즉시
처리 후
그가 범인이다

19 따라서 대머리 승객이 범인이에요. 그는 열차에 위험한 스파이가 있는지 살피고 다니던 나치의 비밀경찰, 게슈타포 대원이었습니다.

달리는 열차 속 살인마

사건의 진실

사건 당일, 파리행 열차는 평소와 같았다. 승무원들은 분주하게 움직였고 파리로 가는 상인들이나 방문객들은 담소를 나누거나 책을 보면서 저마다 기차 여행을 즐기고 있었다. 마침 점심 식사가 끝난 후 열차는 잠시 캄캄한 터널로 들어갔다. 가이드에서 안내한 대로 터널 통과 시간은 아주 짧은 순간이었다. 하지만 열차가 터널을 빠져나오는 순간, 눈앞에서 믿을 수 없는 장면이 펼쳐졌다. 승객 한 명이 가슴에 칼을 찔린 채 쓰러져 있는 것이다!

도대체 누가 이 승객을 죽인 걸까? 같은 기차 칸의 사람들은 서로를 의심스러운 눈길로 쳐다보았다. 분명 터널에 들어가기 전까지는 피해자가 살아있었기 때문에 범인은 이 중에 있을 수밖에 없었다. 마침 같은 기차를 타고 있던 탐정은 사건 현장을 조사하고 범인을 지목한다. 덕분에 놀라운 사실이 밝혀진다. 죽은 승객의 진짜 정체는 나치에 저항하던 레지스탕스의 스파이였다. 여행객으로 신분을 위장한 게슈타포가 이를 알아채고 스파이를 처형한 것이다.

평범해보이는 여행객의 죽음에는 복잡한 사정이 얽혀 있었다. 1943년 프랑스 일부가 나치에 점령당하자, 레지스탕스들은 독재정권에 맞서 투쟁하기 위해 비밀 조직을 만들고 더 나아가 스파이를 활용한 정보망을 구축해 나치의 정보를 빼돌렸다. 하지만 나치의 비밀경찰인 게슈타포는 이 비밀스러운 스파이 정보망을 알아차렸다. 그들은 집요한 추적 끝에 독일 철도국에 소속된 일부 직원들이 조국을 배신했다는 정황을 포착했다. 나치 체제에 비판적인 이 협력자들이 신분을 위장하고 여행하는 스파이들에게 도움을 주면서 비밀 메시지를 전하는 연락망 역할을 하고 있었던 것이다. 게슈타포는 스파이와 협력자들을 일망타진하기 위해 모든 철도 노선에 비밀경찰을 배치하기 시작했다. 물밑에서 벌어지는 나치와 레지스탕스의 치열한 첩보 싸움은 언론사 기자들한테까지 알음알음 알려지기 시작했다.

범인은 감시하고 있던 여승무원이 한 승객에게 비밀 메시지를 전하는 것을 보고, 그가 스파이라는 것을 알아차렸다. 그래서 점심 식사 때 제공된 나이프를 품에 숨기고, 열차가 터널 안으로 들어가기만을 기다렸다. 그가 범행을 저지른 후 겁에 질린 여승무원은 무슨 일인지 금세 눈치챘지만, 좁은 열차에 갇힌 상태에서 할 수 있는 일은 거의 없었다. 만약 달리는 기차 안에서 범인이 밝혀지지 않았다면, 그는 여승무원은 물론, 열차 안에 타고 있던 나머지 스파이들을 모조리 잡았을 것이다. 다행히 탐정의 예리한 눈썰미로 범인은 격리되었다. 그러나 전쟁이 끝나려면 아직 2년이나 남아있었고 더 많은 피가 흘러야 했다.

CASE **10**

서재에 숨겨진 비밀

당신은 한 유명 르포 작가가 사망했다는 소식을 듣고 바로 사건 현장으로 향합니다.
그 집에는 네 명의 고용인이 드나들며 작가의 작업이나 생활을 도와줬다고 합니다.
그날도 평소처럼 각자의 일을 시작하기 위해 작가의 집에 도착한 순간,
앞에 아침 식사를 두고 사망한 작가를 발견한 것입니다.
과연 범인은 누구일까요? 당신은 탐정의 직관을 발휘해서 서재를 조사하기 시작합니다.

사건을 해결하는 데 걸린 시간은? 88:88

이 사건의 범인은?

그 증거는?

살해 동기는?

라디오를 틀어보기 (163쪽)
업무 게시판을 살펴보기 (161쪽)
책장의 비밀을 조사하기 (162쪽)
책들을 확인하기 (160쪽)

제 1 장
침묵을 깨고
감사하게도 내가 처음 펴낸 책 덕분에, 지금까지
사실을 알면서도 잠자코 있던 이들이 용기를 내어
합법적이지 않을뿐더러 비윤리적인 사악한 음모
니 비리에 많은 유명 인사들과 공인들이 연루되었
다는 정보를 알려주기 위해 내게 연락하고자 했다.
아닌 게 아니라 그중에서도 유독 관심을 끄는 이
가 한 명 있었다. 익명을 요구한 그 시민은 유명
사람에게
애정을 보내며
다니엘
오르카스
제 1 장
스파이 그리고 작가
진심으로 말하건대, 내가 쓴 책은 모두 파렴치할 뿐 아니라
심각할 정도로 추악하지만 시민들의 눈에 띄지 않게 교묘한 방법
으로 자신의 정체를 숨겨왔던 이들을 폭로하는 것을 목표
로 하고 있다. 물론 이런 정보를 얻는 방법이 비윤리적이라고
감히 나를 비난하는 이들도 있다. 하지만 내가 지금까지
사는 동안 목적이 수단을 정당화하는 경우도 적지 않았다.
드디어 죗값을 치르고 있는 범죄자들을 보면서 정의가 확
립되었다고 느끼지 않는 이도 있을까? 이런 일을 하다 보
니 가끔 내게 편지를 보내 목숨이 두렵지 않은지 묻기도 한
다. 물론 내가 어떤 중요한 사람들이나 조직의 신경을 날
카롭게 만들 수도 있다. 하지만 어떤 경우라도 내가 원칙을
포기하는 일은 절대 없으리라 믿는다. 사람들은 이와 같이
티 나지 않게 행동하는 나를 두고 '스파이 작가'라고 부른다.

소에. 내일 17시경에 도착하면 기술자 왕 씨한테 전화해서 보낸 편지는 잘 받았지만 받아들일 수 없으니까 속히 와달라고 전해 주게. 그리고 헌사를 쓰는 것 좀 도와줘야겠어. 지금 대략 중간 정도까지 썼는데, 힘들어서 도저히 못 쓰겠어. 전에 말한 급료 인상 건에 관해서는 한번 검토해 봐야겠어. 다른 이들도 급료를 인상해 달라고 하니까, 전체적으로 계산을 해 봐야 할 것 같군. 만약 자네 사정이 급하다면, 특별히 가불해 주도록 하겠네.

케이란. 내일은 곧바로 오후에 나와도 되네. 저녁만 차려 주면 되니까 말이야. 적어도 오전 시간만큼은 방해 받지 않고 작업할 수 있도록 혼자 있고 싶군. 끼니는 어제 남은 것과 커피로 대충 먹도록 할 테니까.그건 그렇고, 웰스 박사는 염분을 과도하게 섭취하지 말라고 했지, 아예 먹지 말라고 하지는 않았어. 제발 그렇게 싱거운 음식으로 나를 고문하지 말게나. 소금을 조금 넣는다고 해서 내가 어떻게 되는 건 아니잖나.

마리아. 괜찮다면 내일은 오후 근무 시간에 맞춰 와도 돼. 아무튼 치과 의사가 자네를 너무 아프지 않게 하면 좋으련만. 그리고 여기 오는 길에 가게에 들러 체리, 사과, 항상 마시는 차를 사오는 것 잊지 말게. 그리고 내일은 위층에 있는 모든 방을 깨끗이 쓸고 닦고, 쓰레기를 치우는 일만 해 주게. 나는 아래층 서재에서 헌사 쓰는 것을 비롯해서 집중해야 하는 일을 해야 되니까 말이야. 항상 고맙네.

앨버트. 장미 나무를 되살리려고 전에 주문한 타이완제 무독성 비료가 드디어 도착했네. 괜찮다면 오후에 여기 와 주게나. 그러면 정원도 그리 덥지 않아서 일하기가 좋을 테니까. 그리고 다 익은 오렌지를 수확하고, 진입로에 있는 나뭇가지를 좀 쳐 주었으면 하네. 너무 길어서 지나다니는 데 불편하더라니까.

책장의 비밀

책장 뒤에 있는 비밀의 방으로 들어가려면 비밀번호를 찾아야 합니다. 인터넷 연결이 안 될 경우 221쪽을 확인하세요.

7월 25일. 문화와 시사 중심 방송국 라디오7입니다.
잠시 광고 듣고 왔고요, 논란을 몰고 다니는 유명 르포 작가 다니엘 오르카스 씨와 어제 가졌던 인터뷰의 두 번째 부분을 계속 듣겠습니다.
긴 레이스를 준비하는 후보들
총선까지는 아직 1년의 시간이 남았다. 그렇지만 보수당의 필립 트레보리와 진보당의 스튜어트 레오니는 각 당 선거 강령의 기본 방향을 밝히면서 본격적인 선거 운동에 뛰어들기 시작했다. 지난주에 열었던 회견에서 두 후보는 교육, 안전, 그리고 시민사회로부터 많은 반응을 얻은 사회적 권리에 관해서 구체적인 입장을 내놓았다. >>관계기사 20면

라디오 듣기

라디오에서 피해자에 관한 방송이 나오는 것 같군요. 주의 깊게 들어보세요.

지금까지 펴낸 책을 보면 모두 실제 스캔들을 폭로하신 것이 특징입니다. 도시의 시궁창에 관한 작가님의 탐사 기록 덕분에 매우 중요한 인물들의 비밀이 드러났고, 심지어 그들 중 몇몇은 구속되기도 했죠. 혹시 신변에 위협을 느끼지는 않나요?

솔직히 말씀드리면, 그런 시궁창 같은 세계에 굳이 발을 디딜 만한 가치가 있는지 의심스러울 때도 많았어요. 하지만 제 윤리의식과 정의감이 권력자들에 대한 두려움보다 언제나 더 강했던 것 같습니다. 또 우리 집은 철저히 보호받고 있어요. 저는 주로 혼자 지내는 편이라 바깥출입을 많이 하지 않고요. 그래서 저를 만나러 오려면, 아주 까다로운 절차를 거쳐야 들어올 수 있죠.

그렇지만 사람들이 집에 드나들지 않습니까? 작가님을 도와주러 오는 이들 말이에요. 혹시 앙심을 품은 자가 그들을 통해서 작가님을 노릴 수도 있지 않을까요?

저는 우리 집에서 일하는 이들을 전적으로 믿고 있어요. 그러니까 너무 걱정하지 마세요.

네. 방송 서두에서 밝히셨듯이, 곧 출간될 도서가 엄청난 논란을 불러일으킬 거라고 하셨죠. 말씀하신 대로, 앞으로 총선 판도를 바꿀 수 있을 정도의 핵폭탄급 내용이 담겨 있다고요. 벌써부터 그 내용과 관련해서 이미 누가, 어떤 사건에 연루되어 있다는 찌라시가 돌고 있습니다. 그런 소문이 사실인지 확인해 주실 수 있나요?

한 가지 분명한 점은 아직 그 책을 다 쓰지도 않았다는 겁니다. 따라서 모든 것이 확실하게 드러나려면 몇 달 더 걸리겠죠. 하지만 이 책에서 다룰 내용이 앞으로 유권자들의 큰 관심을 끌 것이라는 점만큼은 장담할 수 있어요. 그렇지만 시중에 떠도는 소문에 관해서는 지금 이 자리에서 말하고 싶지 않군요. 얼마나 놀랄 만한 내용이 나올지 기대해 주셨으면 합니다.

그럼 다음 질문으로 넘어가 보도록 하죠. 이미 알려진 바와 같이, 작가님은 앞서 펴낸 세 권의 책 속에 어떤 메시지를 숨겨 놓으셨는데요. 이에 관해서 한 말씀 해 주시죠?

네, 그러죠. 그런데 그건 비밀도 아닐뿐더러, 엄청나게 중요한 내용도 아니에요. 그저 내가 가장 좋아하는 세 명의 작가에게 바치는 감사의 메시지일 뿐입니다. 내가 오늘날 이 자리까지 올 수 있었던 것도 그분들 덕분이니까요. 비록 글 속에 감추어 놓기는 했지만, 그분들에게 감사의 말씀을 바치고 싶었어요.

그렇군요. 괜찮으시다면, 작가님의 책에 나오는 이 구절에 관해서 한마디 해 주셨으면 합니다. 무슨 내용이냐 하면, “쥘 수도 없는 270억 달러는 그들에게 수많은 혜택을 베풀었음을 증명하는 돈이었다. 하여간 나는 그들을 얼른 고발하고 싶었지만 확실한 진술을 확보하지 못했다” 이겁니다.

사건의 실마리

이 사건을 해결하기 위해 굳이 여기 나온 단서를 읽을 필요는 없습니다. 하지만 당신의 추리가 미궁에 빠져 있다면, 아래의 단서가 도움이 될 것입니다. 그렇지만 한꺼번에 다 읽으려고 하지는 마세요. 어쩌면 하나의 단서만으로도 수수께끼를 풀 수 있는 열쇠를 찾을지 모르니까요. 그럼 행운을 빌어요!

단서 1

라디오 인터뷰에서 다니엘은 자신이 가장 좋아하는 세 명의 작가에게 바치는 감사 메시지를 자기 책 속에 숨겨 놓았다고 언급합니다. 각 줄의 첫째 글자를 이어서 읽으면 그 메시지를 찾을 수 있을 거예요. 마지막으로 인터뷰 도중 진행자가 읽은 그 구절을 잘 살펴보면, 보이지 않는 부분을 알아낼 수 있을 겁니다.

단서 2

서재에 있는 소설 중에서 피해자가 가장 좋아하는 작가들이 쓴 것이 무엇인지 찾아보세요. 그 소설들은 비밀의 방에 들어갈 수 있는 패스워드를 줄 겁니다.

단서 3

비밀의 방에서 발견된 편지에 따르면, 작가는 한동안 타자기의 한 활자를 사용하지 못했다는 사실을 알 수 있어요. 이 사실을 이용해서, 업무 게시판에 붙어 있는 메모 중에서 어떤 것이 가짜인지 알아보세요.

사건 해결

서재에 숨겨진 비밀을 찾았나요?
이제 사건의 진실에 다다르기 위해 현장에 있는 모든 단서를 검토해보겠습니다.

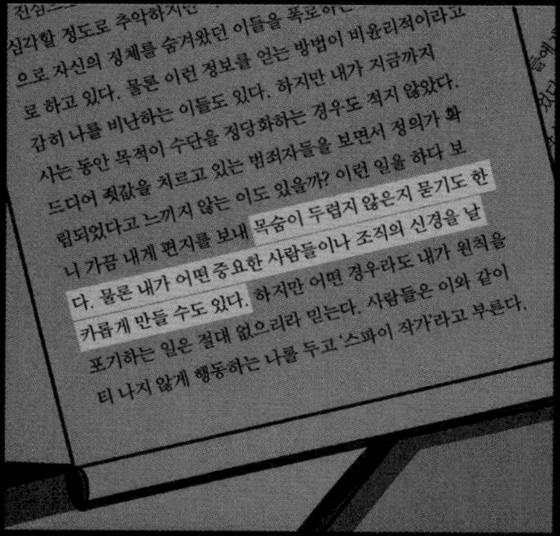

1 책을 확인하면 피해자가 위험한 취재를 하고 있었다는 걸 알 수 있어요. 위협을 느낀 유력자들이 작가의 죽음을 간절히 원했다는 걸 추리할 수 있죠.

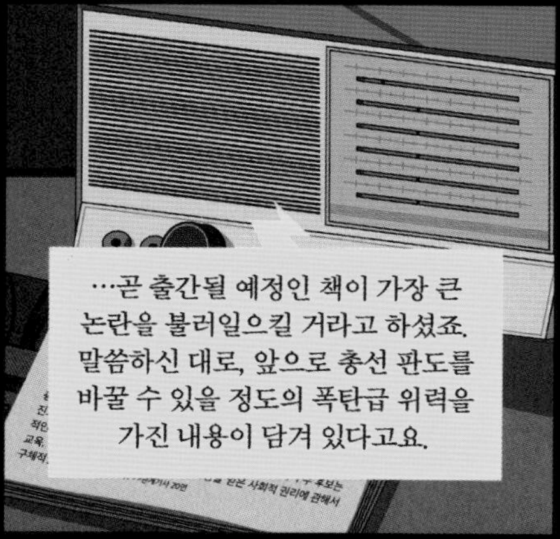

…곧 출간될 예정인 책이 가장 큰 논란을 불러일으킬 거라고 하셨죠. 말씀하신 대로, 앞으로 총선 판도를 바꿀 수 있을 정도의 폭탄급 위력을 가진 내용이 담겨 있다고요.

2 게다가 라디오 인터뷰에 따르면, 작가는 거물 정치인의 비리를 폭로하는 책을 준비하고 있었던 것이 분명하네요.

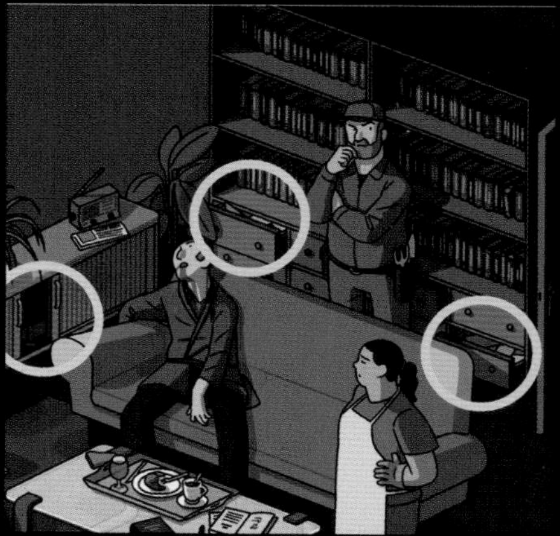

3 사건 현장을 자세히 관찰한 결과, 범인은 없애고 싶은 물건을 찾느라 작가의 서재를 뒤졌던 것이 분명해 보입니다.

4 범인을 찾으려면 피해자가 알아낸 비밀을 파헤쳐야 합니다. 책장을 보니 여기에 비밀이 숨겨져 있는 것 같습니다. 특히 책등에 있는 숫자가 의심스럽습니다.

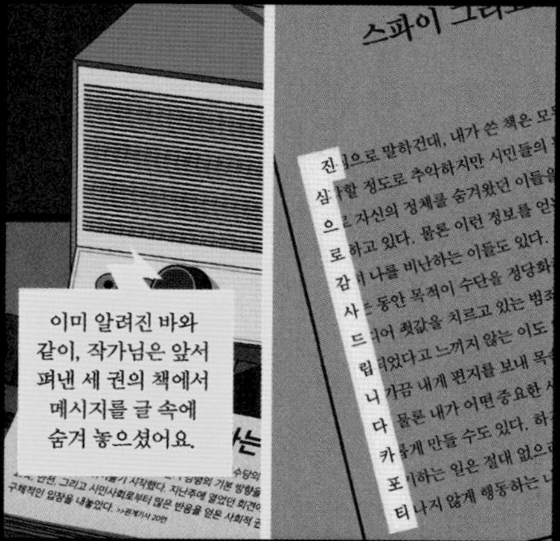

이미 알려진 바와 같이, 작가님은 앞서 펴낸 세 권의 책에서 메시지를 글 속에 숨겨 놓으셨어요.

5 인터뷰에서 피해자는 자신이 가장 좋아하는 작가들에게 바치는 감사의 메시지를 글 속에 숨겨 놓았다고 말했습니다. 각 줄의 첫 번째 글자를 세로로 이어 읽으면 그 메시지를 알아낼 수 있어요.

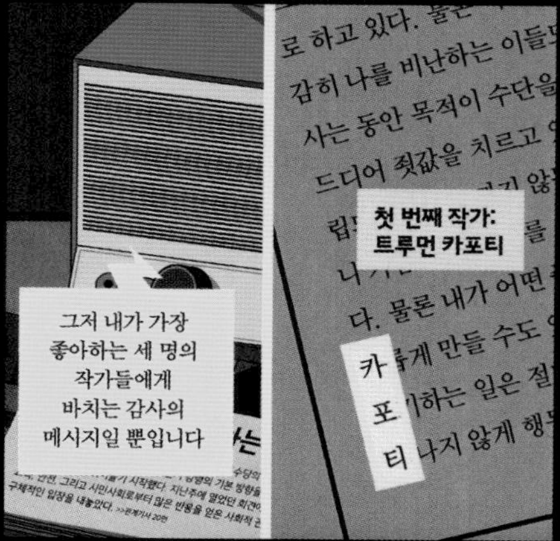

그저 내가 가장 좋아하는 세 명의 작가들에게 바치는 감사의 메시지일 뿐입니다
첫 번째 작가: 트루먼 카포티
카 포 티

6 책에 나오는 첫 번째 메시지는 '진심으로 감사드립니다 카포티'군요. 하지만 그는 자신이 가장 좋아하는 작가가 세 명이라고 밝혔기 때문에, 아직 두 명이 남았습니다.

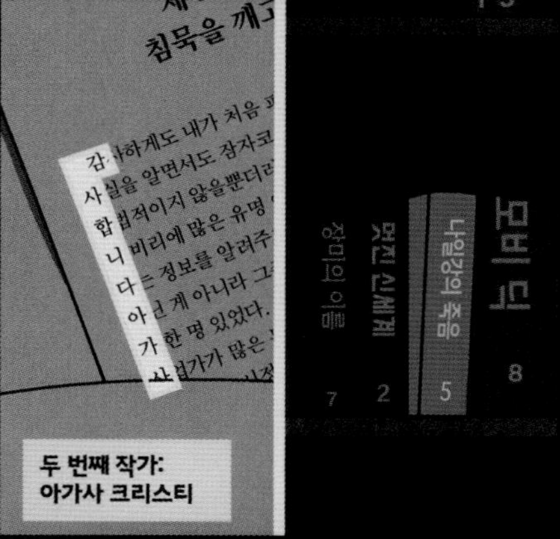

7 다른 책에는 '감사합니다 아가'라는 메시지가 숨겨져 있네요. 마침 누군가 책장에 손을 댄 흔적이 있는데, 아가사 크리스티의 《나일강의 죽음》입니다. 따라서 두 번째 작가도 추측할 수 있겠죠.

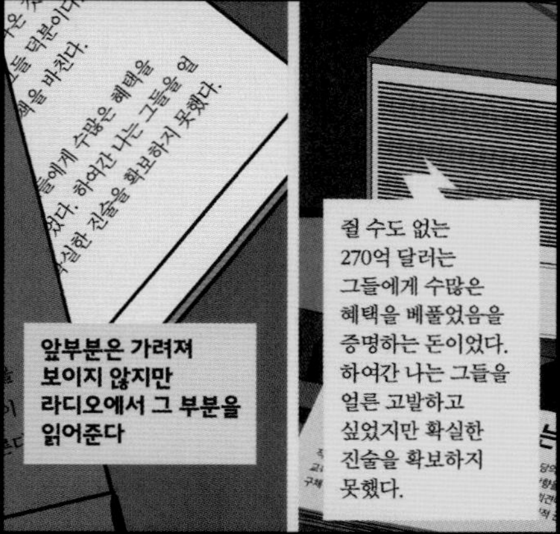

8 마지막으로 펼쳐진 세 번째 책은 일부가 가려져 보이지 않는군요. 다행히 라디오 인터뷰에서 이 부분을 읽어주는 덕분에 무슨 내용인지 알 수 있습니다.

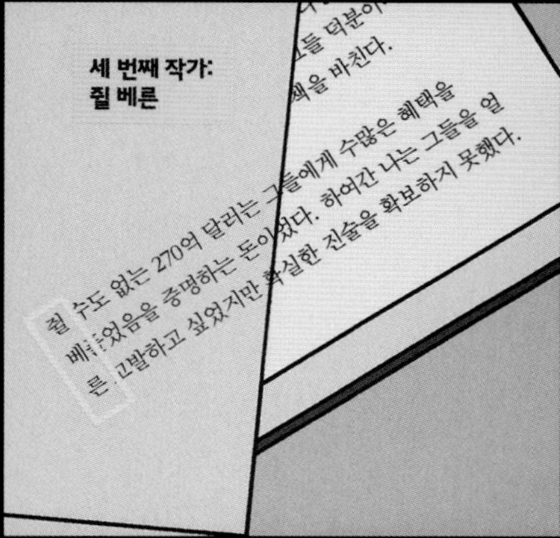

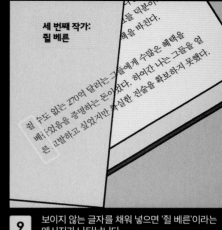

9 보이지 않는 글자를 채워 넣으면 '쥘 베른'이라는 메시지가 나타납니다.

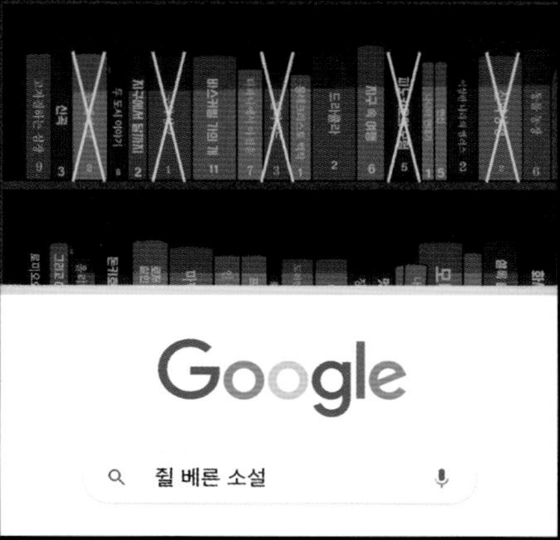

10 피해자가 가장 좋아하는 작가가 누구인지 이제 밝혀졌습니다. 그럼 이제는 그 작가들이 쓴 책이 무엇인지 찾아내야 해요. 검색창을 이용해 이 세 작가의 작품을 찾아보도록 하죠.

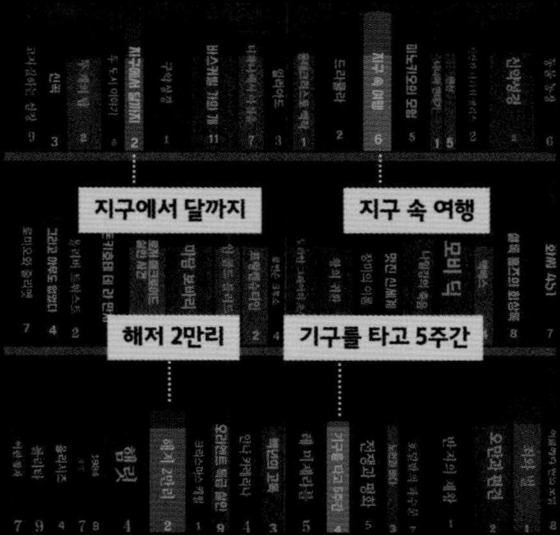

11 쥘 베른의 작품은 다음과 같습니다.

12 그리고 트루먼 카포티의 소설도 모두 찾았어요.

13 마지막으로 아가사 크리스티의 책도 모두 찾았습니다.

14 책꽂이에 꽂혀 있는 순서대로 책등의 숫자를 이어 보면, 비밀의 방에 들어갈 수 있는 암호를 알아낼 수 있어요. QR 코드를 통해 암호를 입력하세요.

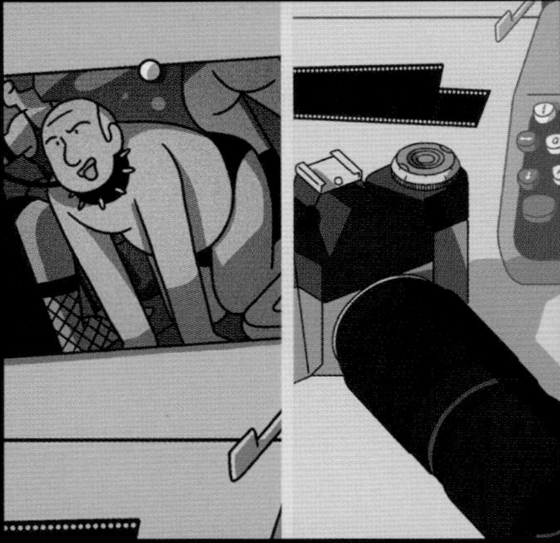

15 드디어 들어간 비밀의 방에는 망원카메라로 촬영한 것으로 보이는 위험한 사진 한 장이 붙어 있네요.

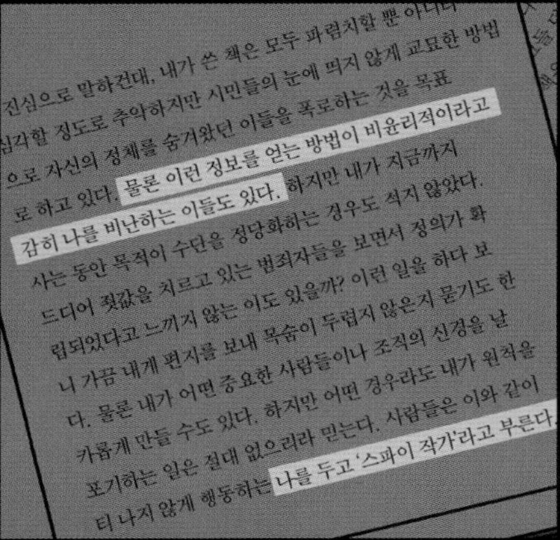

진심으로 말하건대, 내가 쓴 책은 모두 파렴치할 뿐 아니라
심각할 정도로 추악하지만 시민들의 눈에 띄지 않게 교묘한 방법
으로 자신의 정체를 숨겨왔던 이들을 폭로하는 것을 목표
로 하고 있다. 물론 이런 정보를 얻는 방법이 비윤리적이라고
감히 나를 비난하는 이들도 있다. 하지만 내가 지금까지
사는 동안 목적이 수단을 정당화하는 경우도 적지 않았다.
드디어 죗값을 치르고 있는 범죄자들을 보면서 정의가 확
립되었다고 느끼지 않는 이도 있을까? 이런 일을 하다 보
니 가끔 내게 편지를 보내 목숨이 두렵지 않은지 묻기도 한
다. 물론 내가 어떤 중요한 사람들이나 조직의 신경을 날
카롭게 만들 수도 있다. 하지만 어떤 경우라도 내가 원칙을
포기하는 일은 절대 없으리라 믿는다. 사람들은 이와 같이
티 나지 않게 행동하는 나를 두고 '스파이 작가'라고 부른다.

16 피해자는 위험한 정보를 얻기 위해 수단과 방법을 가리지 않았기 때문에 '스파이 작가'라는 별명이 붙었습니다.

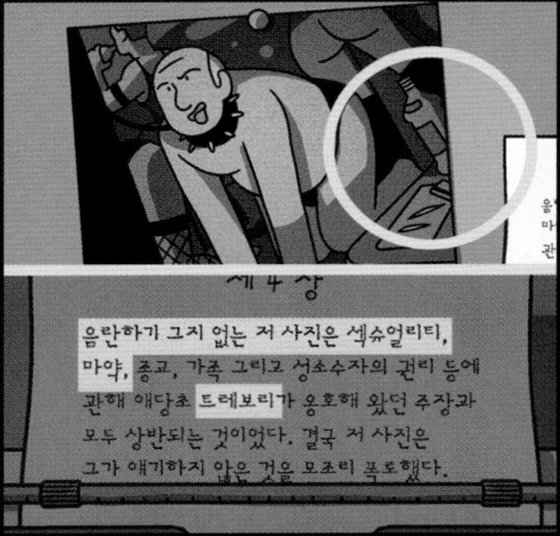

제 4 장
음란하기 그지 없는 저 사진은 섹슈얼리티,
마약, 종교, 가족 그리고 성소수자의 권리 등에
관해 애당초 트레보리가 옹호해 왔던 주장과
모두 상반되는 것이었다. 결국 저 사진은
그가 얘기하지 않은 것을 모조리 폭로했다.

17 사진에서 남자는 난잡한 마약 파티를 즐기고 있어요. 그리고 타자기에는 이 사진에 관한 추가 정보를 알려 주는 글이 남아 있습니다.

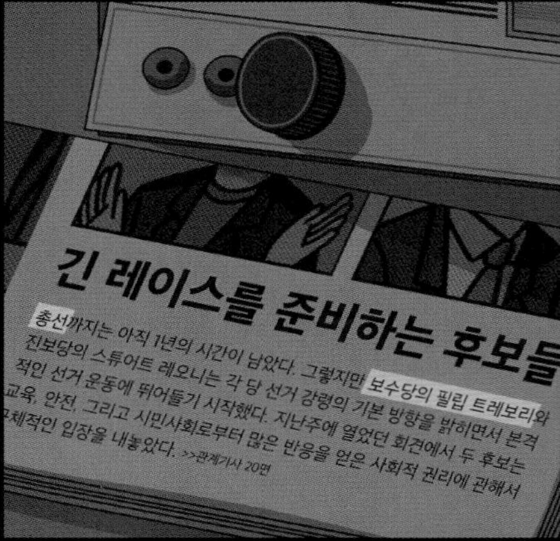

긴 레이스를 준비하는 후보들
총선까지는 아직 1년의 시간이 남았다. 그렇지만 보수당의 필립 트레보리와
진보당의 스튜어트 레오나는 각 당 선거 강령의 기본 방향을 밝히면서 본격
적인 선거 운동에 뛰어들기 시작했다. 지난주에 열었던 회견에서 두 후보는
교육, 안전, 그리고 시민사회로부터 많은 반응을 얻은 사회적 권리에 관해서
체적인 입장을 내놓았다. >>관계기사 20면

18 라디오 아래에 있는 신문에도 '트레보리'라는 이름이 나오네요. 그는 수상직에 도전하는 보수당 후보라는 걸 알 수 있어요. 거물 정치인이 위선적인 이중생활을 하고 있었군요.

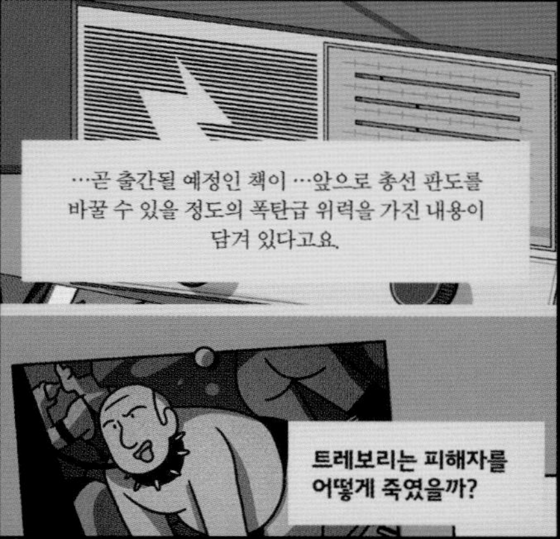

19 피해자가 쓰고 있던 책은 라디오 인터뷰에서 밝힌 대로 앞으로 있을 총선에 엄청난 영향을 미칠 것입니다. 그렇다면 트레보리가 그 책을 출판하지 못하도록 피해자의 암살을 의뢰한 걸까요?

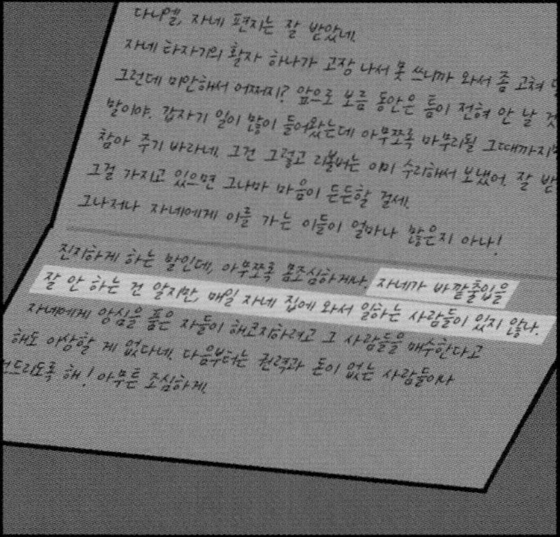

20 왕이라는 기술자의 편지를 보면, 피해자는 바깥출입을 거의 하지 않지만 매일 그의 집에 와서 일하는 사람들이 있다는 것을 알 수 있어요.

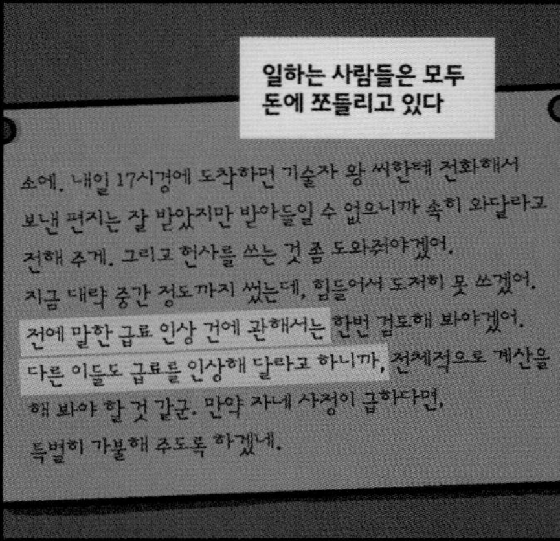

21 피해자가 소에에게 남긴 메모를 보면, 거기서 일하는 이들은 모두 경제적으로 여유가 없다는 것을 추리할 수 있어요.

22 기술자가 편지에서 언급했듯이, 트레보리가 다니엘의 입을 닫기 위해 거기서 일하는 사람들 중에서 누군가를 매수한 것이 분명합니다. 그들 중 누구일까요?

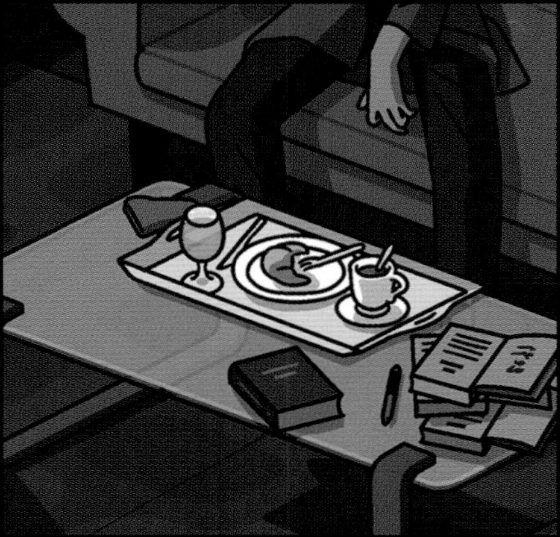

23 피해자는 아침 식사를 하기 전에 사망한 것으로 추리할 수 있어요.

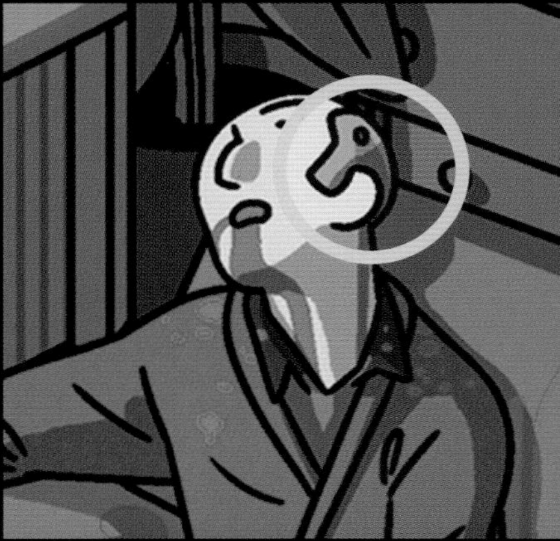

24 사건 현장을 자세히 보면 피해자가 총상으로 사망했다는 것도 확인할 수 있어요.

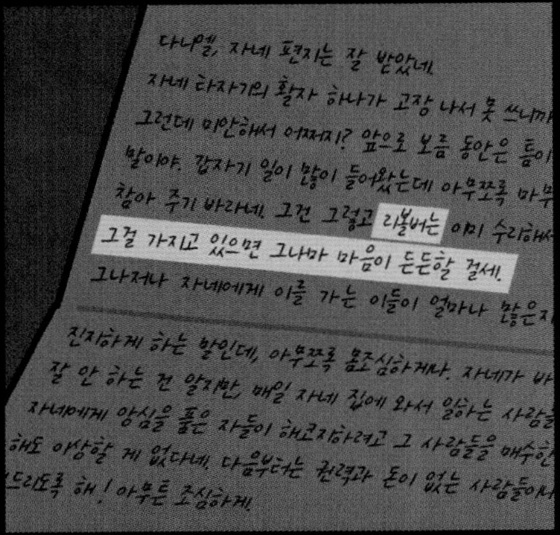

25 피해자는 평소 총을 가지고 있었군요. 그렇다면 일하는 이들 중 누군가가 리볼버를 찾아내 이를 범행에 사용했을 가능성이 큽니다.

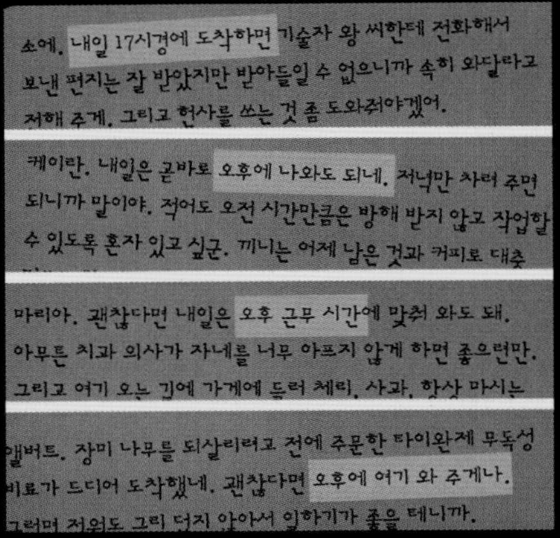

26 하지만 게시판에 붙어 있는 메모를 보면, 그날 오전에 거기 있었던 사람은 아무도 없습니다.

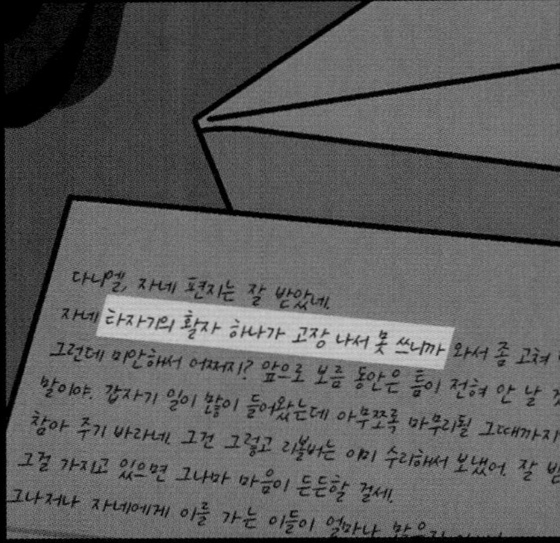

27 사건을 해결하기 위해 기술자가 쓴 편지를 꼼꼼히 보겠습니다. 그러면 타자기의 활자 하나가 고장 나서 쓰지 못한다는 걸 알 수 있어요.

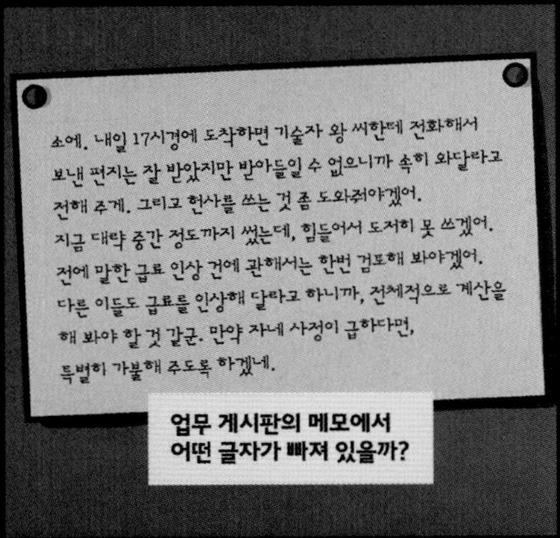

28 그렇다면 피해자는 마지막 메모를 쓸 때, 그 글자를 사용하지 못했을 겁니다.

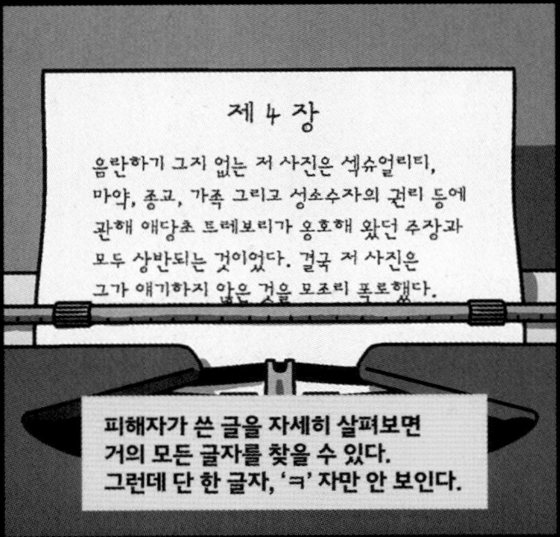

29 꼼꼼히 분석해서 어떤 글자가 빠져 있는지 확인해 보죠. 타자기의 원고와 메모에는 'ㅋ' 자만 제외하고 모든 글자가 다 나와 있어요. 그렇다면 타자기에서 고장 난 활자는 'ㅋ'이 분명합니다.

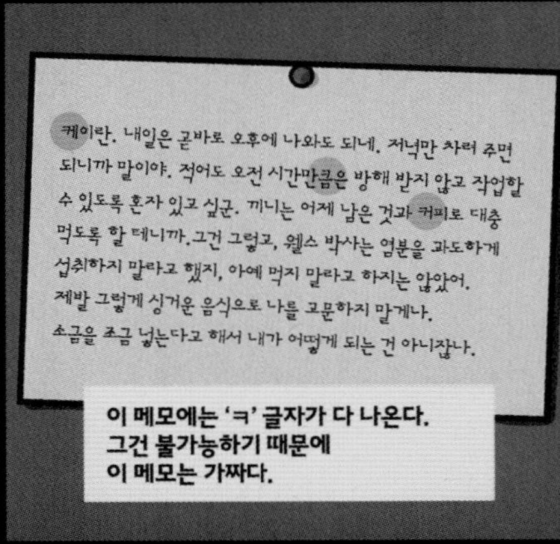

30 그런데 케이란의 메모에는 'ㅋ'이 포함되어 있습니다. 그건 불가능해요. 그렇다면 그 메모는 다른 타자기로 친 것이 분명합니다. 가짜 메모인 거죠.

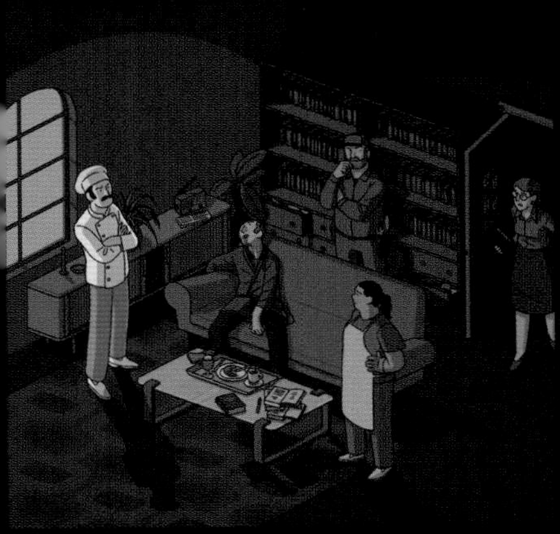

31 요리사 케이란이 오전에 작가의 집으로 가서 범행을 저지른 겁니다. 그리고 원래 메모를 찢어 버리고, 그 자리에 가짜를 붙여 놓았습니다. 오전 시간에 거기 가지 않았다는 알리바이를 꾸미기 위해서죠.

서재에 숨겨진 비밀

사건의 진실

기자이자 르포 작가인 다니엘 오르카스는 이 세상을 불공평하게 만드는 타락과 위선, 부패와 맞서 싸우기로 다짐했다. 그는 유력자들의 숨겨진 면모를 폭로해서 무너뜨리기 위해 지난 수년 동안 그들의 뒤를 추적해왔다.

그는 원래 혼자 있기를 좋아하는 성격이라 결혼도 하지 않고 넓은 집에서 책을 벗 삼아 평생을 독신으로 지냈다. 다만 네 사람이 가사와 전문적인 일을 도와주기 위해 매일 그의 집으로 찾아왔다. 그는 최근에 응한 인터뷰에서 다음 출판 계획에 관해 언급하기 시작했다. 현재 일선에서 활약하는 어느 정치인의 추악한 면을 폭로하는 책을 조만간 출판하겠다는 얘기였다. 다니엘은 그 정치인이 누구인지 아직 밝히지 않았지만, 보수당을 이끄는 필립 트레보리라는 소문이 돌기 시작했다. 그는 내년에 있을 총선에서 수상직을 노리고 있는 거물 정치인이었다.

트레보리 선거본부는 다니엘이 폭로할 수 있는 정보에 대해 촉각을 곤두세우기 시작했다. 하지만 트레보리는 어떤 내용인지 이미 짐작할 수 있었다. 사실 그는 남몰래 난잡한 파티에서 마약과 섹스를 즐겼다. 그런데 만에 하나 그런 사실이 세상에 알려지게 되면 그는 온 나라의 조롱거리가 될 뿐만 아니라, 자신이 내건 보수적이고 기독교적인 선거공약이 얼마나 위선적이었는지 만천하에 드러나는 꼴이 될 것이다. 그렇게 되면 그의 정치 생명은 완전히 끝나는 것이나 마찬가지였다. 그렇게 되지 않으려면 그 책의 출판을 막아야 했다. 가장 깨끗한 방법은 작가를 죽이는 것이었다. 죽은 자는 말이 없기 때문이다.

트레보리는 원래 다니엘을 처치할 킬러를 고용할 생각이었지만, 다니엘이 바깥출입을 거의 하지 않는 데다 집의 보안도 삼엄했기에 계획을 바꾸었다. 그 집을 드나드는 사람들 중 한 명을 매수해서 그를 살해하고, 이미 써놓은 원고뿐 아니라 자기에 관해 모아놓은 위험한 정보를 모두 찾아오도록 시킨 것이다. 트레보리는 작가를 도와주던 네 명을 은밀히 조사한 끝에 완벽한 조건을 갖춘 인물을 찾아낸다. 임시 요리사이자 자신의 일에 대해 불만이 많던 케이란이 바로 그가 찾던 사람이었다. 그는 조심스럽게 케이란에게 접근해 다니엘을 처리해주면 새로운 인생을 시작할 수 있을 정도로 두둑한 보상을 주겠다는 제안을 했다.

그날 아침, 요리사와 작가는 단둘이 집에 있게 되었다. 케이란은 다니엘에게 아침 식사를 갖다 주었다. 그리고 다니엘이 막 식사를 시작하려 하자 작가의 등 뒤로 몰래 다가가 미리 빼돌린 리볼버를 머리에 쏘았다. 그러고는 필립 트레보리에 관한 위험한 정보를 찾으려고 사방을 뒤졌지만, 아무것도 나오지 않았다. 케이란은 다니엘이 서재에 숨겨둔 비밀의 방에서 아무도 몰래 작업을 하고 있다는 사실을 까맣게 모르고 있었다. 눈앞이 캄캄해졌지만, 다른 사람들이 돌아올 시간이 되었기에 결국 수색을 포기할 수밖에 없었다. 하지만 현장을 떠나기 전에 게시판에 붙어 있는 메모를 없애야 했다. 케이란에게 그날 오전에 출근하라고 작가가 지시한 내용이 적혀 있었기 때문이다. 대신 직접 준비해온 메모를 붙여 놓았다. 그리고 리볼버도 다시 원래 자리로 돌려놓고 집을 떠났다. 그런데 요리사는 작가의 타자기 활자가 망가지는 바람에 업무 게시판의 메모는 모두 'ㅋ' 자 없이 작성되었다는 사실을 까맣게 모르고 있었다. 결국 탐정의 날카로운 눈썰미로 그 메모가 가짜라는 것이 밝혀지면서 바로 케이란을 체포할 수 있었다. 요리사는 필립 트레보리의 사주를 받고 범행을 저질렀다고 자백했다. 그리고 트레보리는 총선을 앞두고 자신의 정치 생명이 영원히 끝나는 것을 지켜볼 수밖에 없었다.

CASE 11

우주의 미스터리

화성 탐사 임무를 마치고 지구로 귀환 중인 아스테리아 호가 방금 휴스턴 관제기지로 조난 신호를 보냈습니다. 승무원들은 우주 비행사 한 명의 목숨이 끊어진 상황에 마주쳤어요. 그런데 대체 무슨 일이 일어난 걸까요? 이 비행사는 왜 우주복도 입지 않고 우주선 밖으로 나갔던 걸까요? 혹시 스스로 목숨을 끊은 걸까요? 우발적으로 일어난 사고였을까요? 아니면 동료 중 한 명이 그를 강제로 밀어낸 걸까요?
이제 당신은 지상 관제소에서 이 사건을 조사해야 합니다.

사건을 해결하는 데 걸린 시간은? 88:88

이 사건의 범인은?

그 증거는?

살해 동기는?

통합제어계기판을 조사하기 (178쪽)
안내판을 살펴보기 (179쪽)
우주비행사와 대화하기 (180쪽)

ERROR
다음 메시지는 올바르게
전송되지 않았기 때문에 수신자가 읽을 수 없습니다.

QR코드 접속하기
전송 실패한 메시지를 완성해보세요. 인터넷 연결이 안 될 경우, 222쪽에서 확인하세요.

23픽셀 전송 실패:

A1, A3, A4, A 더 보기

A – 통제실 CONTROL ROOM
B – 실험실 LABORATORY
C – 온실 GREENHOUSE
D – 체력단련장 GYMNASIUM
E – 취침실 BED ROOM
F – 공용공간 PUBLIC AREA
G – 에어록 AIRLOCK
H* – 우주복보관소 SUIT STORAGE

* 지정된 우주복은 타인에게 양도 불가능하며,
지문 인식 시스템으로 열리는 보관함에 안전하게 보관됩니다.

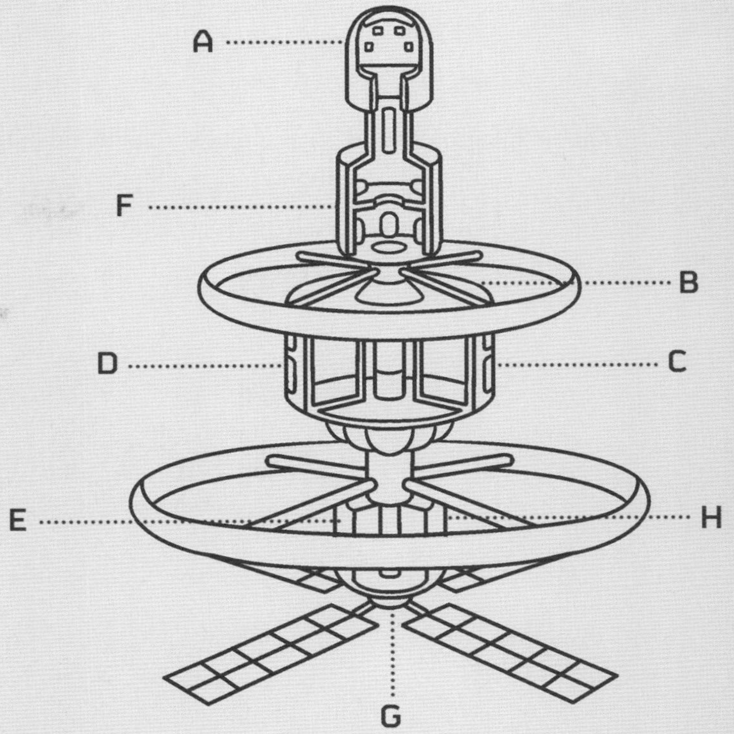

아스테리아 호 자동 시스템 점검 및 가동 일정

중력 시스템 점검

인공 중력은 하루 2회, 5분 동안 중단됩니다.
중단 시간은 15시와 21시입니다.

온도 조절 시스템 가동

적절한 온도를 유지하기 위해 하루 2회, 약 10분 동안
실내 온도 조절 시스템이 가동됩니다.
작업 중 소음이 발생할 수 있습니다.
시스템 가동 시간은 18시와 22시입니다.

구역별 출입 허용 시간

우주선 내 자원을 최대한 효율적으로 활용하기 위해
구역별로 출입 가능한 시간이 지정되어 있습니다.
지정된 시간 외에는 잠금장치로 출입이 차단됩니다.

· 체력단련장 잠금장치 해제 시간: 13:30-21:30
· 온실 출입 잠금장치 해제 시간: 16:30-22:30
· 실험실 잠금장치 해제 시간: 14:50-23:30

우주 개발의 시대가 온다!
인류 역사상 최초로 화성에 발자국을 남기리라 기대되는 아스테리아 호의 우주비행사들.
(왼쪽부터) 키팅, 베르나르, 론다, 스펜서, 그리고 페레스

우주비행사와 대화하기

무언가 문제가 생긴 건지 그들과 바로 대화하기가 어렵습니다. 아스테리아 호의 승무원이 보내온 영상 메시지를 먼저 확인해보세요.

여기는 아스테리아 호의 레너드 키팅입니다. 방금 우주선 내에서 슬프고도 복잡한 사고가 발생했습니다.

어제 보고 드린 바와 같이, 작은 소행성이 선체에 충돌하는 바람에 생명 유지 장치가 일부 작동하지 않고 있습니다. 우리들 중 네 명만 살 수 있을 정도의 산소와 물만 남아 있기 때문에 참으로 참담한 상황이었어요. 다시 말해, 우리 다섯 승무원들 중 한 명은 죽을 수밖에 없다는 얘기였죠. 많은 고민 끝에 우리는 오늘 밤 제비를 뽑기로 했습니다. 그런데 추첨을 하기 전에 하퍼 스펜서 선장님이 우주복도 입지 않고 우주선 밖으로 나감으로써 나머지 대원들을 위해 자신을 희생하셨습니다. 온실에 있던 페레스, 체력단련장에 있던 베르나르, 그리고 실험실에 있는 나, 우리 모두 창문을 통해 우주에 떠다니는 선장님의 시신을 목격했습니다. 우리는 그 즉시 그의 시신이라도 수습하려고 밖으로 뛰어나갔어요. 하지만 우리가 할 수 있는 일은 아무것도 없었습니다. 결국 우리는 선장님의 시신을 우주로 보내기로 결정했죠. 선장님이라면 거기서 영면하시려고 했을 테니까요.

마지막으로 우리 팀의 엔지니어인 론다 스미스의 요청에 따라 우리 우주선에서 손상된 부분을 알려드리겠습니다. 감압장치(decompression device) 모델 1347, 태양광 패널(solar panel) 1, 2, 5, 8번, 제동자(brake) 1번과 7번, 송전 케이블(power transmission cable) 2, 7, 8, 9구역 손상, 통풍장치(aerator) 134번과 679번, 마지막으로 통신 안테나(communication antenna) 35번과 7번. 특히 안테나 손상으로 인해 일부 메시지가 제대로 도착하지 못하고 있습니다. 아무쪼록 이 메시지는 무사히 도착하기를 바랍니다.

사건의 실마리

이 사건을 해결하기 위해 굳이 여기 나온 단서를 읽을 필요는 없습니다. 하지만 당신의 추리가 미궁에 빠져 있다면, 아래의 단서가 도움이 될 것입니다. 그렇지만 한꺼번에 다 읽으려고 하지는 마세요. 어쩌면 하나의 단서만으로도 수수께끼를 풀 수 있는 열쇠를 찾을지 모르니까요. 그럼 행운을 빌어요!

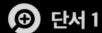

단서 1

수신되지 못한 메시지의 내용을 확인하려면 QR코드에서 비어 있는 네모 칸을 채워야 합니다. 승무원이 메시지를 재전송하는 과정에서 누군가가 암호화된 형식으로 힌트를 보내고 있습니다. 각 네모 칸은 하나의 문자와 숫자로 이루어집니다. 당신에게 전달된 문자와 숫자가 무엇이 있을까요?

단서 2

무언가 부딪치는 소리가 났다고 했는데, 정확한 범행 시간을 아는 것이 중요합니다. 롤다가 보낸 사진을 보면 그때는 무중력 시간이라는 것을 알 수 있습니다. 또 메시지에서 그녀는 온도 조절 시스템이 가동되려면 아직 몇 시간이나 남아 있었다고 했죠. 그녀가 '몇 시간', 즉 복수로 말했다는 점에 주목해야 합니다. 그렇다면 범행이 일어날 수 있는 시간은 하나밖에 없습니다.

단서 3

범행 시간만 확인하면, 승무원 중에서 누가 거짓말을 했는지 알 수 있을 겁니다. 범행이 일어났을 때, 승무원들은 저마다 어떤 장소에 있었다고 진술했어요. 하지만 그 시간에 모든 방의 잠금장치가 다 해제되어 있지는 않았어요. 거짓말한 자가 범인입니다.

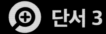

178쪽에 나온 QR코드의 비밀을 풀어보세요.
혹시 메시지 해독에 실패했어도 괜찮아요. 아래에서 다시 시도해보세요.

사건 해결

사건을 재구성하고 미스터리를 풀어 나가기 위해,
이제 모든 단서를 하나하나 검토해보겠습니다.

1 우주비행사들로부터 받은 메시지를 확인하면 사건의 맥락을 파악할 수 있습니다. 피해자는 나머지 승무원들을 위해 자신을 희생한 것 같습니다.

2 하지만 그전에 전송 실패한 메시지가 걸리네요. 우선 QR 코드에서 전송 실패한 픽셀 즉, 비어 있는 네모 칸을 완성해야 합니다.

3 우주선의 엔지니어인 론다가 암호화된 메시지 형식으로 힌트를 전달했어요. 우주선에서 손상되었다는 장치와 숫자는 비어 있는 픽셀에 해당합니다.

4 예를 들면, '감압장치(decompression device) 모델 1347'은 결국 D열 1, 3, 4, 7행의 네모 칸에 해당하는 셈이죠.

5 그렇게 해서 비어 있는 네모 칸을 모두 칠하면, QR 코드를 읽고 전체 메시지에 접근할 수 있을 겁니다. 인터넷이 연결되지 않는다면 그녀가 보낸 메시지는 222쪽에서 확인할 수 있습니다.

6 메시지에서 론다는 선장이 동료들 중 한 명에 의해 살해되었다고 주장하고 있어요. 하지만 범인의 얼굴을 보지는 못했다고 하네요.

7 이 사진 덕분에 승무원들의 이름을 모두 확인할 수 있습니다. 그들 중에서 누가 선장을 살해했을까요?

8 론다는 간신히 사진을 찍었지만, 범인이 우주복을 입고 있어서 누구인지 확인할 수는 없었습니다. 다만 한 가지 중요한 단서를 얻을 수 있어요. 범인의 우주복에는 미국 국기가 달려 있습니다.

…몇 분 전에 갑자기 쿵 하고 부딪치는 소리가 나서 낮잠을 자다 깼어요.

9 사진을 잘 보면, 범인이 어떤 무기를 사용해 선장을 내리쳤는지 알 수 있습니다. 소화기로 사람을 죽였군요. 론다는 그 소리를 듣고 낮잠을 자다 깼던 겁니다.

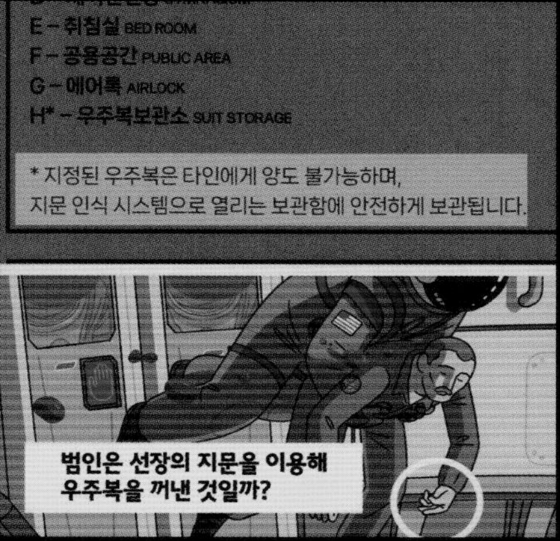
E – 취침실 BED ROOM
F – 공용공간 PUBLIC AREA
G – 에어록 AIRLOCK
H* – 우주복보관소 SUIT STORAGE
* 지정된 우주복은 타인에게 양도 불가능하며,
지문 인식 시스템으로 열리는 보관함에 안전하게 보관됩니다.
범인은 선장의 지문을 이용해
우주복을 꺼낸 것일까?

10 안내판에 따르면 우주복은 지문 인식을 통해서만 잠금 해제할 수 있습니다. 그렇다면 범인은 선장의 우주복을 꺼내 입은 걸지도 모릅니다. 선장의 지문을 이용해 잠금을 해제할 수 있으니까요.

11 그런데 다른 우주 비행사들은 선장의 옷을 입기에 키가 너무 큽니다. 그렇다면 범인은 자기 우주복을 입었던 것이 분명합니다.

12 만약 범인이 미국인이라면 프랑스 우주비행사인 베르나르는 용의선상에서 배제됩니다.

13 또한 론다도 살인 사건과 아무 관련이 없습니다. 범행 현장 사진은 그녀의 우주복에 있는 카메라로 찍은 것이니까요. 따라서 사진에 나오는 우주복은 그녀의 것이 아닙니다.

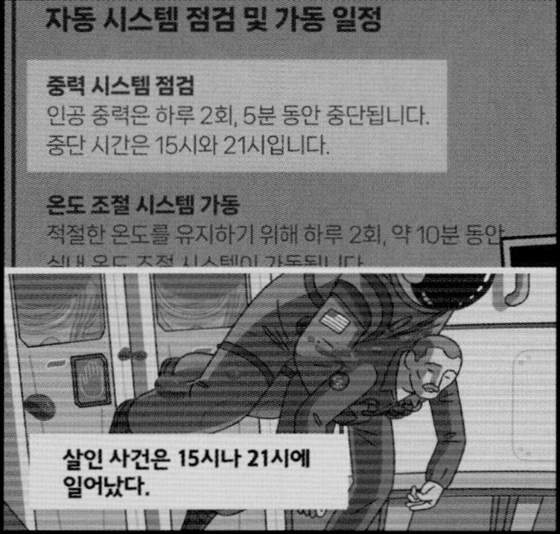

14 누가 범행이 가능했는지 알아내려면 살인이 일어난 시간을 확실히 알아내야 해요. 론다가 전해준 사진을 통해 사건이 무중력 시간 동안 일어났다는 것을 알고 있습니다.

15 그런데 론다의 메시지 속에 중요한 단서가 있습니다. 그녀는 잠에서 깼을 때 온도 조절 시스템이 가동되려면 아직 '몇 시간'이나 남아 있었다고 말했죠.

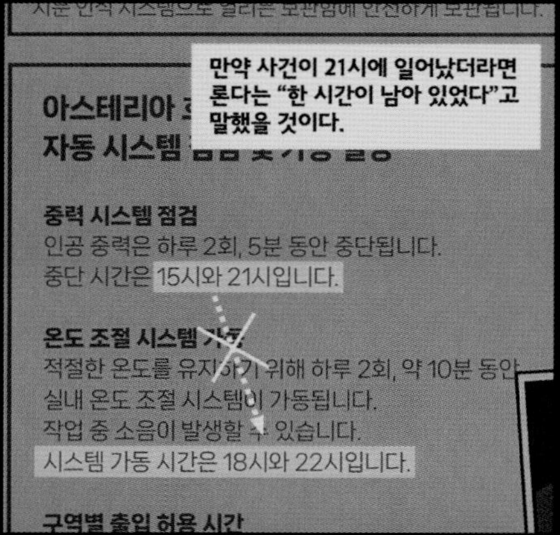

16 온도 조절 시스템은 18시와 22시에 가동됩니다. 만약 사건이 21시에 일어났다면 론다는 복수형이 아닌 '한 시간이 남아 있었다'고 말했을 거예요. 그렇다면 사건은 15시에 일어난 것이 분명합니다.

17 이 정보 덕분에 어떤 우주 비행사의 알리바이가 거짓말이라는 게 발각됩니다. 사건 당시 우주 비행사들은 각자 어느 장소에서 선장이 밖에 떠다니는 것을 보았다고 진술했지요.

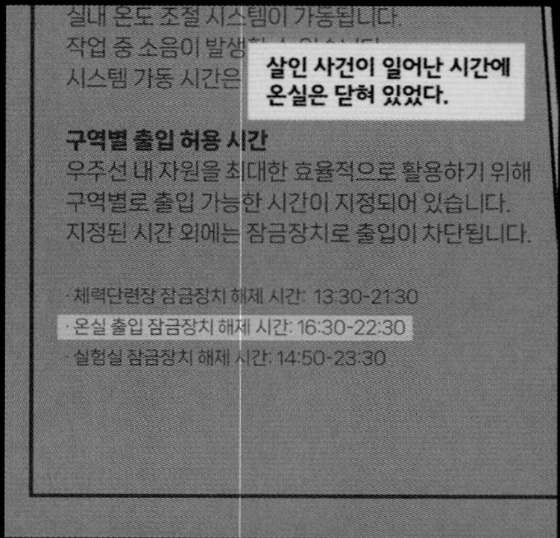

18 하지만 일부 구역은 하루 종일 열려 있지 않습니다. 각 방에 들어갈 수 있는 시간이 정해져 있죠. 그리고 범행이 일어난 15시에 온실 문은 굳게 닫혀 있었습니다.

G
우주 개발의 시대가 온다!
류 역사상 최초로 화성에 발자국을 남기리라 기대되는 아스테리아 호의 우주비행사
왼쪽부터) 키팅, 베르나르, 론다, 스펜서, 그리고 페레스

19 페레스는 온실에서 선장의 시신을 봤다고 했어요. 하지만 그건 거짓말이었습니다. 그가 범인입니다.

우주의 미스터리

사건의 진실

화성 탐사 임무를 마치고 지구로 귀환하기 며칠 전, 작은 소행성이 우주 탐사선 아스테리아 호에 부딪히는 사고가 일어났다. 다행히 치명적인 사고는 아니었지만, 생명 유지 장치와 물탱크가 손상되고 말았다. 이 사고로 지구에 귀환하는 기간 동안 네 명의 승무원만 살 수 있을 정도의 산소와 물만 남게 되었다. 따라서 지구에 무사히 귀환하려면 그들 중 한 명이 자신을 희생해야만 하는 상황이 되어 버린 것이다. 격렬한 토론 끝에 그들은 제비뽑기로 누가 스스로 목숨을 버릴 것인지를 결정하기로 했다.

하지만 그들 중 가장 나이가 어린 페레스는 추첨으로 희생자를 결정하는 것이 부당하다고 생각했다. 그는 스펜서 선장이 자신을 희생하는 것이 마땅하다고 생각했다. 그건 그 임무를 이끄는 선장으로서의 그가 감당해야 하는 책임이었을 뿐만 아니라, 승무원들 중에서 나이도 가장 많았기 때문에 그런 생각을 한 것이다. 그래서 페레스는 모두를 위한다는 명목으로 그를 살해하고, 스스로를 희생한 것처럼 보이도록 만들 계획을 세우게 된다.

페레스는 우주선에서 하루 두 번씩 실시하는 5분간의 무중력 시간이 범행을 저지를 좋은 기회라고 생각했다. 그때를 이용하면 선장의 시신을 힘들이지 않고 끌고 갈 수 있기 때문이다. 그는 다른 동료들이 우주선 이곳저곳에 흩어져 있는 틈을 이용해, 만에 하나 발각될 경우에도 자기 신원이 노출되지 않도록 우주복을 착용한 뒤, 살금살금 스펜서에게 다가갔다. 그러고는 소화기로 그의 머리를 내리쳐 의식을 잃게 만들었다. 이 둔탁한 소리를 듣고 잠에서 깬 론다는 불안한 생각이 들어 자리에서 일어나 우주선 안을 돌아다녔다. 그리고 그녀는 끔찍한 장면을 목격하고 말았다. 우주복을 입은 동료가 의식을 잃은 선장을 끌고 어디론가 가고 있는 것이다. 그녀는 기지를 발휘해 자기 우주복에 달린 카메라로 그 장면을 촬영할 수 있었다. 하지만 범인이 선장을 데리고 아래층으로 내려가면서 문을 닫는 바람에 더 이상 볼 수가 없었다.

그녀는 도움을 청하기 위해 재빨리 위로 올라 왔지만, 그 순간 동료들의 비명소리가 들렸다. 그리고 모두 선장이 우주선 밖에 떠다니는 것을 알게 됐다. 그제야 그녀는 범인이 우주복도 입히지 않은 채 선장을 밖으로 밀어 버렸다는 것을 알아차렸다. 선장을 구하기 위해 모두 우주선 밖으로 나간 틈을 이용해, 그녀는 지상 관제소에 메시지를 보내 방금 자신이 목격한 것을 알려 주었다. 하지만 우주선의 손상으로 메시지는 제대로 전송되지 않았다. 우주선으로 돌아온 동료들은 휴스턴에 메시지를 보내 일어난 사건을 보고했다. 다행히 이번에는 통신 시스템이 제대로 작동하고 있었다. 론다도 이 기회를 이용해 자기 메시지를 다시 보내고 싶었지만, 주변에 있는 다른 승무원들의 눈치가 보여 그렇게 할 수가 없었다. 그래서 그녀는 이전에 전송하려고 했던 QR 코드를 완성할 수 있는 데이터를 암호화시켜 동료들이 보내는 메시지 안에 간신히 포함시킬 수 있었다. 다행히도 휴스턴에서는 탐정의 도움을 받아 론다가 보낸 메시지 내용을 완성해 범인을 찾아낼 수 있었다. 그리고 지구로 돌아오는 동안 범인을 무사히 구금시킬 수 있었다.

CASE **12**

실험실 폭발 사고

어떤 젊은 연구원이 실험실에서 일어난 엄청난 폭발 사고로 인해 목숨을 잃고 말았습니다.
겉으로 보기에는 일부 화학물질을 잘못 사용해서 일어난 불행한 사고가 분명한 듯합니다.
하지만 당신은 사건 현장을 조사하다가 의심스러운 점을 발견합니다.
이 사건은 과연 진짜 사고였을까요?

사건을 해결하는 데 걸린 시간은?

이 사건의 범인은?

그 증거는?

살해 동기는?

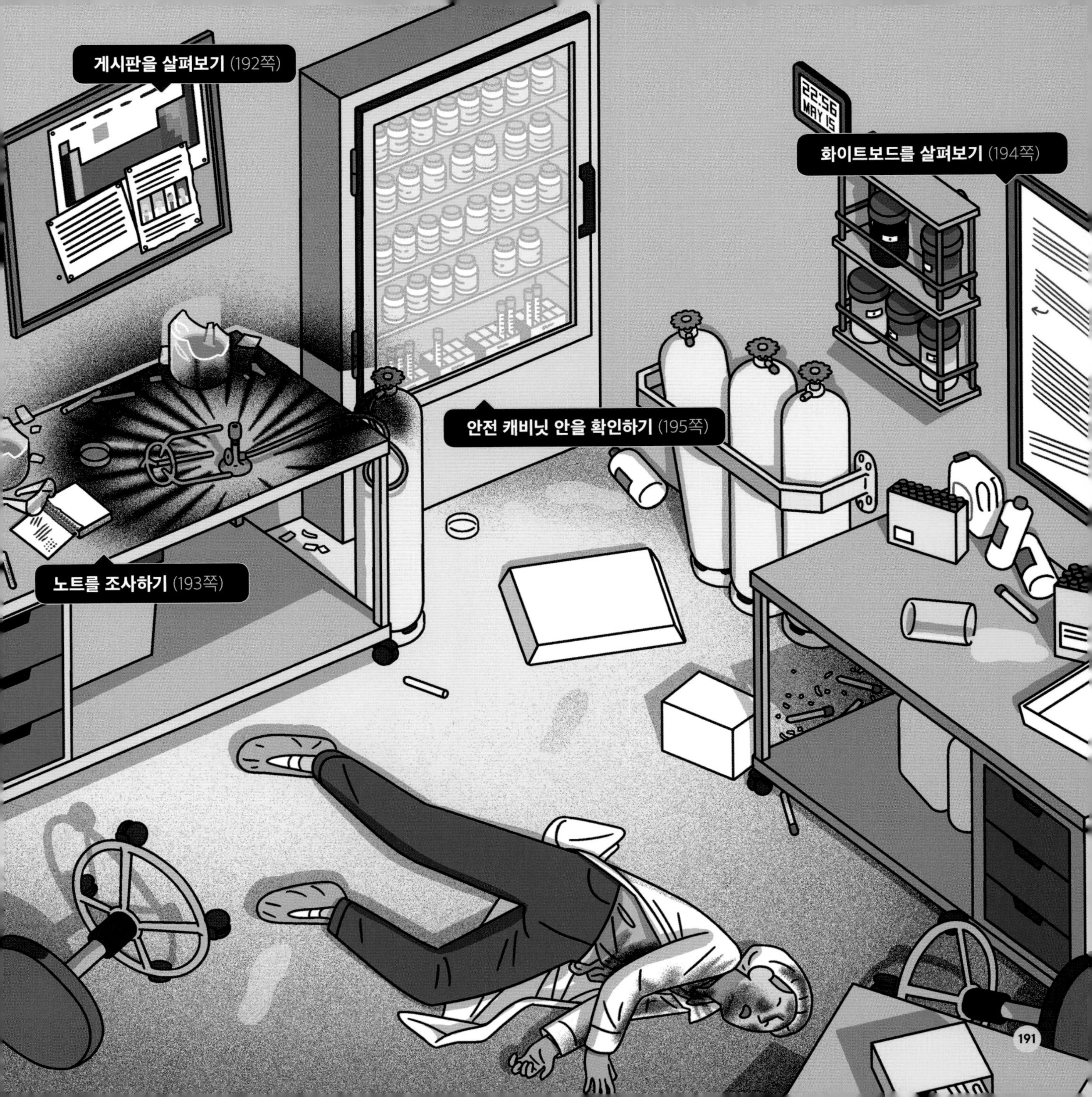
게시판을 살펴보기 (192쪽)
22:56
MAY 15
화이트보드를 살펴보기 (194쪽)
안전 캐비닛 안을 확인하기 (195쪽)
노트를 조사하기 (193쪽)

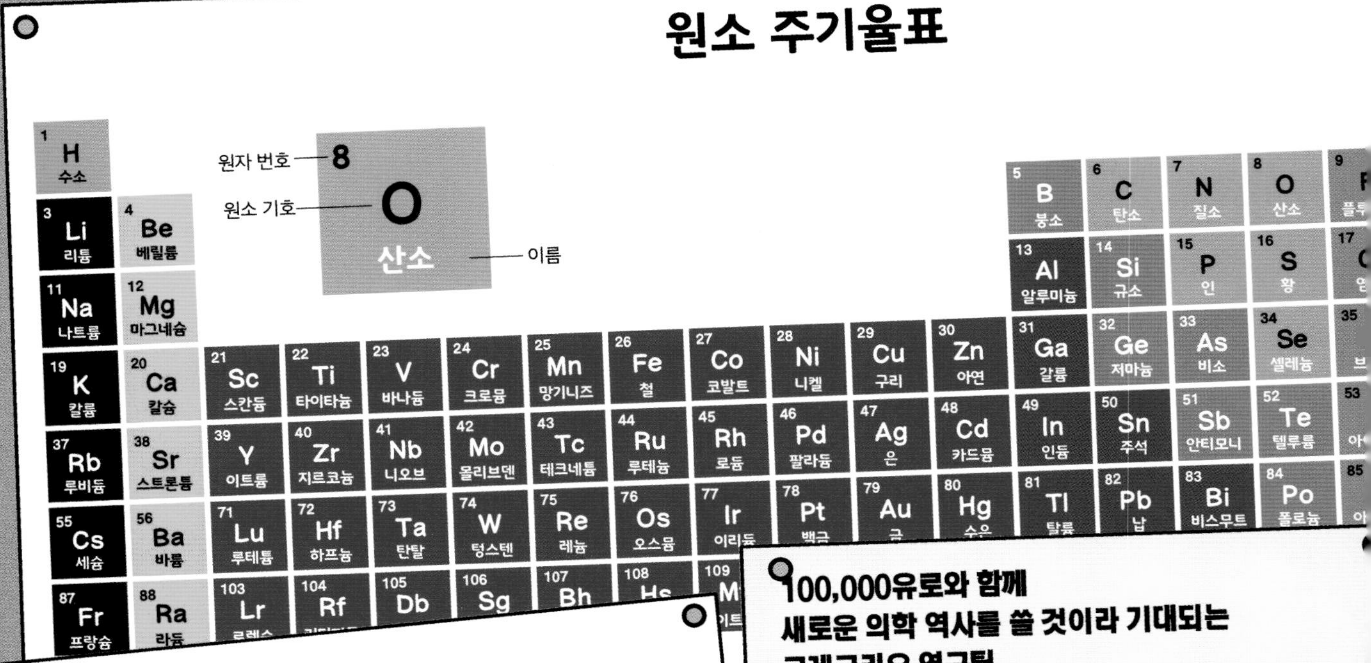

아이디어를 훔치거나 연구 진행을 저지할 의도로 경쟁사의 인물들이
회사에 잠입했을 가능성이 있다는 의혹이 제기되었음.
이에 지금 이 시간부터 모든 연구원들은 숫자 대신
기호 기반으로 암호화된 번호 체계를 이용해야 함.
기존의 숫자를 대신해서 사용해야 할 기호들은
연구원 개인 이메일로 안내함.
보안에 각별한 주의를 요함.

연구팀장

100,000유로와 함께 새로운 의학 역사를 쓸 것이라 기대되는 그레고리오 연구팀

노바필 제약회사는 희귀 질병에 대한 확실한 약리학적 치료제를 발견할 경우, 총 100,000유로의 상금을 수여하는 조건으로 뛰어난 젊은이들로 구성된 연구팀을 선발했다. 이 연구팀은 노벨 화학상에 빛나는 그레고리오 델 이에로가 이끌 예정이다

B. 프라트 B. 로만 B. 팔레르 B. 린콘

리옥신은 어떻게 될 것인가?

현재 리옥신 주식회사는 그레고리오 연구팀이 싸우고 있는 질병에 대한 유일한 완화 치료제를 제공하고 있다. 하지만 조만간 그 질병에 대한 확실한 치료제가 노바필 제약회사에서 발견될 수 있다는 전망이 나오고 있다. 만약 그 예측이 현실화될 경우 리옥신 주식회사는 주력 사업 부문을 모두 잃을 위험에 처하게 될 것이다.

연구 일지. 5월 △○일
지금까지 실험한 결과
□와 ♡💧을 먼저
혼합하는 것이 기본이다.
에 새로운 화학 원소를 추가 작업 중인데,
무래도 이것이 핵심이 될 것 같다.
든 면에서 볼 때, 원자번호 ⬡◇이
든 문제의 해답을 찾아낼 수 있는
열쇠임이 분명하다.
☾ x ▽ = ⬡□
▽ x ☆ = ♡◇
☾ x ☆ = ♡□
유레카!
샘플 번호
△▽💧☆☾○♡□◇⬡
이 딱 들어맞는다!
저녁 식사 후에 그것이 어떤 반응을
보이는지 확인하기 위해 극한의 온도에서
몇 가지 실험을 하겠지만,
드디어 치료제 개발에 성공하리라는
것은 분명하다.

원소 용기는 한 쌍씩 구비할 것.
작업할 때는 하나만 안전 캐비닛에서 꺼내서 사용하고
사용 후에는 다시 원래 위치로 갖다 놓아야 함.
다 쓴 경우에는 반드시 새 걸로 교체할 것.

현재 작업 중인 기본 다섯 개의 액은
순수한 형태든 혼합물이든
원래 무색이기 때문에, 작업하기 편하도록
기본 색상의 염료를 첨가했음.

나는 오늘 실험실에 들르지 않겠지만,
모자를 착용하는 것을 절대 잊지 말 것.
브루노에게는 선택 사항이지만,
나머지에게는 필수임. 그리고 상자에
있는 안전 고글도 마찬가지임.
단 브루노와 베르나르는 맞춤 고글을 가져와도 됨.
왼손잡이 군의 왼손용 가위와
어젯밤 바닥에 떨어져 있던 귀걸이는
첫 번째 서랍에 넣어 두었음.

큰 진전이 없더라도
오전에 다시 검토할 수 있도록 작업하고 있는 샘플을
유리 진열장에 넣어 두도록 할 것.

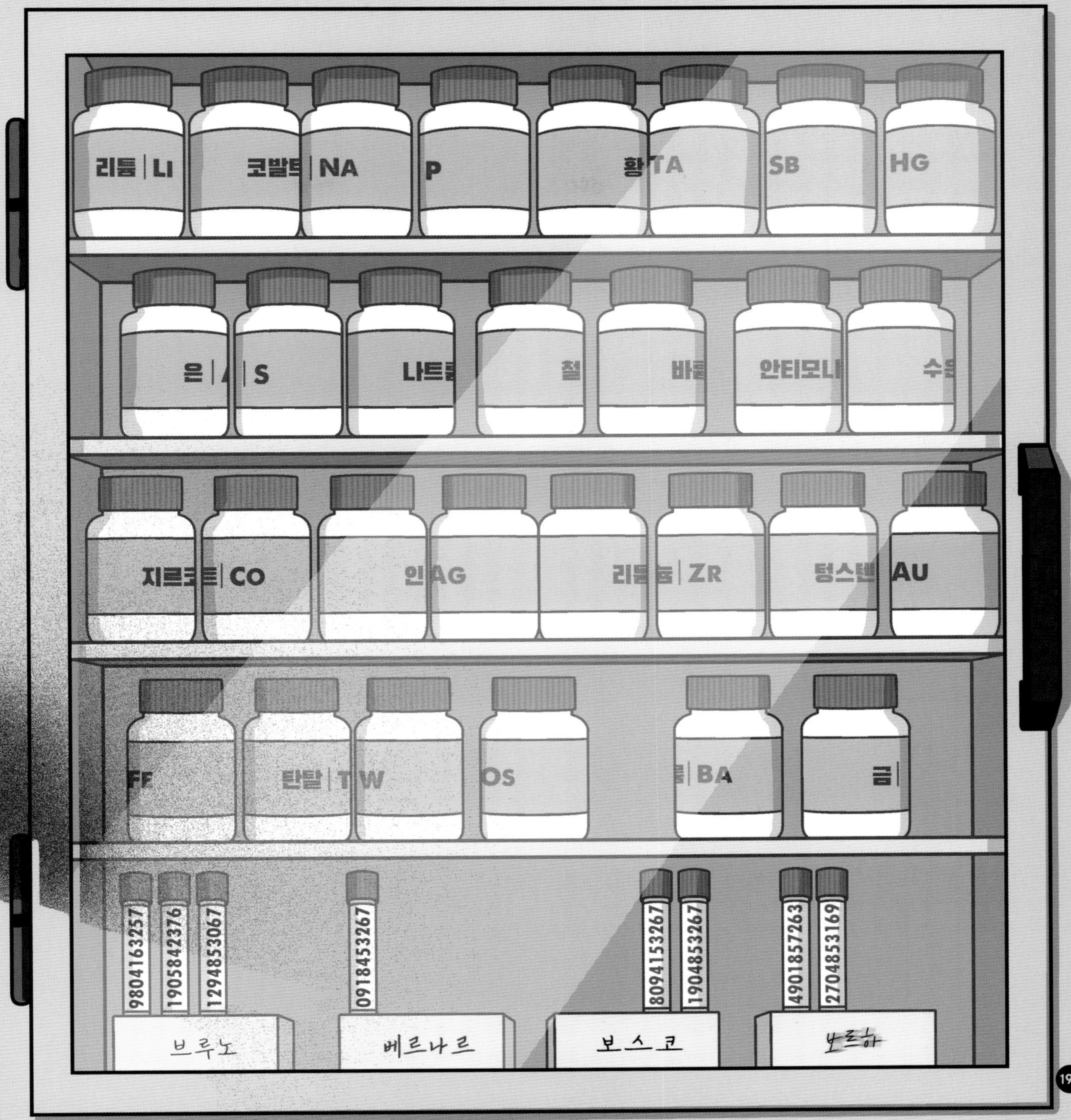
리튬 | LI
NA
P
TA
SB
HG
S
철
CO
AG
ZR
AU
탄탈
OS
BA
금
9804163257
1905842376
1294853067
0918453267
8094153267
1904853267
4901857263
2704853169
브루노
베르나르
보스코
보르하

사건의 실마리

이 사건을 해결하기 위해 굳이 여기 나온 단서를 읽을 필요는 없습니다. 하지만 당신의 추리가 미궁에 빠져 있다면, 아래의 단서가 도움이 될 것입니다. 그렇지만 한꺼번에 다 읽으려고 하지는 마세요. 어쩌면 하나의 단서만으로도 수수께끼를 풀 수 있는 열쇠를 찾을지 모르니까요. 그럼 행운을 빌어요!

단서 1

노트에 나오는 두 기호의 의미를 알려면 우선 그가 작업하고 있는 액체가 초록색이라는 것을 알아차려야 합니다. 각 액체마다 다른 염료를 사용했다는 사실이 언급되어 있어요. 그러면 한번 생각해 보세요. 어떤 두 가지 색을 섞어야 초록색이 나올까요?

단서 2

육각형과 마름모꼴 기호가 의미하는 바를 알려면 안전 캐비닛에서 빠져 있는 화학 원소를 찾아내야 할 겁니다. 그것이 피해자가 사용하고 있던 원소일 테니까요. 안전 캐비닛 안에는 각 화학 원소가 담긴 용기가 두 개씩 준비되어 있습니다. 그렇다면 용기가 하나밖에 없는 원소는 무엇인가요?

단서 3

샘플 번호가 완성되면, 해당 샘플이 안전 캐비닛 안에 있다는 것을 확인할 수 있을 겁니다. 하지만 각 샘플 상자가 누구의 것인지 확인해 보면, 피해자가 아닌 누군가 실험에 성공한 샘플을 가로챘다는 것을 알 수 있을 거예요.

사건 해결

이 불행한 사고의 진짜 원인은 무엇일까요?
사건 현장을 하나씩 조사해보고 미스터리를 풀어보겠습니다.

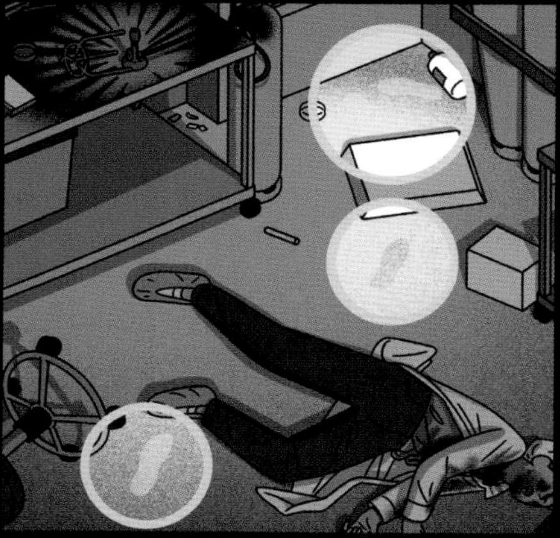

1 바닥에 나 있는 발자국을 살펴보면, 폭발사고가 일어난 뒤 누군가가 현장에 들어와 피해자 위로 넘어 갔다는 것을 알 수 있어요. 그렇다면 살인자가 있다는 가설이 힘을 얻겠죠.

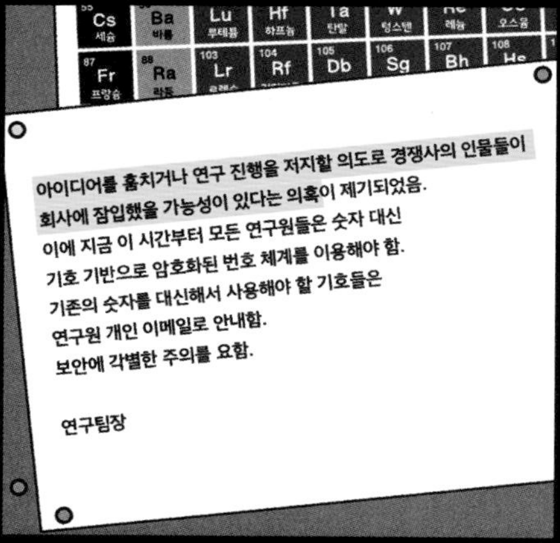

아이디어를 훔치거나 연구 진행을 저지할 의도로 경쟁사의 인물들이
회사에 잠입했을 가능성이 있다는 의혹이 제기되었음.
이에 지금 이 시간부터 모든 연구원들은 숫자 대신
기호 기반으로 암호화된 번호 체계를 이용해야 함.
기존의 숫자를 대신해서 사용해야 할 기호들은
연구원 개인 이메일로 안내함.
보안에 각별한 주의를 요함.
연구팀장

2 코르크 게시판에 붙어 있는 공지문과 소식을 읽어 보면, 이 범행의 몇 가지 동기를 짐작할 수 있습니다. 신약 발견을 저지하려는 산업 스파이가 있을 가능성이 있어요.

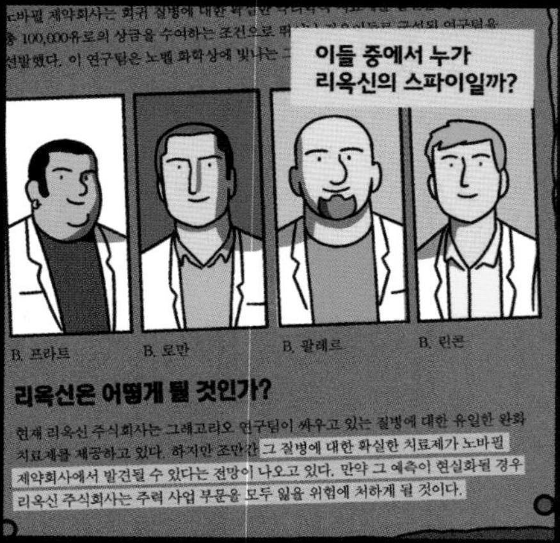

이들 중에서 누가
리옥신의 스파이일까?
B. 프라트
B. 로만
B. 팔레르
B. 린콘
리옥신은 어떻게 될 것인가?
현재 리옥신 주식회사는 그래고리오 연구팀이 싸우고 있는 질병에 대한 유일한 완화 치료제를 제공하고 있다. 하지만 조만간 그 질병에 대한 확실한 치료제가 노바필 제약회사에서 발견될 수 있다는 전망이 나오고 있다. 만약 그 예측이 현실화될 경우 리옥신 주식회사는 주력 사업 부문을 모두 잃을 위험에 처하게 될 것이다.

3 이 실험실이 연구에 성공하면 리옥신은 결국 파산하게 될 거예요. 그렇다면 이들 중 한 명이 리옥신에서 보낸 스파이일까요?

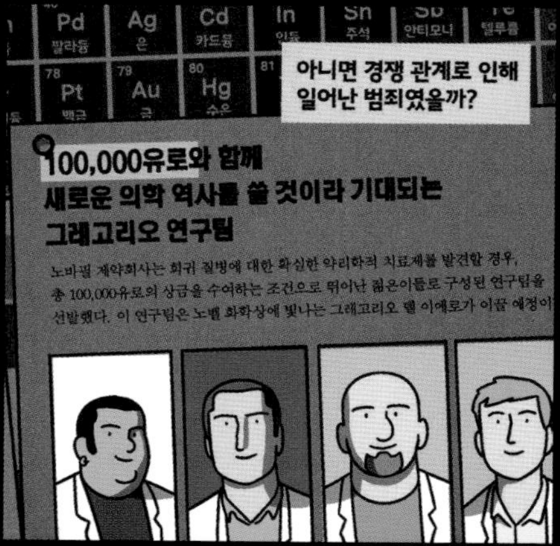

아니면 경쟁 관계로 인해
일어난 범죄였을까?
100,000유로와 함께
새로운 의학 역사를 쓸 것이라 기대되는
그래고리오 연구팀
노바필 제약회사는 희귀 질병에 대한 확실한 약리학적 치료제를 발견할 경우, 총 100,000유로의 상금을 수여하는 조건으로 뛰어난 젊은이들로 구성된 연구팀을 선발했다. 이 연구팀은 노벨 화학상에 빛나는 그래고리오 텔 이예로가 이끌 예정이

4 한편 실험실의 연구는 돈과 명성이라는 동기에 의해 진행되었기 때문에, 동료들 간의 단순한 경쟁에 의해 일어난 방해 공작이었을지도 모릅니다.

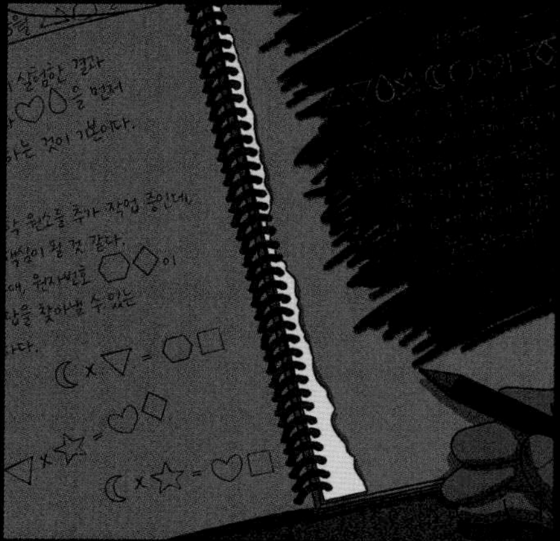

5 노트를 잘 살펴보면, 누군가가 한 장을 뜯어갔다는 것을 알 수 있어요. 하지만 볼펜으로 글을 쓰면 그 아래 페이지에 흔적이 남게 되죠. 따라서 연필로 칠해 보면, 뜯어간 페이지에 어떤 내용이 담겨 있는지 알 수 있습니다.

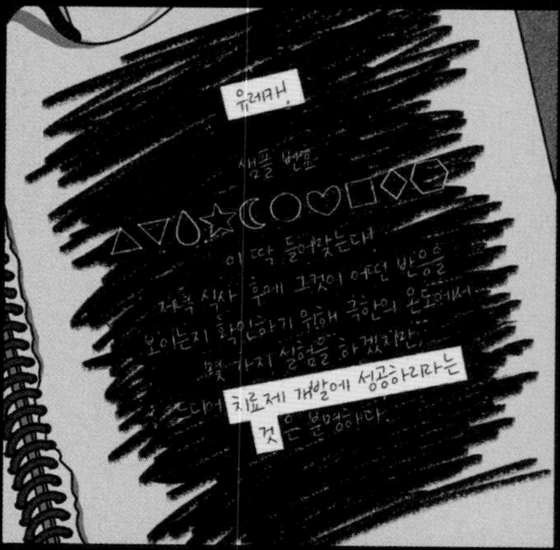

6 이 노트만 보면 피해자는 확실한 치료제를 발견한 것으로 보이는군요. 그게 사실이라면 그는 약속된 상과 명성을 얻게 되겠죠.

7 노트를 읽어 보면 피해자가 밖에서 저녁을 먹고 난 다음, 아주 높은 온도에서 실험을 하려고 했다는 것을 알 수 있어요. 그리고 불을 켜는 순간 폭발이 일어난 것이 분명합니다.

8 자세히 보면 가스통 한 개의 밸브가 열려 있군요. 그렇다면 누군가가 몰래 실험실에 들어와 실험 성과를 발견하고는 가스 밸브를 열어 놓았던 겁니다. 이 폭발 사고는 살인 사건입니다.

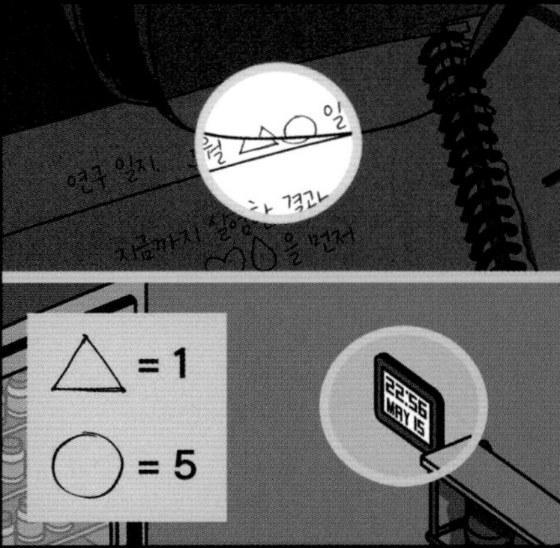

9 범인을 알아내려면 우선 피해자가 사용한 기호 체계를 풀어야 합니다. 처음 나온 두 개의 기호는 시계를 보면 알 수 있어요. 오늘은 5월 15일입니다.

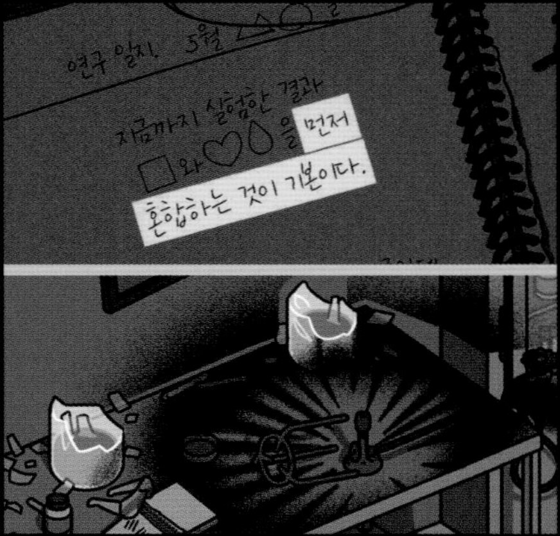

10 여기 나오는 네모와 하트, 그리고 물방울 모양의 기호의 의미를 알아내려면 테이블 위에 있는 혼합물이 초록색이라는 것에 주목해야 합니다.

11 안내 사항을 보면 액체들이 기본 색상으로 착색되었다는 것을 알 수 있어요. 초록색은 파란색과 노란색을 혼합해서 만들죠.

12 결론적으로 네모 기호는 2, 하트와 물방울 모양의 기호는 각각 3과 0을 의미한다는 것을 알 수 있어요.

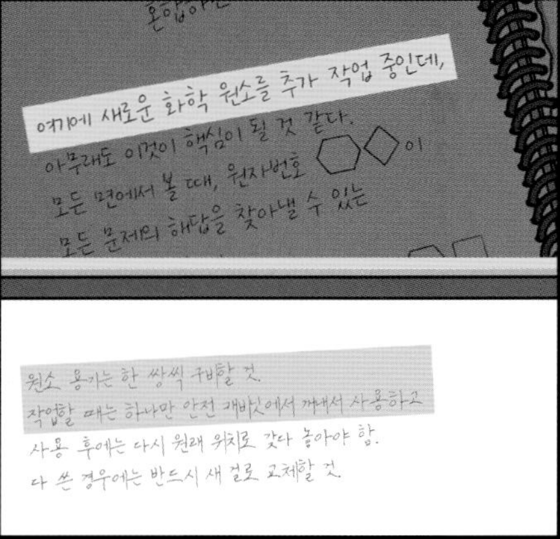

13 그다음에 나오는 기호는 어떤 원소의 원자번호에 해당합니다. 칠판에 적힌 글에 따르면 안전 캐비닛에는 각 원소의 용기가 두 개씩 있다고 하는군요.

14 피해자가 어떤 원소를 사용하고 있었는지 알아내려면 하나만 남은 용기가 무엇인지 찾아내야 합니다.

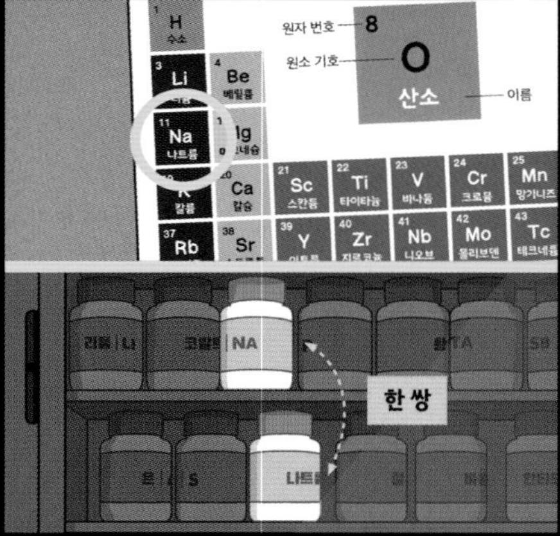

15 각 이름을 그것의 원소 기호와 연결하면 짝을 찾아낼 수 있어요. 이때 원소 주기율표를 이용하면 도움이 될 거예요. 예를 들어 나트륨의 원소 기호는 Na죠.

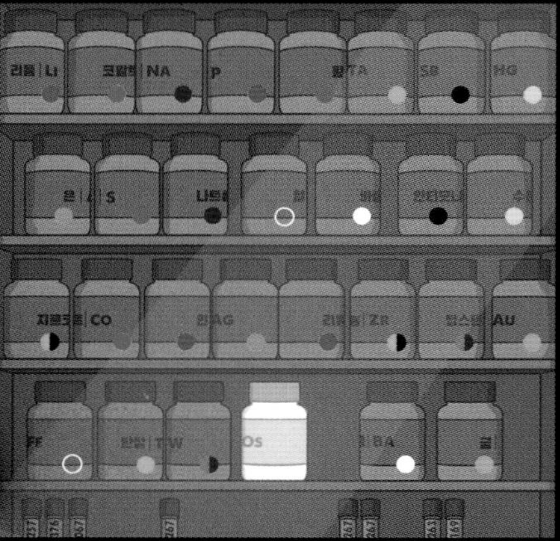

16 안전 캐비닛에 보이지 않는 원소는 오스뮴입니다.

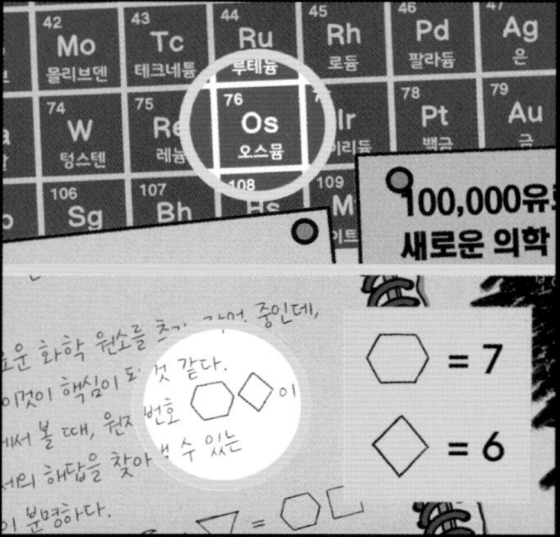

17 그것의 원자번호는 76이에요. 따라서 육각형 기호는 7, 마름모꼴 기호는 6을 의미하는 겁니다.

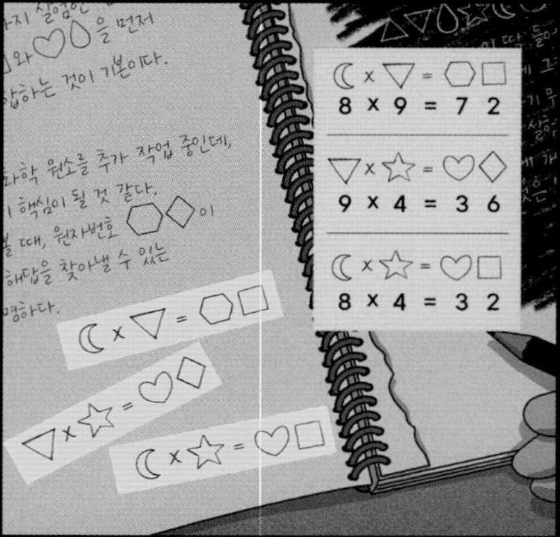

18 그다음에 나오는 기호의 의미를 알아내려면 간단한 수학 게임을 풀어야 할 겁니다. 들어갈 수 있는 숫자는 무엇일까요? 가능한 결과는 단 하나뿐이에요.

19 이제 최종적인 숫자를 밝히기 위해 필요한 모든 기호의 의미를 알아냈습니다. 노트에 적힌 글에 따르면, 이러한 일련번호를 가진 샘플이 바로 그토록 간절하게 찾고자 했던 치료제일 거예요.

20 안전 캐비닛을 확인해 보면 그 샘플이 보스코의 상자 속에 있다는 것을 알 수 있을 거예요. 그런데 사진 속 인물들 중에서 누가 보스코일까요? 그들의 이름은 모두 'B'로 시작되거든요.

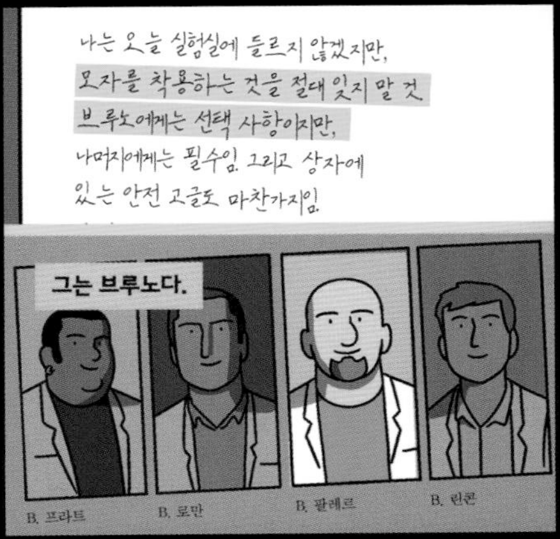

21 이 문제를 해결하려면, 화이트보드에 적어놓은 지시사항에 주목해야 합니다. 그 글에 따르면, 모자를 쓰지 않아도 되는 사람은 브루노밖에 없어요. 브루노는 대머리니까요.

22 또 브루노와 베르나르는 맞춤 고글을 사용해도 된다고 적혀 있어요. 피해자의 책상에 있는 고글은 도수가 있는 맞춤형이에요. 따라서 브루노가 아니라면 피해자는 베르나르입니다.

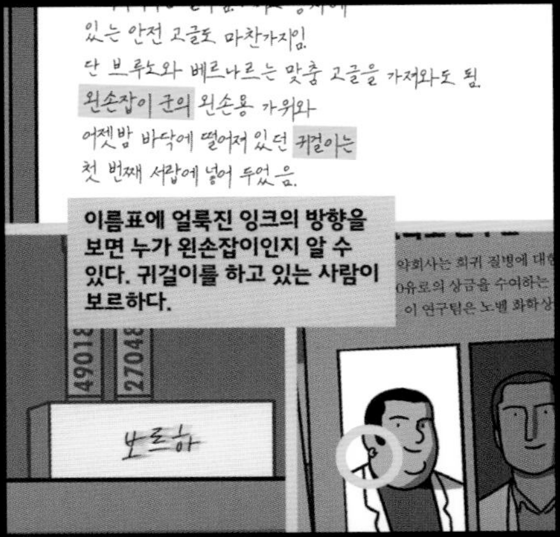

23 그리고 칠판에는 피어싱을 한 사람을 '왼손잡이 군'이라고 부르고 있어요. 이름표에 잉크가 오른쪽으로 번져 있는 것을 보면 보르하가 왼손잡이면서, 사진 속에서 피어싱을 한 사람이 분명합니다.

24 실험에 성공한 치료제가 발견자인 베르나르의 상자가 아니라, 엉뚱하게 보스코의 상자에 들어 있습니다. 그는 공로를 가로채고 100,000유로의 상금을 차지하기 위해 샘플을 바꿔치기한 거예요.

실험실 폭발 사고

사건의 진실

노바필 제약회사는 희귀 질병을 확실하게 치료할 수 있는 약의 개발에 매진하고 있었다. 하지만 치료제를 최종적으로 완성하는 것은 힘든 일이었다. 연구를 좀 더 빠르게 진전시키기 위해, 노바필은 연구를 성공적으로 마무리할 경우 100,000유로의 상금을 주는 조건으로 재능 있는 네 명의 연구원과 고용 계약을 새롭게 맺었다. 젊은 연구원들은 해당 분야의 권위자, 즉 노벨 화학상에 빛나는 그레고리오 델 이에로의 지휘 하에 연구를 진행하게 될 예정이었다. 젊은 연구원들은 부와 명예를 위해 경쟁심에 불타 연구에 매진했다. 덕분에 신약 개발이 곧 성공할 것 같자 실험실에 스파이가 잠입했을 가능성이 있다는 소문을 접한 연구팀장은 기존의 숫자 대신 기호 체계를 이용해 연구를 진행하기로 결정했다.

그러던 어느 날, 젊은 연구원 베르나르 린콘은 드디어 치료제 완성에 획기적인 진전을 이루기 시작했다. 매일 늦게까지 실험실에 남아 연구를 하던 어느 순간, 연구의 비밀을 풀 수 있는 열쇠를 발견하게 된 것이다. 그는 들뜬 마음으로 그 결과를 연구일지에 적어놓은 다음, 실험에 성공한 샘플을 안전 캐비닛 안에 넣었다. 그리고 너무 배가 고파 데이터를 계속 확인하기 전에 저녁을 먹으러 잠시 나가기로 했다.

베르나르가 식사를 하러 잠시 자리를 비운 사이, 동료 연구원인 보스코 로만이 실험실에 들어왔다. 그는 베르나르의 노트를 몰래 살펴보다 그가 실험에 성공했다는 사실을 알아차렸다. 보스코는 자신이 돈과 명성을 얻을 기회를 날렸다는 것을 깨달았다. 그런데 바로 그 순간, 그의 머릿속에 무시무시한 계획이 떠올랐다.

베르나르는 식사 후 높은 온도에서 몇 가지 실험을 할 예정인데 이때 '사고'로 가스가 샌다면 어떤 일이 발생할까? 실험실로 돌아온 베르나르가 불을 붙이는 순간 가스가 폭발하면서 결국 목숨을 잃고 말 것이다. 그러면 보스코는 베르나르의 샘플을 가로채고 명성과 100,000유로의 상금도 차지할 수 있게 된다.

보스코는 재빨리 베르나르가 사용한 기호 암호 체계를 풀고, 실험에 성공한 샘플의 번호를 적어두었다. 그런 다음 가스통 밸브를 열고 실험실을 빠져 나갔다. 그리고 그 부근에 숨어서 가스 폭발이 일어나기를 기다렸다. 마침내 실험실에서 폭발이 일어나자, 그는 실험실로 달려가 그 샘플이 든 시험관을 자기 샘플 상자에 넣었다. 곧 이어 그는 베르나르가 발견한 내용이 기록되어 있는 연구일지를 노트에서 뜯어내고 재빨리 사건 현장을 벗어났다. 그러나 탐정의 꼼꼼한 조사로 보스코의 거짓말은 밝혀졌고 그는 살인죄로 바로 체포되었다.

22:56
MAY 15

작가 소개

모데스토 가르시아는 그래픽 디자이너이자 콘텐츠 크리에이터다. 그는 넷플릭스, 펭귄 랜덤 하우스, 스페인 국영 라디오텔레비전 방송국, 버즈피드 등 다양한 미디어 매체에 수많은 콘텐츠를 창작•제공해왔다.

2018년 모데스토는 〈마드리드 페리아 델 리브로Feria del Libro de Madrid〉와 스페인 트위터 측이 주최한 스토리텔링 응모전 〈페리아 델 일로Feria del Hilo〉에서 최우수 픽션 스레드 상과 가장 바이럴한 스레드 상을 거머쥐었다. 트위터를 통해 범죄 사건의 해결을 시도하는 이 이야기는 수십만 개의 '좋아요'와 리트윗을 기록했을 뿐만 아니라, 영국의 국영방송 BBC에서는 이 놀라운 현상에 관한 다큐멘터리를 제작하기도 했다.

그 이후, 모데스토는 마누엘 바르투알과 손을 잡고 '#RedMonkey'라는 이름으로 두 번째 픽션 스레드를 발표하기 시작했다. 이를 위해서, 두 사람은 배우, 특수효과 전문가, 그리고 반전에 반전을 거듭하는 트랜스미디어 스토리텔링 제작 전문가들과 함께 작업을 진행했다. 그 결과 전 세계 여러 나라에서 수백만 건에 달하는 매스컴 방송 보도가 이루어졌다.

2019년, 마누엘 바르투알과 모데스토 가르시아는 스페인 국영 라디오텔레비전 방송국의 온라인 스트리밍 방송을 통한 〈#ElGranSecuestro〉라는 프로그램을 기획했다. 이는 스페인 최초의 인터랙티브 이스케이프 룸, 즉 네티즌들의 참여를 통해 납치당한 사람들이 탈출할 수 있도록 도와주는 방탈출 게임이었다.

2020년, 팬데믹이 장기화 조짐을 보이고 있을 때, 모데스토는 새로운 포맷의 인터랙티브 픽션을 선보였다. 이것이 엄청난 성공을 거두자, 그는 곧 관련 앱과 도서를 출간한다. 《당신은 사건 현장에 있습니다》는 전 세계로 번역 출간되며 인기를 끌었으며 이번에 두 번째 추리게임북까지 출간하게 되었다.

역자 소개

엄지영은 한국외국어대학교 스페인어과를 졸업하고 같은 학교 대학원과 스페인 콤플루텐세 대학교에서 라틴아메리카 소설을 전공했다.

옮긴 책으로 《당신은 사건 현장에 있습니다》, 《인공호흡》, 《계속되는 무》, 《길 끝에서 만난 이야기》, 《7인의 미치광이》, 《테베의 태양》, 《까떼드랄 주점에서의 대화》, 《역사의 끝까지》, 《우리가 불 속에서 잃어버린 것들》, 《침대에서 담배를 피우는 것은 위험하다》, 《사랑 광기 그리고 죽음의 이야기》 등이 있다.

CASE 02

충격의 코스튬 파티

해커가 개인적 사진을 유출하여 공개한 웹페이지

www.jbooks.joins.com/6038592503278
Mr. Hack
레비야스 고등학교의
벌거숭이 학생들을
공개한다.

CASE 04

욕조와 토스터기

촉망 받는 배우의 인스타그램

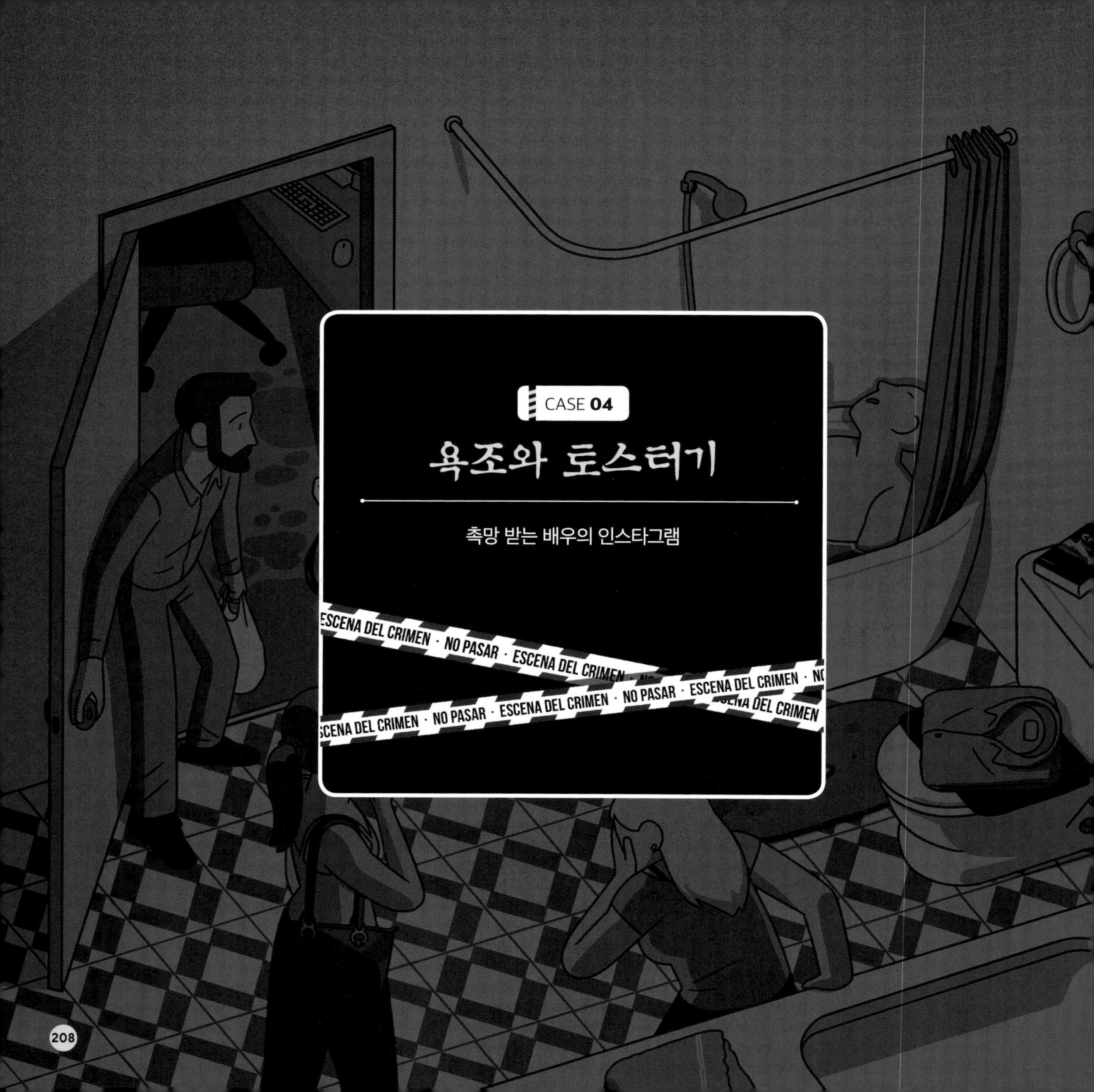

13:06
19894__
23
게시물
4
팔로워
3
팔로잉
빈센트
개인 계정🗝 DM🙅 | 항상 인생의 밝은 면을 보라🙌
팔로우
비공개 계정입니다
사진과 동영상을 보려면 계정을 팔로우하세요.

CASE **05**

사라진 우승 트로피

아이패드를 잠금 해제하면 확인할 수 있는 페이스북

3월 4일
74%
마리아노
마리아노 2021년 3월 2일 23:32
감기 때문에 계속 열이 나고, 콧물하고 기침이 나.
의사 말로는 이틀 정도 더 휴식을 취할 필요가 있대. 미안해!!
12개
마리아노가 태그된 사진
산드라
나는 그의 프로필에 나와 있어.
그가 내게 친구 요청을 보냈거든
그의 사진에
루카스도 한 번 나와.
그럼 넌 그들을 친구로 추가
할 거니?
Aa

CASE **07**

사냥꾼의 총이 겨냥한 것

전화를 걸었을 때의 통화 내역

1416번 통화

안녕하세요? 식료품점입니다.

비얄레레도 민병대입니다. 현재 이 지역 주민 사망사건을 수사하고 있습니다. 피해자는 피델이에요. 오늘 아침 일찍 그의 동생이 여기로 전화를 걸어, 형이 전화를 받지 않는다면서 혹시 지난 밤 사이 폭설로 인해 무슨 사고를 당한 건 아닌지 걱정이 된다고 하더군요. 저는 신고를 받고 그의 집으로 즉각 출동했습니다만, 피델 씨는 머리에 총상을 입고 이미 사망한 뒤였습니다. 혹시 피델 씨를 아십니까?

이런 맙소사! 물론 알기야 알죠. 하지만 그의 죽음을 슬퍼한다고 말씀은 못 드리겠네요. 나는 동물 권리 보호 활동가거든요. 우리는 오래전부터 이 지역에서 사냥을 중단할 것을 요구해왔죠. 우리는 그런 사냥꾼들을 증오해요. 그들은 아주 잔인한 방법으로 이 지역의 동물들을 죽이고 있으니까요. 오로지 자기들의 재미를 위해 동물들의 목숨을 앗아간다고요. 만약 누군가가 피델에게 총을 쏘았다면, 적어도 그는 같은 방법으로 앙갚음을 당한 셈이겠죠. 안녕히 계세요.

CASE 07

사냥꾼의 총이 겨냥한 것

전화를 걸었을 때의 통화 내역

1081번 통화

여보세요? 동물병원입니다.

안녕하세요? 비얄레레도 민병대입니다. 저희는 현재 피델 씨의 사망사건을 수사 중입니다. 방금 전에 그의 집에서 시신을 발견했습니다. 사망 원인은 머리에 입은 총상인 것으로 보입니다. 일단은 자살로 추정하고 있습니다만, 여러 가능성을 열어두고 있습니다. 피델과는 아는 사이죠? 혹시 선생님께서 알고 계신 게 있는지 궁금해서 전화드렸습니다.

하느님 맙소사! 피델이 죽었다고요? 그런데 … 저는 평소 그 사람하고 마음이 잘 통하는 편은 아니었죠. 하지만 그가 죽었다니 믿어지지 않는군요. 혹시 어제 있었던 일 때문에 그렇게 된 건 아닌지 모르겠네요. 어제 오후 늦은 시간에 피델과 그의 친구 라사로가 급히 나를 찾아왔더라고요. 피델이 라사로의 개를 멧돼지인 줄 알고 사냥총으로 쐈다는 거예요. 그래서 어떻게든 개를 살리려고 여기로 한걸음에 달려왔던 거죠. 하지만 병원에 도착했을 때, 개는 이미 피를 너무 많이 흘려 살 가망이 없었어요. 끔찍했죠. 라사로는 개를 잃은 슬픔에 제정신이 아니었어요. 그렇게 슬피 우는 사람을 본 적이 없을 정도였으니까요. 피델도 죄책감 때문에 괴로워하면서 미안하다는 말만 계속 하더군요. 솔직히 말해, 그 일로 어젯밤에 자살했다고 해도 그다지 놀랍지는 않을 것 같아요. 왜냐하면… 혹시 그가 살해당했다고 생각하시는 거예요? 그럼 라사로가 그에게 복수라도 했다는 건가요? 아, 너무 끔찍하군요. 이게 무슨 비극인지. 아무튼 제가 알고 있는 건 모두 말씀드렸어요. 필요한 게 있으면 언제든지 연락 주세요.

CASE **07**

사냥꾼의 총이 겨냥한 것

전화를 걸었을 때의 통화 내역

825번 통화

여보세요?

비알레레도 민병대입니다. 선생님의 친구인 피델 씨의 시신을 자택에서 발견했다는 소식을 알려드리게 되어 유감입니다. 그분이 스스로 목숨을 끊었는지, 아니면 살해당했을 가능성이 있는지, 아직은 조사 중입니다.

뭐라고요? 어떻게 그런 일이……? 아니에요, 절대 그럴 리 없어요. 어제만 해도 저하고 같이 있었거든요. 그런데 그 친구가 죽었다고요? 끔찍하군요.

아실지 모르겠지만, 어제 그 친구가 실수로 내 개를 총으로 쐈어요. 그는 쓰러진 개를 들어 품에 안고 차로 달려가서는 곧장 우리 집으로 왔더군요. 어떻게든 개를 살려 보려고 우린 함께 동물병원으로 갔어요. 하지만 가엾은 녀석은 결국 다시는 눈을 뜨지 못했어요. 물론 저는 피델에게 펄펄 뛰며 화를 냈죠. 어쨌든 내 개를 죽였으니까요! 하지만 그건 실수로 일어난 사고였을 뿐이에요. 마음속으로는 그를 조금도 탓하지 않았어요. 그런데 그 친구는 심한 죄책감을 느끼고 있더군요. 그의 눈만 봐도 알 수 있었죠. 그렇다고 스스로 목숨을 끊다니…. 모르겠네요…. 솔직히 이해가 안 가는군요. 하지만 그가 누군가에게 살해당했다고 생각하는 것도 이상하기는 마찬가지예요….

뭔가 알아내면 저한테 꼭 연락 주세요. 그럼 안녕히 계세요.

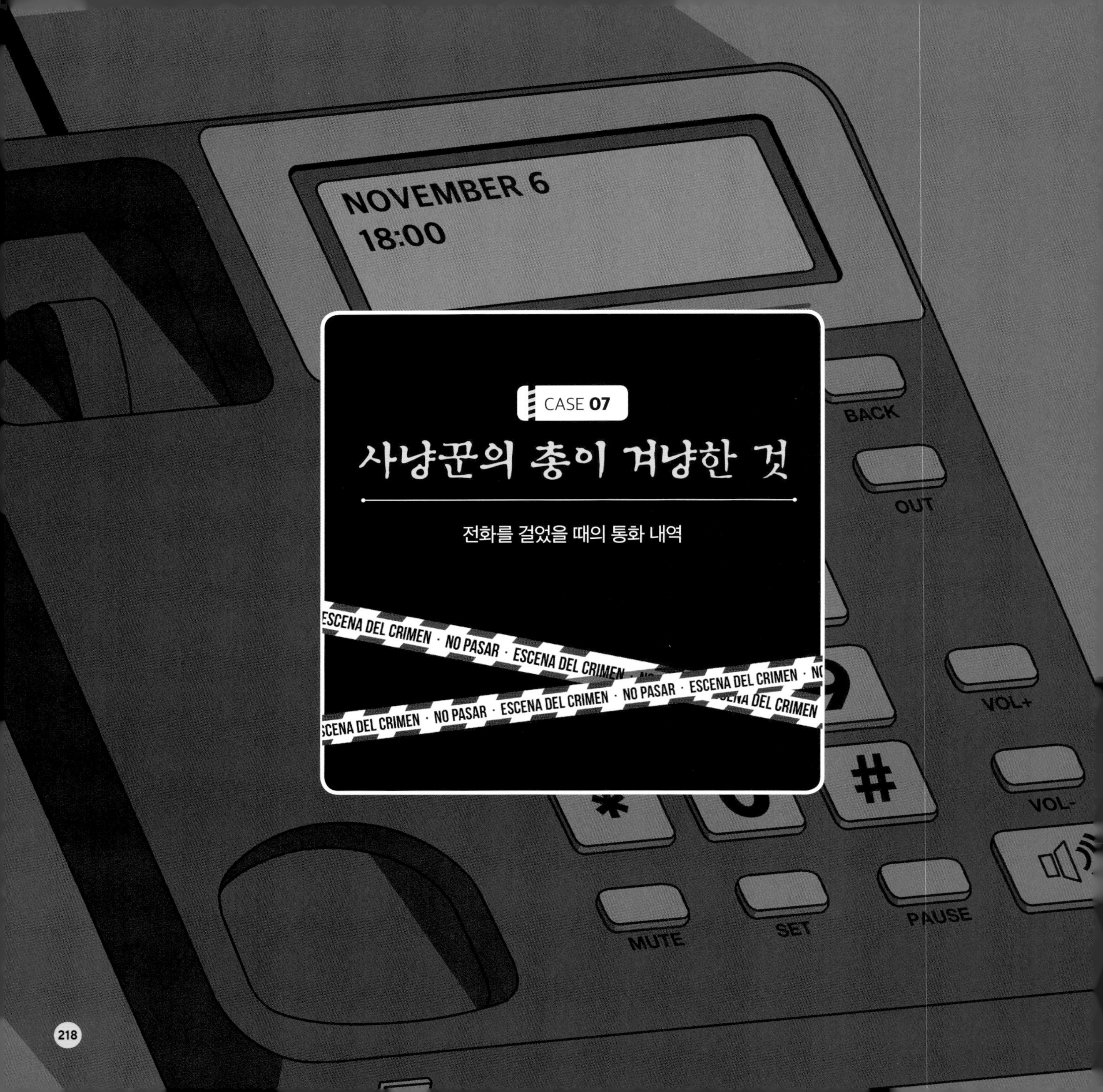

CASE **07**

사냥꾼의 총이 겨냥한 것

전화를 걸었을 때의 통화 내역

1436번 통화

비얄레레도 델 엔시나르 시청의 시장입니다. 말씀하세요.

안녕하세요, 시장님? 비얄레레도 민병대입니다. 지금 지역 주민인 피델 씨 사망사건을 수사 중입니다. 금일 오전에 그의 자택에서 시신을 발견했습니다. 일단은 머리에 총상을 입고 사망한 것으로 보이는데, 누군가에 의해 살해당했을 가능성도 열어두고 있습니다. 혹시 피델 씨가 누군가와 문제가 있었는지 아십니까?

피델이 죽었다고요? 대체 그게 무슨 소립니까? 피델은… 그러니까, 그에게는 친구도 있고 적도 있었죠. 이 세상 사람들이 다 그렇듯이 말입니다. 평소에는 그냥 무던한 편이었지만, 가끔 난폭해질 때도 있었죠. 하지만 그가 누군가와 심각한 문제가 있었던 것 같지는 않아요. 머리에 총을 맞을 정도로 말입니다.

말문이 막히는군요. 이게 무슨 비극인지. 어제도 사냥 금지 구역에서 우연히 그를 만났죠. 하지만 한 마디도 나누지 않았습니다. 멀찍이서 그에게 손을 흔들어 인사를 건네고, 가던 길을 계속 갔거든요. 그도 자기 개를 데리고 사냥하러 갔어요. 그런데 잠시 후에 총소리가 들리더군요. 그때만 해도 그가 사슴이나 멧돼지에게 총을 쏜 줄 알았죠. 하지만 그 이상은 모르겠어요. 그러고는 다시 못 만났으니까요.

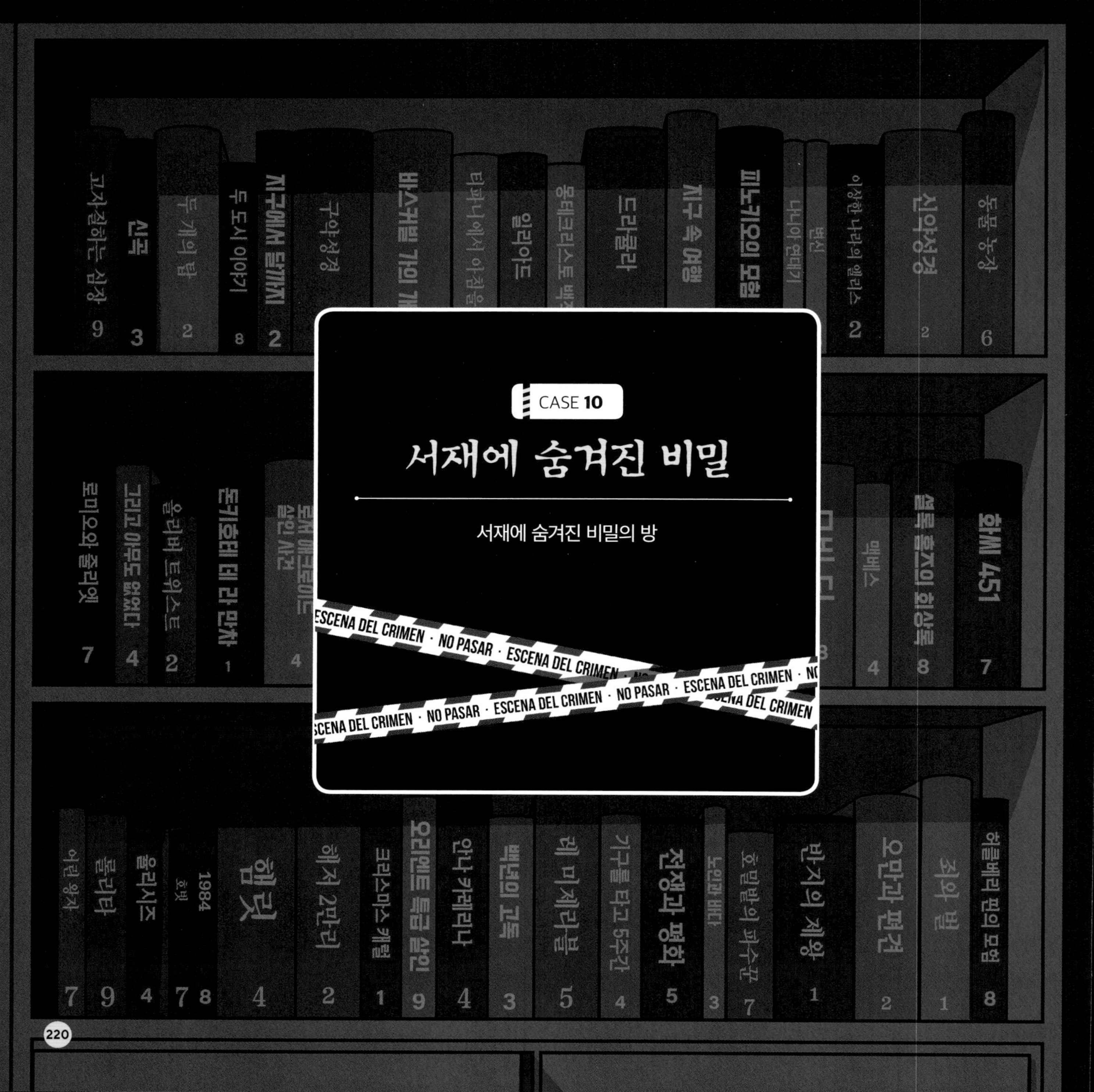

CASE **10**

서재에 숨겨진 비밀

서재에 숨겨진 비밀의 방

제 4 장
음란하기 그지 없는 저 사진은 섹슈얼리티,
마약, 종교, 가족 그리고 성소수자의 권리 등에
관해 애당초 트레보리가 옹호해 왔던 주장과
모두 상반되는 것이었다. 결국 저 사진은
그가 얘기하지 않은 것을 모조리 폭로했다.
다니엘, 자네 편지는 잘 받았네.
자네 타자기의 활자 하나가 고장 나서 못 쓰니까 와서 좀 고쳐 달라는 거지?
그런데 미안해서 어쩌지? 앞으로 보름 동안은 틈이 전혀 안 날 것 같으니
말이야. 갑자기 일이 많이 들어왔는데 아무쪼록 마무리될 그때까지만
참아 주기 바라네. 그건 그렇고 리볼버는 이미 수리해서 보냈어. 잘 받았나?
그걸 가지고 있으면 그나마 마음이 든든할 걸세.
그나저나 자네에게 이를 가는 이들이 얼마나 많은지 아나!
진지하게 하는 말인데, 아무쪼록 몸조심하게나. 자네가 바깥출입을
잘 안 하는 건 알지만, 매일 자네 집에 와서 일하는 사람들이 있지 않나.
자네에게 앙심을 품은 자들이 해코지하려고 그 사람들을 매수한다고
해도 이상할 게 없다네. 다음부터는 권력과 돈이 없는 사람들이나
건드리도록 해! 아무튼 조심하게.
왕

CASE 11

우주의 미스터리

전송 실패한 메시지의 원본

지상 관제소 도움을 요청합니다! 방금 우주선에서 살인사건이 발생한 것으로 보입니다. 동료들 중에서 누가 살인범인지 밝혀내기 위해 당장 도움이 필요해요.

스펜서 선장이 방금 우주복도 입지 않은 채 우주선 밖으로 밀려났어요.
그의 시신을 찾으려고 모두 밖으로 나간 상태고요. 그래서 나 혼자 우주선 내에 남은 틈을 이용해 이 메시지를 보내고 있는 겁니다.

몇 분 전에 갑자기 쿵 하고 부딪치는 소리가 나서 낮잠을 자다 깼어요. 처음에는 온도 조절 시스템에서 나는 소리인 줄 알았어요. 하지만 그 시스템이 가동되려면 아직 몇 시간이나 남아 있었거든요. 그래서 무슨 일인지 보려고 자리에서 일어나 돌아다녔죠. 그러다 우주복보관소 안을 살짝 들여다보았더니, 우리 동료들 중 한 명이 의식을 잃은 선장을 끌고 가고 있지 뭐예요!
그런데 그 사람이 우주복을 착용하고 있어서, 얼굴을 확인할 수가 없었어요.
급한 대로 보관함에 있는 내 우주복의 헬멧에 부착된 카메라를 원격 제어해 사진을 찍었습니다. 지금 보내는 이 메시지에 첨부한 사진이에요.

살인범은 스펜서 선장을 끌고 에어록이 있는 아래층으로 내려갔는데 그가 문을 닫아버리는 바람에 더 이상 볼 수 없었어요. 그래서 누가 남아 있는지 확인하기 위해 바로 위로 올라갔죠! 그런데 그때 베르나르가 소리를 지르는 거예요. 선장님이 우주선 밖으로 나갔다고 말이죠. 그제야 나는 그 살인자가 선장님을 우주선 밖으로 밀어내 버렸다는 것을 알아차렸어요. 그리고 세 명의 동료들 중 누구든 범인일 수 있겠다는 생각이 들더라고요.

아무쪼록 이 메시지를 받는 즉시 나를 도와주기 바랍니다.
저들이 오고 있어요. 이제 그만 끊어야 할 것 같네요.

당신은 사건 현장에 있습니다 시즌 2

초판 1쇄 2023년 4월 3일
3쇄 2023년 12월 20일

글 | 모데스토 가르시아
그림 | 하비 데 카스트로
번역 | 엄지영

발행인 | 박장희
부문대표 | 정철근
제작총괄 | 이정아
편집장 | 조한별
책임편집 | 최민경

디자인 | 조종완

발행처 | 중앙일보에스(주)
주소 | (03909) 서울시 마포구 상암산로 48-6
등록 | 2008년 1월 25일 제2014-000178호
문의 | jbooks@joongang.co.kr
홈페이지 | jbooks.joins.com
네이버 포스트 | post.naver.com/joongangbooks
인스타그램 | @j__books

ISBN 978-89-278-7971-8 03030

Detective's Notebook

VOL. 1

VOL. 2

VOL. 1 – CASE 04

몬테마요르 저택의 비밀

거센 파도가 바위에 부딪혀 산산이 부서졌다.
"안녕하신가, 선장?" 그는 심각한 표정으로 디마스에게 말했다.
"전에 말했듯이, 자네가 가진 능력이라면 충분히 할 수 있어.
몇 주 전에 우리가 약속한 것을 얻을 수 있는 기회
그러려면 모든 것을 잘 활용했어야 한다는 건
"생각 좀 해봐, 그 비밀 납골당에 숨겨진 암호가
나는 희생을 했다고, 부하들 중 두 명을 보냈는
"글쎄, 그들이 진짜 훌륭했다면 벌써 목적을
"당신은 여러 차례에 걸쳐 그들이 있었던 것을
밀림과 섬을 들어갔지… 그런데도 당신은
"그 문제라면 내가 알아서 처리한다고 몇
"자네는 오래전부터 그 문제를 그런 식으로
하지만 말이야, 내 부하들은 몇 주 전에 있
제발 바라건대 파도가 우리를 도와서
부디 보물의 단서를 찾기를 기도하고
"그래서 당신 생각에 나는 보상이 얼마
"나는 말일세, 별로 얻을 게 있을까도
부하들이랑 한탕 할 수 있으면 돼! 단지
나는 예전부터 당신을 좋은 녀석이라
"어쩌면 자네가 진짜로 생각하는 건
"바람이 다시 불기 시작하는군. 이제
오! 동에서 서로, 북에서 바람이 불
145 어느 뱃사람의 회고록
어뱃회 145
1 (0), 2 (1), 3 (1,2), 4 (5),
5 (0), 6 (5, 8), 7 (8), 8 (0),
9 (1), 10 (3), 11 (0), 12 (0),
13 (5,6,7), 14 (6), 15 (3,4),
16 (1, 5), 17 (4), 18 (4,5,6),
19 (3), 20 (4), 21 (0), 22 (1)

미스터리한 여배우의 분장실

바이올렛 다이아몬드의
연보랏빛 에센스로
당신을 향기롭게
만드세요.
라 밤발리나 극장 안내
마드리드 시내 중심에 있는 라 밤발리나 극장은 30년 넘게 최고 수준의 배우들과 더불어 모든 종류의 작품을 상연해 왔습니다.
분장실
감독 사무실
화장실
무대
화장실
분장실
분장실
총 208명의 관람객을 수용할 수 있는 공연장에는 최고의 공연을 즐길 수 있도록 모든 편의시설을 갖추고 있습니다.
화요일부터 일요일(17~24시)까지 건물 외부에 있는 매표소에서 입장권을 구입할 수 있습니다.
알바로 모랄레스
그리고 떠돌이 소년 역의
카를 가르시아
20시 30분 / 22시 30분
에스테반 파스토르 감독
금발이 미스터리
라 밤발리나 극장

사무실의 이상한 자살 사건

SPECIAL 미공개 단서

VOL. 1 – CASE 07

산타마리아호의 비극

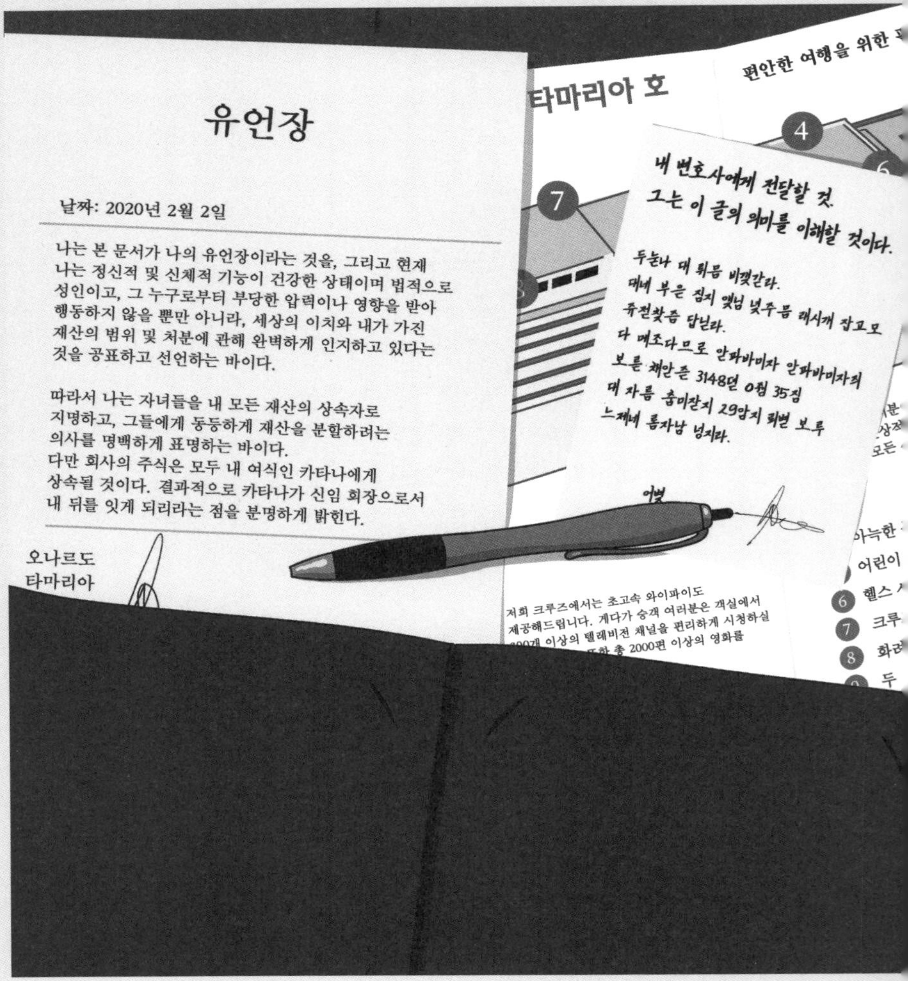

사라진 것이 없는 기묘한 강도 사건

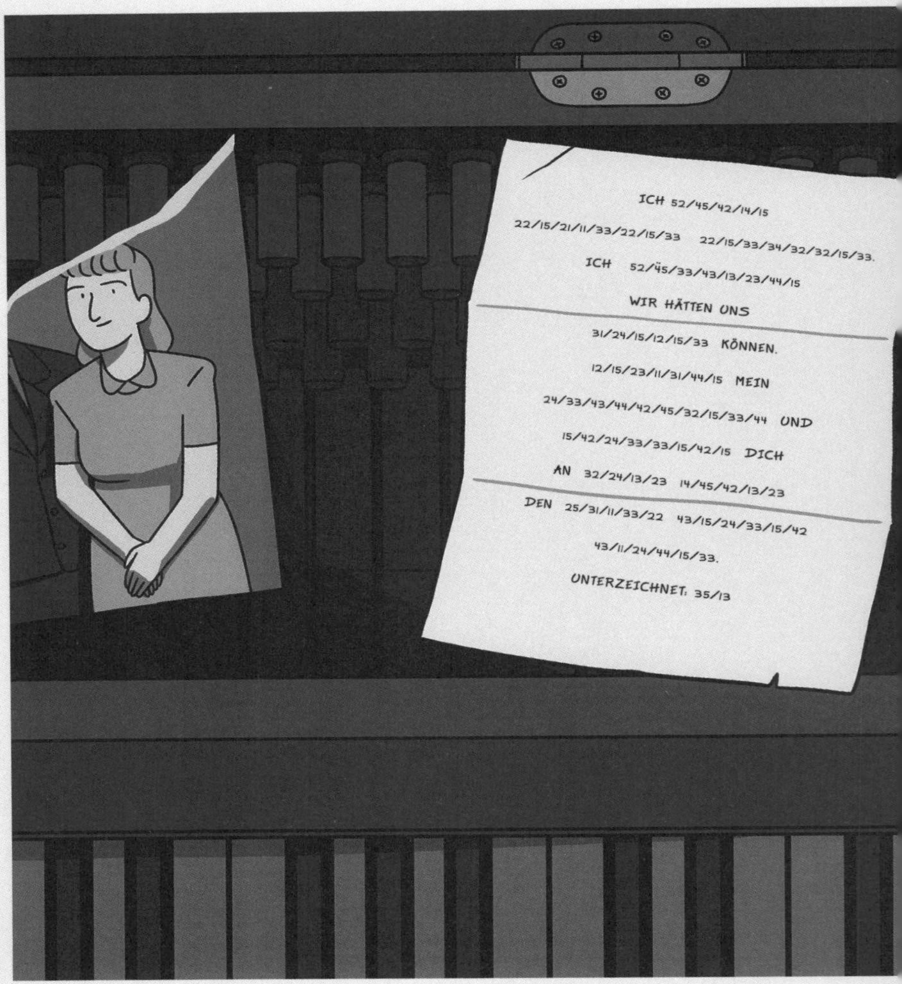

이집트 파라오 박물관 살인 사건

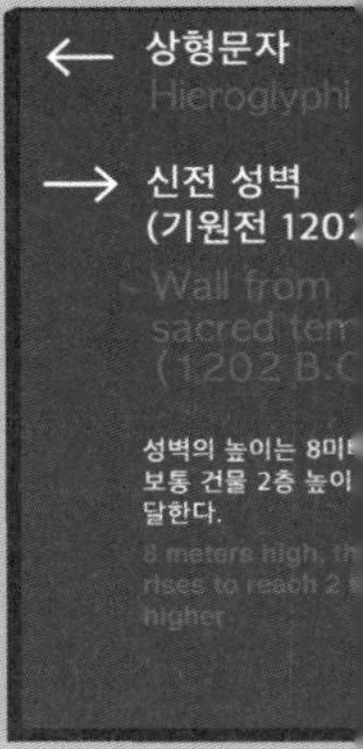

상형문자 풀이 게임

상형문자를 해독하는 것에 도전해보세요.
이 상형문자의 내용은 파라오 박물관이 세워진
이 신전터와 관련된 신기한 현상에 대해 설명하고
있습니다. 상형문자 1개가 자모 1개를 나타내는데,
예를 들어 ''는 'ㅑ'를 뜻합니다.
힌트: 마지막 글자가 가리키는 것은
여기서 가장 가까운 피라미드의 이름+
이 박물관을 경유하는 버스 번호입니다.

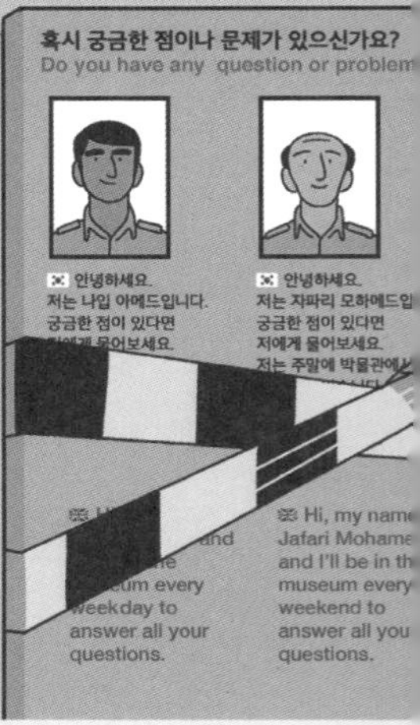

혹시 궁금한 점이나 문제가 있으신가요?
Do you have any question or problem
안녕하세요.
저는 나입 아메드입니다.
궁금한 점이 있다면
안녕하세요.
궁금한 점이 있다면
저에게 물어보세요.
eum every
weekday to
answer all your
questions.
Hi, my name
Jafari Mohame
and I'll be in th
museum every
weekend to
answer all you
questions.

THE HIEROGLYPHIC GAME

Can you decode this hieroglyphic? If you do

VOL. 1 – CASE 11

지하실에서 발견된 냉동 인간

주방에서 불타오른 남자

사라진 우승 트로피

I'm fnhmf sn cn snlnqqnv lnqmhmf.
It will fhud tr the shld vd mddc.
I will qdstqm hs the mdws czx.
Eqnl K
42
42

VOL. 2 – CASE 06 등에 칼을 꽂은 사람

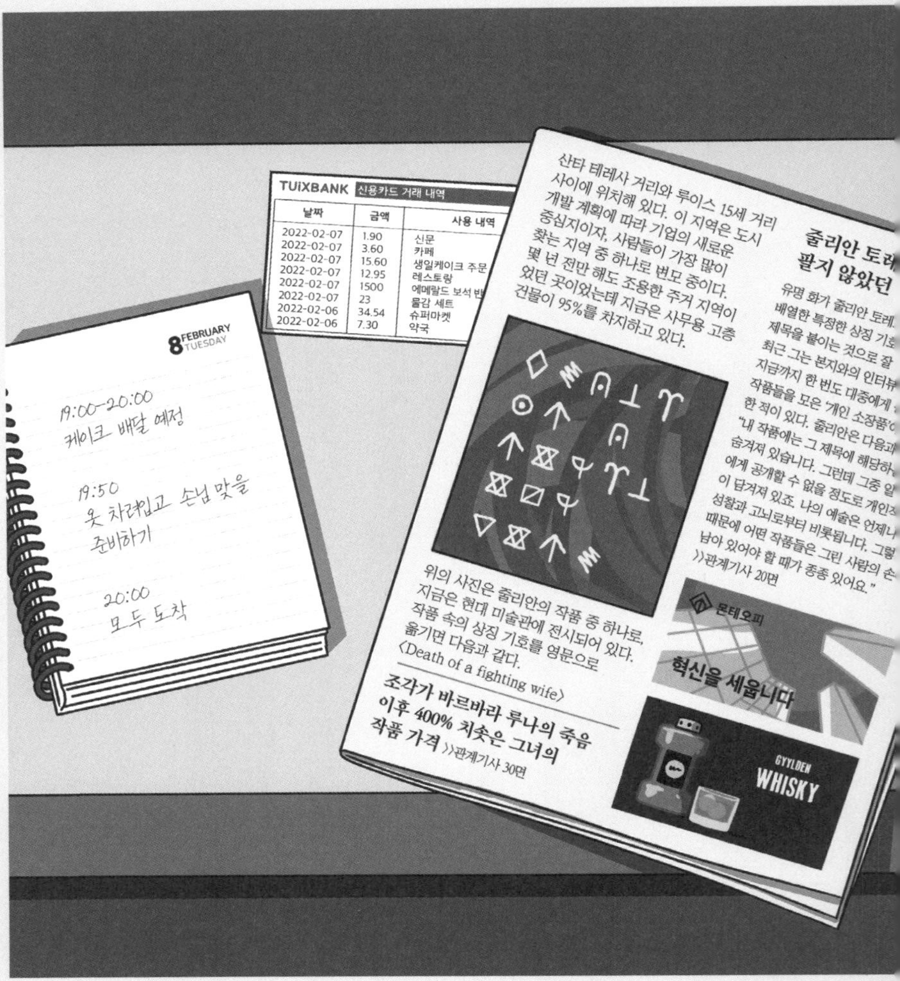
8 FEBRUARY TUESDAY
19:00~20:00
케이크 배달 예정
19:50
옷 차려입고 손님 맞을
준비하기
20:00
모두 도착
TUIXBANK 신용카드 거래 내역
날짜 금액 사용 내역
2022-02-07 1.90 신문
2022-02-07 3.60 카페
2022-02-07 15.60 생일케이크 주문
2022-02-07 12.95 레스토랑
2022-02-07 1500 에메랄드 보석 반
2022-02-07 23 물감 세트
2022-02-06 34.54 슈퍼마켓
2022-02-06 7.30 약국
산타 테레사 거리와 루이스 15세 거리 사이에 위치해 있다. 이 지역은 도시 개발 계획에 따라 기업의 새로운 중심지이자, 사람들이 가장 많이 찾는 지역 중 하나로 변모 중이다. 몇 년 전만 해도 조용한 주거 지역이었던 곳이었는데 지금은 사무용 고층 건물이 95%를 차지하고 있다.
위의 사진은 줄리안의 작품 중 하나로, 지금은 현대 미술관에 전시되어 있다. 작품 속의 상징 기호를 영문으로 옮기면 다음과 같다.
〈Death of a fighting wife〉
조각가 바르바라 루나의 죽음 이후 400% 치솟은 그녀의 작품 가격 >>관계기사 30면
줄리안 토레
팔지 않았던
유명 화가 줄리안 토레
배열한 특정한 상징 기호
제목을 붙이는 것으로 잘
최근 그는 본지와의 인터뷰
지금까지 한 번도 대중에게
작품들을 모은 '개인 소장품'
한 적이 있다. 줄리안은 다음과
"내 작품에는 그 제목에 해당하
숨겨져 있습니다. 그런데 그중 일
에게 공개할 수 없을 정도로 개인
이 담겨져 있죠. 나의 예술은 언제나
성찰과 고뇌로부터 비롯됩니다. 그렇
때문에 어떤 작품들은 그린 사람의 손
남아 있어야 할 때가 종종 있어요."
>>관계기사 20면
몬테오피
혁신을 세웁니다
GYYLDEN
WHISKY

VOL. 2 – CASE 07 사냥꾼의 총이 겨냥한 것

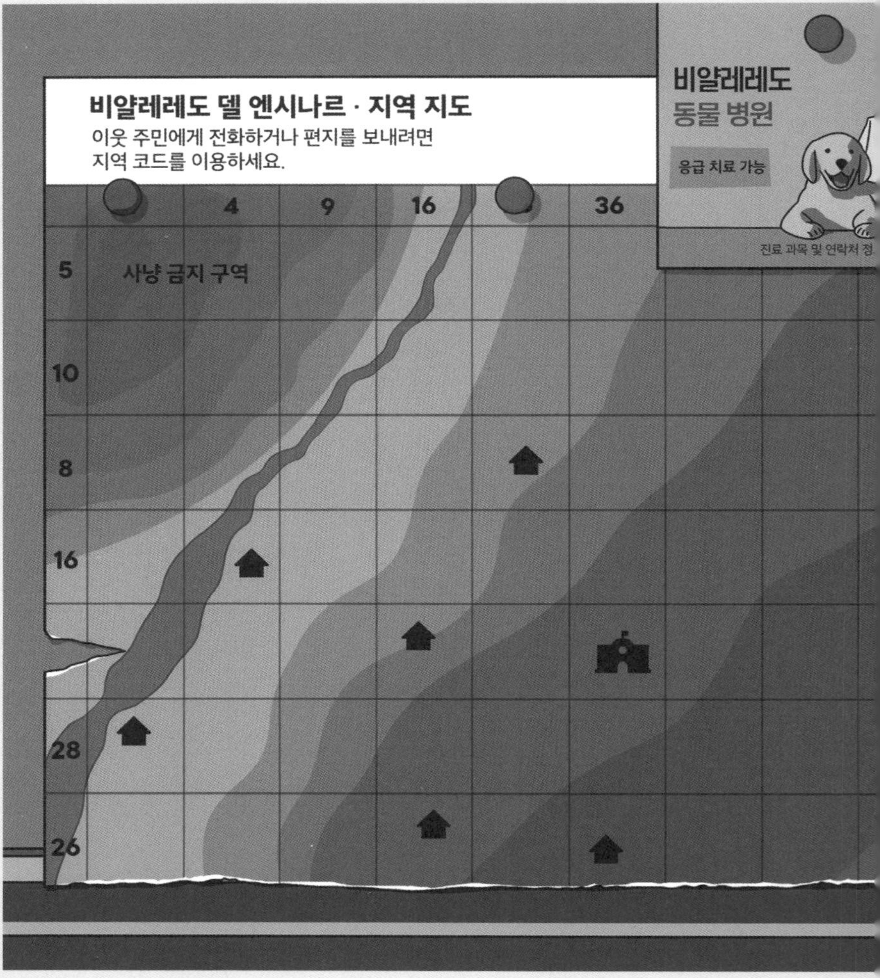

VOL. 2 – CASE 08

탑에서 떨어진 왕녀

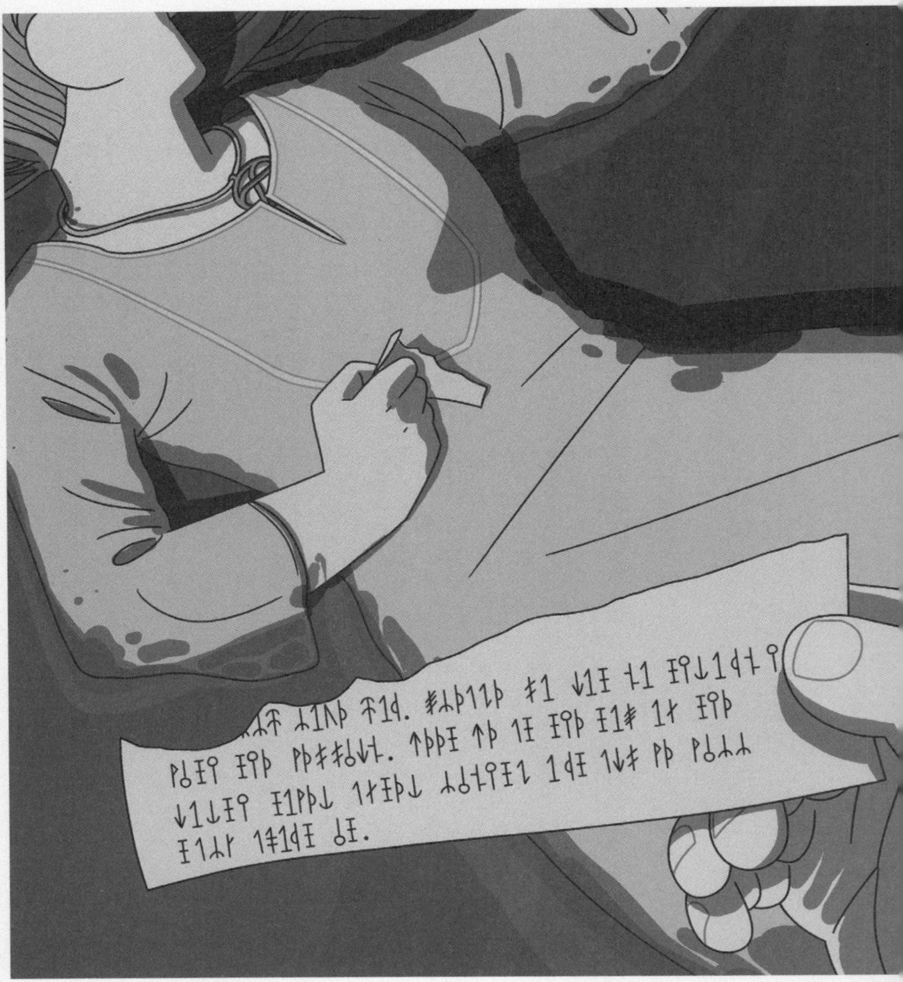

달리는 열차 속 살인마

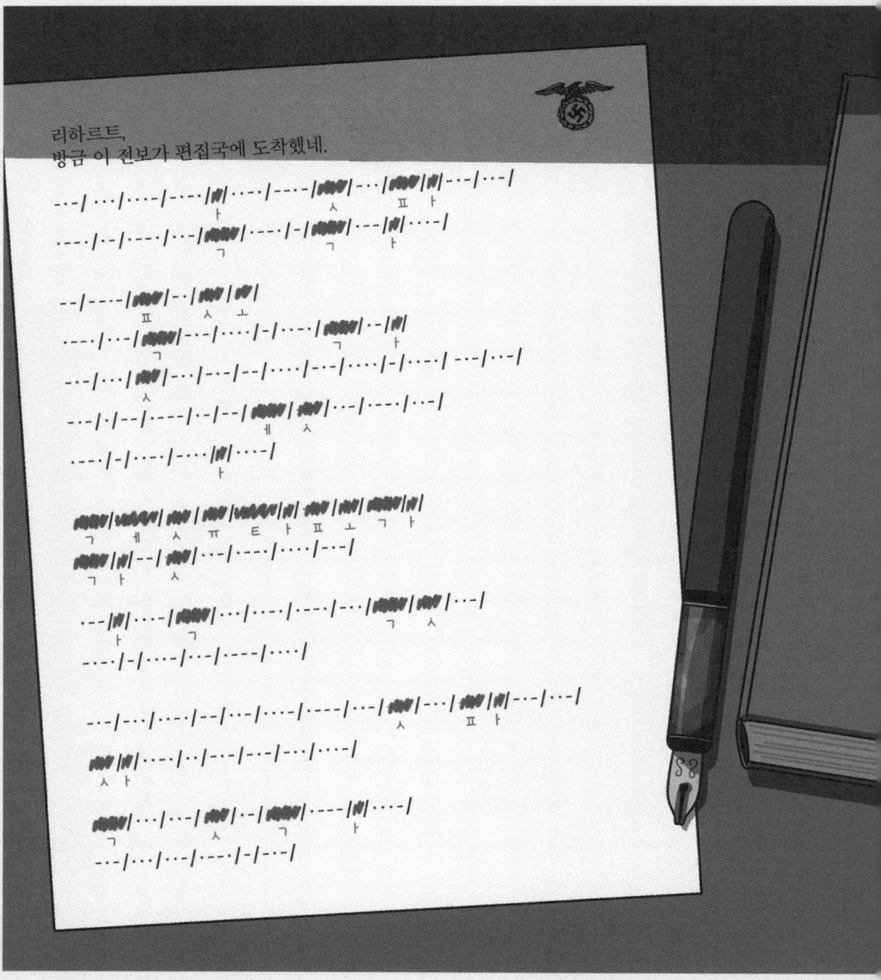

리하르트,
방금 이 전보가 편집국에 도착했네.

VOL. 2 – CASE 09 달리는 열차 속 살인마

VOL. 2 – CASE 10 서재에 숨겨진 비밀

책장의 비밀

책장 뒤에 있는 비밀의 방으로 들어가려면 비밀번호를 찾아야 합니다. 인터넷 연결이 안 될 경우 221쪽을 확인하세요.

VOL. 2 – CASE 11 우주의 미스터리

VOL. 2 – CASE 12 실험실 폭발 사고

Detective's
Notebook

Detective's
Notebook

Detective's
Notebook